구원: Salvation
The Masterpiece of The Holy Trinity
삼위 하나님의 역작

구원 · SALVATION
THE MASTERPIECE OF THE HOLY TRINITY
삼위 하나님의 역작

발행 2018년 9월 3일

지은이 이재현
발행인 윤상문
디자인 표소영, 박진경
발행처 킹덤북스
등록 제2009-29호(2009년 10월 19일)
주소 경기도 용인시 기흥구 동백동 622-2
문의 전화 031-275-0196 팩스 031-275-0296

ISBN 979-11-5886-133-9(03230)

Copyright ⓒ 2018 이재현
이 책은 저작권법에 따라 보호받는 저작물이므로 무단전재와 복제를 금지하며,
이 책의 내용의 전부 또는 일부를 이용하려면 반드시 저작권자와 킹덤북스의
서면 동의를 받아야 합니다.

※ 잘못된 책은 구입하신 곳에서 교환하여 드립니다.
※ 책 가격은 표지 뒷면에 있습니다.

킹덤북스 Kingdom Books는 문서사역을 통해 하나님의 나라를 확장하고,
한국 교회와 세계 교회를 섬기고자 설립된 출판사입니다.

구원: SALVATION
THE MASTERPIECE OF THE HOLY TRINITY
삼위 하나님의 역작

이재현 지음

하나님 나라의 개념 속에 있는 창조, 언약, 두 영역, 상호 작용의 관점으로 본 성경의 구원

"찬송하리로다 하나님 곧 우리 주 예수 그리스도의 아버지께서 그리스도 안에서 하늘에 속한 모든 신령한 복을 우리에게 주시되 곧 창세 전에 그리스도 안에서 우리를 택하사 우리로 사랑 안에서 그 앞에 거룩하고 흠이 없게 하시려고 그 기쁘신 뜻대로 우리를 예정하사 예수 그리스도로 말미암아 자기의 아들들이 되게 하셨으니 이는 그가 사랑하시는 자 안에서 우리에게 거저 주시는 바 그의 은혜의 영광을 찬송하게 하려는 것이라"(엡 1:3-6)

킹덤북스
Kingdom Books

| 목차 |

저자 서문   6

제1장
구원에 대한 지도 들여다 보기   11

1. 하나님의 구원에 대한 스케치   14

제2장
**구원 과정을 어떻게 이해할 것인가:
구원을 설명하는 네 가지 틀**   29

1. 하나님의 나라(The kingdom of God)   31
2. 언약(covenant)   48
3. 상호 작용 설명 틀   70
4. 두 영역 설명 틀   90

SALVATION
The Masterpiece of The Holy Trinity

제3장

하나님의 진노 아래 있는 인간의 실존: 구원 이전의 상태   103

1. 상호 작용 설명 틀에 의한 설명   104
2. 두 영역 설명 틀에 의한 설명   126

제4장

진노를 벗어나 하나님과의 관계 회복: 구원의 과정과 결과   145

1. 상호 작용 설명 틀에 의한 설명   146
2. 두 영역 설명 틀에 의한 설명   207

제5장

결론: 다시 에베소서 1장으로   255

참고 문헌   258
미주   268

저자 서문

글이 나오는 계기는 다양하다. 필자가 의도하고 고민해서 책이 나오는 경우도 있고, 의도치 않게 여러 상황의 필요에 따라 책이 나오는 경우도 있다. 이 책은 후자의 경우이다. 먼저 킹덤북스(Kingdom Books) 대표 윤상문 목사님과의 대화가 책이 나오게 되는 중요한 계기가 되었지만, 교회와 학교에서 가르치는 실제 과정에서 느끼는 구원에 대한 종합적 이해의 필요에 눈을 감을 수 없었다.

'구원'이란 단어는 기독교 공동체에서 가장 많이 사용되는 것 중 하나이다. 하지만 그 단어가 교회와 신자의 삶의 실제 영역에서 적용되는 과정은 많은 갈등과 혼란의 모습을 보이고 있는 듯하다. 필자가 보기에 그 중요한 원인은 구원의 숲이라는 큰 그림을 잘 이해하지 못한 것에 있는 것 같다. 지나온 역사 동안 구원의 숲에 있는 각 나무와 여러 오솔길에 대해서는 많은 논의와 연구, 그리고 나름의 합의가 있어왔다. 예를 들어 예수를 믿음으로 구원을 얻는다는 것이라든지 혹은 예수를 믿으면 사람의 죄를 용서받을 수 있고 천국에 갈 수 있다는 등등의 내용이다. 하지만 큰 그림이 없으면 여러 갈래로 나있는 오솔길이나 그 길 옆에 있는 나무들이 갖고 있는 위치와 역할을 이해하기가 어렵다. 분명히 여러 좋은 길을 보고 있고 훌륭한 나무들을 가지고 있지만, 어디로 가고 어떻게 살아야 하는지에 대해서는 감을 잡기가 어렵다는 것이다. 그래서 예수를 믿는 것과 그 이후의 삶과의 단절 같은 현상들이 벌어지는 것이 아닐까 싶다. 또한 교회 안에서 행해지는 개인의 신앙과 세상 속에 사는 신자의 삶을 분리하기도 한다. 사실, 큰 그림이 분명치 않으면 자기가 소유하고 있다고 여기는 작은 부분의 지식이 정말 적절한지도 분간하기 어렵다. 이런 현상은 일선 목회자에게도 예외가 아닌듯 싶다. 또한 그들에게 신앙의 가르침을 배우는 일반 신자들 역시 경험하는 것이기도 하다. 이 책은 이런 필요에 응해서 구원이라는 큰 그림을 설명하기 위해 쓰여졌다. 모든 것을 다 다루지는 않았지만, 시간적으로 창조 이전에서 시작해서 역사가 완성되는 미래 시점을 포함했고, 공간적으로 개인을 넘어 사회와 하나님이 창조하신 모든 피조물의 영역까지를 포함하고 있는 하나님의 구원을 설명하려고 했다.

　필자는 몇 가지 원칙을 가지고 이 책을 기술했다.
　첫째, 가급적 쉬운 용어로 설명하려 했다. 구원에 대한 이해가 어려운 것은 기본적으로 인간이 볼 수도 없고 완전히 이해할 수도 없는 보이지 않는 창조주 하나님과 관련된 일이기 때문이다. 하지만 보다 실제적으로 그 구원 과정을 설명하는 부분에서 학자들이 사용하는 용어들이 생소하기 때문이다. 또한 그 안에 있는 개념이 복잡하기 때문이기도 하다. 필자는 가능한 한 많은 사람들에게 구원에 대한 큰 그림을 소개하고 싶었기에 학자들의 논쟁은 가급적 지면에 담지 않았다. 그 논쟁이 쓸모없기 때문이 아니라, 복잡한 논의로 구원을 이해하는데 오히려 장애가 되는 일을 피하고 싶었기 때문이다. 그들의 논쟁은 참고 문헌으로 간단히 처리하고 대신 필자가 이해하고 정리한 내용을 설명하려고 했다.

둘째, 성경 자체의 이야기에 충실하도록 노력했다. 성경은 지나온 역사 동안 창조주 하나님이 사람과 어떻게 관계를 맺어왔는지, 그리고 구원과 관련해 어떻게 일하시고 계신지를 보여주는 최고의 자료이다. 아니, 성경밖에 없다고 말해야 한다. 그래서 성경 자체를 통해 하나님의 구원 계획과 그것을 이루어가는 과정을 보는 것은 가장 중요한 작업이다. 문제는 성경 자체의 내용을 이해하는 것이 다양한 논의와 대화하는 과정을 포함하고 있다는 점이다. 그래서 어떤 면에서는 성경의 모든 본문의 진의를 완전하게 이해하는 작업은 요원하다고 볼 수 있다. 보다 적절한 표현은 계속해서 그 진의를 알아가는 과정이라고 해야 할 것이다. 이런 면에서 필자의 이해는 완전한 것이 아니다. 다만 성경 본문에 대해 현재 필자가 이해하는 최선의 해석을 통해 하나님의 구원을 이해하려 했다. 각 본문에 대해 필자와 다른 해석이 가능하다. 계속되는 대화를 통해 더 나은 이해를 위한 과정은 여전히 지속되어야 한다.

셋째, 가급적 예수에 대해 '그리스도'라는 단어 대신 '메시아'라는 단어를 사용하려고 했다. 둘 다 기름 부음 받은 자라는 뜻이지만 의도적으로 히브리어 표현을 주로 사용했다. 신약에서 그리스도는 예수의 신성과 연결지어 생각하는 경향이 있다. 틀린 것은 아니다. 하지만 종종 그 표현은 옛 언약(구약)과 새 언약(신약)과의 연결점을 잘 생각하지 못하게 한다. 필자는 창조 이전에 세워진 하나님의 구원 계획이 옛 언약의 모습을 통해 새 언약으로 구체화되고 성취된다고 보기에 의도적으로 예수에 대해 메시아로 표현했다. 하나님의 구원 계획의 통전성을 강조하고 싶었기 때문이다.

  이 책은 크게 네 부분으로 구성되어 있다.

  제1장은 하나님의 구원에 대한 전체 그림을 담고 있다고 볼 수 있는 에베소서 1:3-14를 통해 구원 스케치를 했다. 시간적으로는 창조 이전에서부터 역사를 마무리하는 먼 미래가 담겨 있으며 공간적으로 개인과 공동체의 모습이 들어 있다. 또한 구원 과정에서 각각의 역할을 담당하시는 아버지와 아들, 성령 하나님의 모습이 있고, 그 하나님과 반응하는 인간의 모습이 있다.

  제2장은 하나님의 구원 계획의 전체 그림을 이해할 수 있는 열쇠들을 소개했다. 하나님의 나라와 언약, 상호 작용 설명 틀과 두 영역 설명 틀이 그것이다. 앞의 두 요소는 구원의 내용과 관련 있다. 하나님의 나라가 개인과 사회, 모든 피조물을 포함한 창조주 하나님의 통치 영역과 관련된 개념이라면, 언약은 그 안에서 하나님과 사람과의 관계에 초점 맞춘 개념이다. 뒤의 두 요소는 하나님의 구원을 설명하는 방식이다. 상호 작용 설명 틀은 하나님과 사람 사이에 주거니 받거니 하는 상호 작용으로 구원 과정을 설명하는 것이다. 주로 하나님과 사람 사이의 개인적 관계에 초점 맞춘 설명 방법이다. 두 영역 설명 틀을 하나님의 통치 영역과 그것에 거역하는 통치 영역의 대조로 구원 과정을 설명하는 방법이다. 상호 작용 설명 틀은 주로 언약 관계와 관련 있다면, 두 영역 설명 틀은 그것을 포함하고 있는 보다 큰 하나님의 나라 개념과 관련 있다.

  제3장은 하나님의 진노 아래 있는 인간의 실존을 상호 작용과 두 영역 설명 방식을 통해 묘사했다. 상호 작용의 관점에서 보면 인간은

창조주 하나님과의 관계를 거절한 죄인이고, 두 영역 관점에서 보면 하나님의 통치를 거절하는 죄와 죽음과 사탄의 통치 아래 있는 존재이다. 그들의 문제가 무엇이고 그들을 향한 하나님의 심판이 무엇인지를 설명했다.

제4장은 하나님의 진노를 벗어난 구원의 모습을 설명했다. 역시 상호 작용 설명에 두 영역 설명 방식을 통해 보여주었다. 제3장의 상태와 반대되는 것으로, 상호 작용 설명에 의하면 인간은 하나님을 거절하는 죄를 회개하고 예수를 믿음으로 하나님의 의를 얻게 되며, 두 영역 설명에 의하면 죄와 죽음, 사탄의 통치에서 하나님이 통치하는 영역으로 옮겨진 것이다.

이 책의 어떤 부분에서는 필자가 사용하는 용어들과 내용 자체가 약간 생소할 수 있다. 하지만 전체적으로 교회와 성도들이 갖고 있는 부분적 지식을 종합했고 필자가 성경을 통해 이해하는 구원의 모습에 대해 소개하려고 했다. 이 책이 나오기까지 많은 대화와 독촉을 해주신 킹덤북스(Kingdom Books) 대표 윤상문 목사님께 감사드린다. 그리고 추천사를 써주신 이동원 목사님, 장성길 교수님, 신현우 교수님께 깊은 감사를 드린다. 원고를 읽고 필자의 생각정리에 도움을 준 안승준 목사, 이용수 목사, 이우림 목사, 윤다윗 전도사에게도 감사의 마음을 전하고 싶다. 비록 수학과 교수님이시지만 성경 말씀에 누구보다도 열정을 갖고 계신 김성옥 교수님께도 감사를 드린다. 마지막으로 남편과 아빠를 사랑해주는 아내와 두 딸들에게 많은 감사와 사랑의 표현을 하고 싶다. 더욱이 모든 것 위에 구원의 시작이자 완성이신 삼위 하나님께 영광을 돌린다.

2018년 7월 포항 한동대학교에서

이재현 드림

제1장

구원에 대한
지도 들여다 보기

높고 유명한 산 입구에는 등산객을 위한 안내도가 있다. 그 안에는 등산객의 현 위치와 오르고 싶은 산의 방향과 위치, 그리고 여러 능선과 계곡, 오솔길 등의 정보가 있다. 산에 익숙하지 않은 등산객은 반드시 안내도의 정보를 숙지하고 산행을 해야 한다. 특별히 산세가 크고 깊을수록 그 중요성은 더해진다. 동일한 작업이 하나님의 구원을 이해하는 과정에서도 필요하다. 하나님의 구원이라는 산을 이해하기 위해서는 전체 모습을 담은 안내도를 먼저 인지하고 그 안에 있는 요소들을 찾아 확인해보는 것이 필요하다. 그렇다면 성경에서 하나님의 구원에 대한 큰 그림을 보여주는 지도 역할을 하는 부분이 있을까? 사실 이 질문에 답하기는 쉽지 않다. 성경 66권 모두가 하나님의 구원에 대한 요소를 담고 있지만 성경 어느 책이나 부분도 구원이나 신앙의 모든 요소를 한 군데서 다 설명하고 있지 않기 때문이다. 결국 구원의 큰 그림은 성경 모든 부분을 사용해서 퍼즐 맞추듯 만들어야 하는 요소가 있다. 그럼에도 불구하고 구원의 전체 모습을 비교적 잘 보여주는 부분이 있다면 에베소서 1:3-14이다. 몇 가지 이유가 있다.

첫째는 이 부분이 서신서의 일부분이기 때문이다. 서신서는 시나 이야기 형식과 달리 구체적이고 특별한 환경을 배경으로 서신을 쓰는 사람과 받는 사람과의 대화 과정을 전제로 한다.[1] 이 과정에서 서신을 쓰는 발신자는 자신의 생각이나 개념을 명백히 전달하기 위해 은유와 상징보다는 명제와 논리를 일차적 전달 방법으로 사용한다. 여러 해석과 오해의 가능성을 최소화 하기 위해서이다. 그렇기 때문에 서신서는 성경의 다른 어떤 장르보다 구원의 개념과 요소에 대한 구체적이고 상세한 설명을 담고 있다. 구원을 설명하는 과정에서 서신서의 내용을 많이 참고하는 것은 이런 이유 때문이다.

둘째는 에베소서 자체가 가지고 있는 특징이다. 대부분의 서신은 편지를 받는 수신자들의 특정 문제나 이슈를 전제로 그것을 해결하기 위한 신학적 원리를 제공한다. 만일 그 과정에서 구원이란 것이 주요 화제가 아니면 다루지 않을 수도 있다. 설사 구원이 주요 화제라고 해도 교회 상황과 연관된 특정 주제나 요소만을 집중적으로 다룰 가능성도 있다. 왜냐하면 서신 자체가 발신자와 수신자의 상황과 밀접하게 연결된 장르이기 때문이다. 이에 반해, 에베소서는 다른 여타 서신에 비해 상대적으로 교회의 문제나 이슈가 뚜렷하지 않다. 이슈가 전혀 없다는 것이 아니라 특정 교회의 특정 문제에 초점을 맞추지 않았다는 것이다. 에베소서는 구원과 관련한 하나님의 뜻이라는 커다란 주제 속에 교회와 신자들의 모습에 대한 비교적 일반적 권면을 담고 있다. 그렇기 때문에 에베소서는 우리가 찾는 구원에 대한 일반적 모습을 살펴볼 좋은 서신서이다.

  셋째는 에베소서 1:3-14의 내용과 양이다. 구원 요소에 대한 정보는 직접적으로 그 문제를 다루고 있는 갈라디아서나 로마서가 훨씬 자세하게 제시한다. 하지만 에베소서 1:3-14는 상대적으로 적은 분량을 가지고 구원이라는 여러 요소들을 잘 압축해서 보여준다. 이런 점에서 에베소서 1:3-14는 상대적으로 객관적 관점을 가지고 구원의 전체 요소들을 다루고 있는 부분으로 볼 수 있다. 이제 구원을 이해하는 산에 오르기 전에 에베소서 1:3-14라는 안내도를 먼저 살펴보자.

01 하나님의 구원에 대한 스케치

에베소서 1:3-14

1. 에베소서 1:3-14 본문

(3) 찬송하리로다 하나님 곧 우리 주 예수 그리스도의 아버지께서 그리스도 안에서 하늘에 속한 모든 신령한 복을 우리에게 주시되

(4) 곧 창세 전에 그리스도 안에서 우리를 택하사 우리로 사랑 안에서 그 앞에 거룩하고 흠이 없게 하시려고 (5) 그 기쁘신 뜻대로 우리를 예정하사 예수 그리스도로 말미암아 자기의 아들들이 되게 하셨으니 (6) 이는 그가 사랑하시는 자 안에서 우리에게 거저 주시는 바 그의 은혜의 영광을 찬송하게 하려는 것이라

(7) 우리는 그리스도 안에서 그의 은혜의 풍성함을 따라 그의 피로 말미암아 속량 곧 죄 사함을 받았느니라 (8) 이는 그가 모든 지혜와 총명을 우리에게 넘치게 하사 (9) 그 뜻의 비밀을 우리에게 알리신 것이요 그의 기뻐하심을 따라 그리스도 안에서 때가 찬 경륜을 위하여 예정하신 것이니 (10) 하늘에 있는 것이나 땅에 있는 것이 다 그리스도 안에서 통일되게 하려 하심이라

(11) 모든 일을 그의 뜻의 결정대로 일하시는 이의 계획을 따라 우리가 예정을 입어 그 안에서 기업이 되었으니 (12) 이는 우리가 그리스도 안에서 전부터 바라던 그의 영광의 찬송이 되게 하려 하심이라

(13) 그 안에서 너희도 진리의 말씀 곧 너희의 구원의 복음을 듣고 그 안

에서 또한 믿어 약속의 성령으로 인치심을 받았으니 (14) 이는 우리 기업의 보증이 되사 그 얻으신 것을 속량하시고 그의 영광을 찬송하게 하려 하심이라

2. 에베소서 1:3-14 설명

헬라어 원문으로는 전체가 한 문장으로 되어 있는 에베소서 1:3-14는 그 구조를 이해하기가 어렵기로 유명하다.[2] 본문에 나오는 시간적 틀과 그에 따른 등장인물 형태를 관찰하면 구조를 파악할 수 있으며 구원에 대한 전체적 그림과 그 요소를 비교적 잘 잡을 수 있다.

먼저 시간의 흐름과 관련해 본문은 크게 세 가지의 시점을 보여준다. 첫 번째는 창조 이전의 시점이다. 에베소서 1:4에서 말한 "창세 전"이라는 표현을 통해 확인할 수 있다. 두 번째는 "그의 피"(엡 1:7)라고 묘사된 그리스도(메시아)의 십자가 사역과 관련된 시점이다. 엄밀한 의미에서 메시아 사건과 그에 대한 응답은 현재 시점이 아니다. 특별히 21세기를 사는 오늘의 입장에서 보면 적어도 이 사건은 이천 년 전 일이다. 하지만 메시아의 십자가와 부활의 사건은 창세 이전 시점과 분명히 구분된다. 또한 그 사건이 지금도 인간들의 반응을 요구하고 있다는 것과 그에 대한 결과가 여전히 유효하다는 점에서 현재와 연관된 시점으로 분류해 볼 수 있다. 현재를 중심으로 메시아의 사역과 그에 대한 인간의 응답 전후를 초점으로 한 시점이다. 세 번째는 미래 시점이다. 예수와 신자의 현재 상황보다 훨씬 이후의 미래 상황을 의미한다. 역사의 마지막 시점으로 보아도 무방하다.

한편, 등장인물과 관련해서 에베소서 1:3-14는 삼위 하나님과 인간

들을 언급한다. 삼위 하나님은 주님이신 메시아 예수와 그분의 아버지이신 하나님, 그리고 성령이다. 인간적 존재들은 '우리'와(엡 1:3-12) '너희'로(엡 1:13-14) 표현되는 사람들이다. 여기서 인간적 존재는 두 그룹으로 묘사되었지만 서로 배타적이지 않다. 아마도 '우리'로 표현된 서신의 발신자와 '너희'로 묘사된 수신자가 동일한 구원 과정을 경험한 같은 그리스도인이라는 것을 전달하려는 의도로 보인다.

이제부터 위에서 설명한 세 가지 시점과 그에 따른 등장인물의 상태와 역할을 살펴보자. 먼저 창조 이전의 시점이다. 여기에는 하나님의 구원 계획이 있다. 그분은 '우리'를 향한 사랑으로 기쁘신 뜻(엡 1:5, 9, 11)과 계획(엡 1:11)을 세우셨다. 그것에 따라 그분 앞에서 거룩하고 흠이 없게 하시려고 창세 전에 '우리'를 택하셨다(엡 1:3, 11). '우리'를 자신과 관계하는 자녀의 신분(υἱοθεσία, 휘오떼시아, 입양)을 얻게 하기 위해서 미리 정하셨다는 의미이다(엡 1:5). 그래서 '우리'로 하여금 그분의 은혜의 영광을 찬양하게 하시려는 것이다(엡 1:6, 12). 이 모든 과정을 이루는 주체는 하나님이다. 더 나아가 하나님 계획의 궁극적 목적은 그분의 은혜의 영광이 찬양 받게 되는 것이다. 이런 면에서 창조 전 하나님의 계획은 하나님에게서 시작해서 하나님으로 끝나는 내용을 가지고 있다.

한편, 하나님의 창세 전 계획은 그분의 아들인 메시아 예수와 연결되어 있다. 에베소서 1:3-14에서 제시된 하나님의 창세 전 계획에서 메시아가 어떤 과정을 행하는 주체로서 설명되지 않는다. 하나님을 주어로 해서 그 계획과 관련된 모든 과정은 그분이 이루어 가는 모습으로 묘사한다. 그렇다고 메시아의 참여와 역할이 없는 것은 아니다. 메시아는 하나님 계획의 첫 단계부터 함께 참여하신 분이다. 하나님은 메시아 안에서 우리를 택하셨고(엡 1:4, 11) 메시아를 통한 은혜로 우리를 자녀로 만들려는 뜻이 이루어지도록 계획하셨다(엡 1:5, 6). 더 나아가 이 하나님의 계획은 메시아를 위한 것이기도 하다. 에베소서 1:8-10은 메시아 안에서 예정된("미리 세우신"[표준새번역, 엡 1:9]) 하나님 뜻의 비밀 혹은 경륜을 언급한다. 장차 하늘에 있는 것이나 땅에 있는 모든 것들이 메시아 안에서 연합되고 통일되게 하려는 것이다(엡 1:10). 메시아를 중심으로 모든 것들이 다시 연합하여 하나님의 다스림을 받고 움직여지게 된다는 것이다. 이 계획에는 하나님의 우주적 통치가 완성되는 것이 들어 있을 뿐 아니라, 메시아가 그 통치의 핵심이 되어 모든 것의 머리가 되는 것을 담고 있다(참고, 엡 1:22; 4:15; 5:23). 그런데 여기서 미래에 메시아를 중심으로 다시 하나되고 통일된다(ἀνακεφαλαιόω, 아나케팔라이오오)는 것은 그렇지 않은 과거나 현재 상황을 전제하는 것이다. 특별히 '다시'를 의미하는 '아나'(ἀνα)는 하나님의 온전한 통치를 거절하고 있는 상태가 있었음을 의미한다.[3] 그렇다면 하나님은 인간의 죄와 타락을 이미 알고 계셨고 그것을 해결하려는 계획을 창조 이전에 메시아를 중심으로 세우신 것으로 조심스럽게 생각해볼 수 있지 않을까? 예수의 현재 사역이 하나님의 창세 전 계획과 연결된 것이고 그를 통한 미래의 완성 역시 창세 전 계획과 연결된 것임을 고려한다면 그렇다고 생각된다.[4] 아무튼 에베소서가 말하고 있는 하나님의 창조 이전 계획은 메시아를 중심으로 온 우주에 하나님의 통치가 완성되는 그림이 들어 있으며 그 실행과 결과의 모든 과정이 메시아를 중심으로 진행되는 계획이다.

하나님의 이런 창조 이전의 계획 속에 인간은 어떤 존재이고 어떤 역할을 하는가? 사실 이 시점에서 인간을 논하는 것은 시기상조이다.

창조 전이기에 인간은 존재하지도 않았기 때문이다. 당연히 인간의 역할은 없다. 그런데 에베소서 본문은 아주 중요한 내용을 언급한다. '우리'라고 불리는 인간이 하나님 뜻과 계획의 대상이자 수혜자라고 말한 점이다(엡 1:4-6). 하나님이 세상을 창조하기 이전에 이미 인간에 대해 계획을 가지고 있었고 그들을 선택하셨다는 것이다. 인간들을 자신 앞에서 거룩하고 흠이 없는 자녀로 삼아 관계 맺기를 기대하신 것이다(엡 1:5; 참고, 고후 1:9). 인간은 하나님의 이런 계획과 성취 과정에서 기여하는 것이 없다. 인간이 창조되기 이전의 계획일 뿐 아니라 바울의 묘사에서 인간이 동사의 주어가 되어 어떤 것을 행한다는 표현이 없기 때문이다. 모든 것은 다 하나님이 하신다. 인간의 기여와 역할이 없음에도 불구하고 창조를 통한 자신의 구원 계획의 대상으로 삼으신 것은 오직 인간을 향한 하나님의 선한 뜻과 의도 때문이다. 에베소서 본문은 이것을 "사랑 안에서"와 "우리에게 거저 주시는 은혜"로 표현한다(엡 1:6). 하나님이 인간을 사랑하셔서 은혜로 구원 계획을 세우시고 성취하셨다는 것이다. 그러므로 하나님 은혜의 영광을 찬양하는 것은 인간을 자신의 자녀로 만들려는 계획을 세우고 성취해 가신 창조주에 대한 합당한 반응이다.

하나님의 구원과 관련한 두 번째 시점은 메시아의 십자가와 부활의 사역이 있는 현재 시점이다. 창조 전에 세워진 구원 계획이 실행되는 시점으로서 (1) 하나님의 선행(先行) 작업과 (2) 인간의 반응, 그리고 (3) 그 결과의 과정이 있다. 이 과정의 시작은 하나님과 예수의 일하심이다. 하나님은 모든 과정의 시작자로서 메시아를 통해 은혜를 주신 분으로 묘사된다. 예수는 그 하나님의 뜻을 따라 성육신 하셨고 십자가의 희생으로 구원 과정을 이루신 분이다. 하지만 에베소서 본문은 그 예수의 역할을 동사의 주체로 표현하지 않고 "그의 피"라는 간접 표현으로 묘사한다. 예수가 십자가 사역을 행했다는 것보다 수혜자인 '우리'와 '너희'에 초점을 맞추어 전하려는 의도이다.

현재와 관련한 구원 과정의 다음 단계는 하나님과 예수의 일하심에 대한 인간의 응답이다. 에베소서 1:13은 이 과정을 진리의 말씀, 곧 구원의 복음을 듣는 것과 그것에 믿음으로 응답하는 것으로 소개한다. 복음을 듣고 믿는 모든 과정은 인간을 주체로 한 능동태 동사로 표현된다. 인간의 적극적 반응과 응답이 중요함을 보여준다. 이 과정에서는 하나님과 예수, 그리고 성령의 일하심이 설명되지 않는다. 그분들의 역할이 없기 때문이 아니라 인간의 적극적 반응과 응답을 강조하려는 의도이다.

현재와 관련한 구원 과정의 마지막 단계는 하나님과 예수의 일하심에 대해 인간이 응답함으로 받게 되는 결과이다. 예수의 피를 통해 구속, 곧 죄 사함을 얻게 되며(엡 1:7), 하나님의 자녀로 입양되고 기업을 얻게 되며 영광의 찬양이 된다(엡 1:5, 12). 또한 하나님께서 모든 지혜와 총명을 주셔서 메시아를 통해 온 우주가 통일되게 하려는 창세 전 비밀도 알게 하신다(엡 1:8-10). 뿐만 아니라 구약에서 미리 약속된 성령의 인치심을 받는다. 성령은 구원의 보증이며 장래의 온전한 구원에 대한 확증이다(엡 1:13-14). 인간이 응답해서 얻게 되는 이런 모든 결과는 다 메시아와 연결되어 있다. 메시아(그리스도) 안에서(in Christ) '우리'가 죄 사함을 얻고 메시아 안에서 '우리'가 기업으로 선택된 것이 이루어졌다. 또한 메시아 안에서 그에 대한 비밀을 '우리'에게 알게 하셨으며, 메시아 안에서 '너희'가 성령으로 인치심을 받은 것이다. 이런 면에서 현재와 관련한 구원 과정은 메시아의 십자가와 부활 사역을 중심으로 한 하나님의 은혜의 시작과 인간의 반응, 그리고 그에 따른 결과로 묘사할 수 있다.

하나님의 구원과 관련한 세 번째 시점은 상대적으로 먼 미래이다. 역사의 마지막에 해당하는 이 시점에서는 하나님과 예수와 사람(신자)은 저마다의 결과를 맞이하게 된다. 예수를 믿는 사람은 창조 전 하나님의 계획처럼 거룩하고 흠이 없는 온전한 하나님의 자녀로 그분 앞에 서게 될 것이다. 그래서 하나님의 은혜의 영광을 찬양하게 될 것이다. 예수는 모든 것의 주권자로서 영적 존재들을 포함한 온 우주 만물이 하나님의 완전한 통치를 받게 하는 중심이 될 것이다. 에베소서 1:8-10에 소개된 하나님의 비밀의 경륜이 성취되는 것이다. 마지막으로 구원 계획을 완성하신 하나님은 온전한 영광을 받게 될 것이다. 미래에 있게 될 이 모든 과정은 창조 전 하나님 계획의 완성을 의미한다.

이상의 관찰에 의하면, 하나님의 구원 계획은 하나님이 시작하심 → 메시아를 통해 계획이 실현됨 → 인간들이 믿음의 반응으로 혜택을 입음 → 메시아와 하나님이 영광을 받으시는 모습을 갖고 있다. 하지만 이런 표현으로 구원의 큰 그림 스케치를 마무리 하기에는 아직 부족한 감이 있다. 에베소서 1:3-14는 위에서 살펴본 것 외에 다른 요소들을 암시적으로 보여주고 있기 때문이다. 이 요소들은 행간을 읽음을 통해 추론할 수 있다. 크게 세 가지 요소를 생각할 수 있다.

첫 번째는 인간의 창조와 하나님의 구원 계획과의 연관성이다. 창조 전에 세워진 하나님의 구원 계획에서 인간은 하나님의 자녀로 그분과 관계 맺는 내용을 담고 있다. 그런데 창세기에서 하나님은 자신이 창조한 아담과 하와를 아들과 딸이라고 부른 적이 없다. 하나님과

'창조주-피조물' 관계를 가지고 있었지만 '아버지-자녀'의 관계는 아니었다. 하지만 그리스도인들에게 계속 강조하는 것은 예수를 믿음으로 인해 얻게 된 하나님의 아들과 딸로서의 자녀 관계이다(참고, 요 1:12; 롬 8:14-17; 갈 3:26; 4:5-7; 히 12:7; 계 21:7). 따라서 하나님의 계획이 온전하게 성취되는 것을 경험하는 사람들은 예수를 믿는 그리스도인이며, 그들은 아담과 하와가 가졌던 신분 이상의 것을 얻게 됨을 의미한다고 볼 수 있다. 그렇다면 아담과 에덴은 하나님이 창조 이전에 가지고 있었던 구원 계획의 성취가 아니라 예수를 통해 완성을 향해 가는 첫 단계로 보아야 한다.

　두 번째는 인간의 부정적 상태이다. 하나님과 예수가 사람들을 향해 먼저 보인 선행(先行) 과정에 대해 인간이 믿음으로 반응해서 긍정적 결과를 얻었다는 것은 그 이전 상태가 긍정적이지 않았다는 것을 의미한다. 즉 죄 사함을 말하는 것은 죄가 있다는 것을 의미하는 것이고, 자녀됨과 기업이 되었다는 것은 하나님과의 관계가 없었던 때가 있었음을 말해준다. 이것은 인간 개개인과 관련된 부정적 모습이다. 하나님의 창조 이후 하나님과 인간 사이에서 벌어진 것이다.

　세 번째는 현재 시점에서는 하나님의 통치가 온전히 미치지 않는 소위 하나님을 향한 반역의 영역이 있다는 것이다. 이것은 위의 두 번째 요소보다 범위가 큰 것이다. 앞서 언급했듯이 미래 시점에서 메시아를 통해 하늘과 땅에 있는 모든 것이 온전히 통일될 것이라는 표현은 현재 상황이 아직 그렇지 않다는 것을 반증한다. 그러므로 비록 그 반역의 영역이 언제 시작되었는지 구체적으로 언급하지는 않았지만(참고, 롬 5:12), 현재 시점을 하나님의 통치를 따르는 영역과 그것을 거부하는 영역이 공존하는 상태로 있다고 봐야 한다. 인간의 부정적 상태와 하나님께 대한 반역의 영역은 미래 어느 날 하나님에 의해 완성케 되는 그때까지 여전히 존재할 것이다.

결론적으로 위의 세 추론을 포함해 에베소서 1:3-14가 보여주는 구원의 큰 윤곽을 아래와 같이 요약할 수 있다.

긍정적 차원: 메시아 안에 있는 하나님의 뜻과 실행, 그리고 완성	* 과거 시점
	1. 창조 이전: 메시아 안에 있던 하나님의 계획
	  1) 하나님의 은혜로운 선택
	  2) 하나님의 사랑의 예정
	    (1) 하나님에 대해: 구원 과정과 결과를 통해 영광 받도록
	    (2) 예수에 대해: 모든 것들이 예수 안에서 통일되도록
	    (3) 인간에 대해: 거룩하고 흠 없는 하나님의 자녀가 되어 하나님과 교제하도록
	2. 창조: 구원 계획의 첫 단계	

	3. 인간의 죄	

	* 현재 시점: 메시아의 사역과 그 결과
	1. 삼위 하나님의 선행(先行) 사역
	  1) 하나님이 인간에게 은혜를 주심
	  2) 예수의 희생적 죽음과 부활
	2. 인간의 긍정적 응답
	  1) 진리의 말씀(구원의 복음)을 들음
	  2) 복음을 통해 예수를 믿음
	3. 인간 응답의 결과
	  1) 구속, 곧 죄 사함을 받음
	  2) 하나님의 자녀가 되고 기업이 됨
	  3) 성령을 통해 현재 구원의 증거와 미래 구원의 보증을 받음
	  4) 모든 만물을 예수 안에서 통일시키려는 하나님의 비밀을 계시 받음
		부정적 차원: 하나님에 대한 반역의 영역과 인간의 죄 (창조 이후 미래 완성 전까지)

	* 미래 시점: 메시아 안에서 완성될 하나님의 계획
	1. 인간(신자)에 대해
	  1) 하나님의 온전한 자녀가 되고 기업이 됨
	  2) 하나님께 영광을 돌림
	2. 예수에 대해: 모든 만물이 메시아 안에서 통일됨
	3. 하나님에 대해: 영원토록 영광을 받음
		부정적 차원 해결

3. 에베소서 1:3-14를 통한 생각거리들

에베소서 1:3-14는 구원의 모든 요소를 담고 있지 않다. 구원의 제반 요소에 대한 상세한 설명도 제공하지 않는다. 그럼에도 불구하고 구원 과정의 전체 윤곽은 잘 보여준다. 그렇다면 구원을 이해하기 위한 여정을 시작하려는 우리에게 에베소서 1:3-14를 무엇을 안내하고 있을까? 구원의 각 요소들에 대한 구체적 설명보다는 이후 구원에 대한 설명에서 필요한 의미 있는 함의들을 살펴보자.

첫 번째로 지적하고 싶은 것은 부정적 상태를 긍정적인 것으로 만드는 과정을 구원으로 묘사하고 있다는 점이다. 여기에는 개인적 차원과 우주적 차원이 있다. 개인적 차원이란 인간의 죄라는 부정적 상태를 죄 사함의 긍정적 상태로 만드는 과정이다. 또한 하나님의 자녀가 아니었던 부정적 상태에서 자녀가 되게 하는 긍정의 모습도 있다. 한편, 우주적 차원에서 보면 현재 하나님의 통치를 거역하는 모습은 부정적 상태를 의미한다. 이 상태는 미래에 메시아를 통해 하늘에 있는 것과 땅에 있는 것들이 하나님의 통치로 완전히 통일되는 긍정적 상황으로 바뀌게 될 것이다. 부정적 상태를 긍정적인 것으로 만드는 이 모든 과정은 창조주 하나님의 계획과 그것에 대한 성취로 표현된다. 그러므로 개인적 차원과 우주적 차원은 그것이 부정적 상태든 혹은 긍정적 상태든 창조주 하나님과 관련되어 있음이 분명하다.

두 번째로 생각해 볼 것은 구원 과정을 시간의 흐름과 연결지어 설명한 점이다. 에베소서 1:3-14는 하나님의 구원을 과거와 현재, 그리고 미래라는 시점을 통해 묘사한다. 이런 표현은 몇 가지 중요한 생각거리를 담고 있다. 그 한 가지는 구원이란 어느 날 즉흥적으로 만들어진 것이 아니라는 점이다. 하나님의 창조 전 계획으로 시작하여 역사 속에서 성취되어 완성되는 과정을 가지고 있다. 이는 에베소서 뿐 아니라 성경의 모든 부분이 일관되게 증거하는 것이다. 예를 들어 바울은 로마서 1:2에서* 하나님의 구원의 복음을 선지자를 통해 미리 약속하신 것이라고 소개한다. 역사의 어느 순간에 예수라는 한 인간의 죽음을 통해 갑자기 나타난 것이 아니다. 약속을 통해 수천 년 동안 계속해서 알리셨던 것이때가 되어 나타난 것이다. 동일한 내용이 히브리서 1:1-2에서도 언급된다. 하나님은 이전에 선지자들을 통해 이스라엘 조상들에게 구원의 메시지를 계시하셨다. 그것들은 부분적이고 단편적인 것들이었다. 하지만 구원 역사의 때가 되어 예수가 임하셨다. 부분적이었던 이전 형태와 달리 예수는 구원 메시지의 총화이고 완전한 모습이다. 또한 역사의 마지막에 있을 하나님의 구원의 문을 연 실행자이기도 하다. 하나님의 구원은 계획과 성취의 과정이 시간 역사를 통해 펼쳐지는 속성이 있다. 그렇기 때문에 하나님의 구원은 완성을 향해 진행되는 역동적 의미를 가진 '구원 과정' 개념으로 이해하는 것이 적절하며, 그 내용은 구약에서 시작해서 신약에서 성취되어 미래로 가는 모습으로 보는 것이 옳다.

구원이 즉흥적이지 않고 긴 역사성을 갖고 있다는 것은 하나님과 인간 모두에게 중요한 의의가 있다. 먼저 구원의 역사성은 하나님께도 의의가 있다. 하나님은 시간과 역사에 구애 받으시는 분이 아니다. 시간을 초월한 영원한 현재에 계시는 분이시기 때문이다. 그럼에도 불구하고 하나님은 창조 전에 구원 계획을 세우셨고 창조를 통해 시간 역

---

* 로마서 1:2: "이 복음은 하나님이 선지자들을 통하여 그의 아들에 관하여 성경에 미리 약속하신 것이라."

사의 틀을 만든 후, 결정적 때를 통해 그 계획을 이루어 가셨다. 시간을 초월하신 분이 시간의 틀을 만드시고 그 안에서 자신의 일을 드러내시고 이루어 가시는 것이다. 마치 시간의 통치를 받는 것처럼 말이다. 왜 그렇게 하셨을까? 그 마음 깊은 것을 다 헤아릴 수는 없다. 하지만 한 가지, 구원 계획과 그 모든 과정이 하나님에게도 중요하기 때문이 아닐까? 중요하지 않으면 구태여 그렇게 하지 않으셨을 것이다. 아울러 계획을 세우고 이루어 가는 과정에서 보인 하나님의 신실함 또한 구원 계획의 성취가 그분에게도 의미 있고 중요하다는 것을 말해준다. 에베소서는 창세 전 하나님의 계획을 그분의 "기쁘신" 뜻으로 묘사한다(엡 1:5, 9). 그렇기 때문에 구원 계획과 완성을 단순히 중요하다고 말하는 것으로는 부족하다. 하나님의 기쁨이며 선한 의도 자체이다. 창조와 역사를 통해 하나님께서 가장 중요하게 여기시는 것이 구원 계획의 완성이라면 그에 대한 인간의 응답의 중요성 역시 더욱 무거워진다.

구원이 즉흥적이지 않다는 것은 인간에게도 중요하다. 하나님의 구원 계획과 그에 대한 완성 과정이 역사성을 가지고 있다는 것은 어느 시대 사람들도 그것과 무관하게 살 수 없다는 것을 의미한다. 사실 창조 이전에 구원 계획이 세워졌다는 것은 창조와 역사 자체가 하나님의 구원 계획의 성취를 위해 존재한다고 보아도 크게 틀린 말은 아니다. 창조 이후 모든 사람들은 하나님의 구원 계획의 테두리 안에 존재한다. 비록 그 테두리 안에 있다는 것이 늘 긍정적 응답과 결과를 의미하는 것은 아니지만, 어느 누구도 하나님과 무관하게 살 수 없다. 이것은 하나님께 반응하는 인간의 죄와 그에 대한 하나님의 진노를 이해하는 중요한 단초가 된다.

구원을 시간의 흐름으로 설명하는 것에서 생각할 수 있는 또 다른 함의는 구원 계획의 진행성이다. 인간은 역사의 한 순간을 산다. 하지만 하나님의 커다란 구원 계획은 시간과 역사라는 것을 통해 계속 진행되고 이루어져 간다. 거기에는 멈춤이 없다. 그렇기 때문에 창조 이후 구원 계획의 큰 테두리 안에 있는 모든 사람들에게도 멈춤이란 없다. 부정적 차원에서 하나님을 향한 인간의 죄가 멈추는 법은 없다. 역사가 진행되면서 그 죄의 모습은 계속 될 것이다. 또한 긍정적 차원에서도 하나님의 구원을 경험하는 것 역시 멈춤이 없다. 소위 말해, 구원 받았으니까 다 되었다는 개념은 에베소서 1:3-14의 안내도에는 없다. 긍정적이든 부정적이든 인간은 과거와 현재, 그리고 미래의 진행성을 가진 하나님의 구원 계획 속에 존재한다. 구원 역시 이 틀 안에 있다. 이 개념은 구원 이후 신자의 삶을 이해하는 기초가 된다.

세 번째로 생각해볼 수 있는 함의는 구원 과정에 나타난 등장인물에 대한 것이다. 에베소서 1:3-14는 시간에 따라 진행하는 역사 무대 위에 삼위 하나님과 인간을 등장시킨다. 하나님은 인간을 위해 구원 계획을 세우시고 실행하시고 완성하신다. 메시아는 그 모든 과정에 하나님과 함께 하신다. 특별히 십자가와 부활로 인간들이 하나님의 구원 계획을 경험할 수 있는 길을 여셨다. 성령은 하나님의 구원 계획이 성취되는 과정에 인간이 참여하고 있다는 것과 그 결과를 경험하고 있는 것에 대한 증거이며, 미래의 온전함에 대한 보증이다. 이 모든 과정은 인간을 대상으로 하며 그 과정의 핵심은 삼위 하나님과 인간 사이의 관계성(relationship)이다.[5] 창조 전 하나님의 구원 계획은 메시아를 통해 인간들이 하나님 앞에서 거룩하고 흠 없는 자녀가 되게 하려는 것이다. 인간이 어떤 것을 성취하게 하거나 혹은 그 보상으로 어떤 것을 주려는 것이 아니다. 오직 하나님과만 관계하고 그분과 사랑을 나누고 누리는 온전한 존재로 만드는 것이다. 만일 창조 이전의 구원 계획이 하나님과 인간 사이의 관계라면, 메시아의 사역을 통해 궁극적으로 기대하고 완성하려는 구원 모습 역시 하나님과의 '관계'일 것이다. 삼위 하나님과 온전한 교제를 나누는 관계이다. 더 나아가 구원의 온전한 모습, 즉 긍정적 모습이 하나님과의 온전한 관계라면, 그 반대 모습인 인간의 죄됨 역시 창조주와의 관계와 연관 있을 것이다. 이런 면에서 예수를 통한 구원 과정의 결과적 상태를 말할 때 법정에서의 선고 과정과 관련된 죄 사함의 구속 개념(엡 1:7)이 관계와 관련된 '자녀됨(양자됨)'의 과정(참고, 엡 1:5, 11)과 연결된 것이 이해가 된다. 죄 사함의 구속은 구원의 최종적 모습은 아니다. 죄 사함이 중요하지 않다는 것이 아니라 그 자체가 인간을 향한 구원의 최종 모습이 아니라는 것이다. 인간을 향한 하나님의 창조 전 계획의 목적은 죄 사함이 아니라 '자녀됨'이다. 따라서 인간 편에서 구원이란 예수를 통한 죄 사함의 구속을 통해 창조주 하나님과 '아버지-자녀' 관계를 맺게 되고 장차 그 관계가 온전해지고 완성되는 모습을 갖고 있는 것으로 이해할 수 있다.

한편, 하나님과의 관계의 온전함으로 이해되는 구원의 모습은 또 다른 중요한 요소와 연결된다. 그 하나는 구원과 삶이다. 관계는 어느 한 순간에 얻은 것으로 끝나는 것이 아니다. 그 안에는 지속성의 차원이 있다. 그렇기 때문에 구원을 경험한 자에게 완성이란 없다. 이것은 구원의 시간 진행성과 함께 구원 이후의 삶을 이해하는 중요 열쇠가 된다. 또 다른 중요 요소는 관계의 초점이다. 관계는 쌍방이 한다. 마찬가지로 관계로 이해되는 구원 역시 쌍방의 요소가 있다. 관계의 한 끝이 인간이라면 또 다른 끝은 인간과 관계하는 삼위 하나님이다. 에베소서 1:3-14는 그 관계의 초점이 어디를 향해 있어야 할 지를 분명히 한다. 삼위 하나님의 기쁘신 뜻과 은혜와 사랑의 일하심의 결과로 인간은 구원에 참여하게 된다. 따라서 그 관계의 구원을 가능하게 만든 대상에게 초점 맞추는 것은 당연하다. 이뿐 아니라. 구원의 계획과 완성이 인간 편에서의 온전함만 있는 것이 아니라는 것 역시 관계의 초점을 어디에 둘 것인지를 결정하는 근거가 된다. 완성된 구원의 그림 속에는 메시아를 중심으로 한 하나님 통치의 우주적 완성과 그 하나님께 드리는 궁극의 찬양과 높임이 있다. 그러므로 죄 사함을 통해 하나님과 관계를 맺기 시작하는 것으로 묘사되는 구원의 현재적 차원을 경험하고 있을 때나 관계가 온전하게 되는 구원의 미래를 경험하게 될 때에도 인간에게 요구되는 것은 그 모든 것을 가능케 하신 하나님을 향한 영원한 눈맞춤과 합당한 반응, 곧 감사와 칭찬과 사랑의 표현뿐이다.

　이상을 정리하면, 구원 과정이란 창조주 하나님이 자신에 대해 부정적으로 반응하는 모든 상태를 메시아를 통해 긍정적으로 반응하고 관계 맺게 하는 과정이라고 정의할 수 있다. 그 안에는 시간과 역사를 통해 인간과 상호 작용하는 삼위 하나님의 모습과 역할이 담겨 있고, 그 범위는 인간 개개인을 너머 사회와 공동체, 그리고 범우주적 통치 차원까지 미친다. 핵심은 창조주 하나님과 사람 사이의 온전한 관계이고 그것을 통해 하나님의 영광이 드러나는 것이다.

제 2 장

구원 과정을 어떻게 이해할 것인가: 구원을 설명하는 네 가지 틀

앞 장에서 에베소서 1:3-14를 통해 구원의 전체적 윤곽을 살펴보았으니 이제 성경 여러 부분을 통해 그 안에 담긴 요소들을 구체적으로 살펴보기로 하자. 그 전에 먼저 짚고 가야 할 질문이 있다. 에베소서에 나오는 구원 과정의 여러 요소들을 아우르며 포괄적으로 설명할 수 있는 방법이 없을까 하는 것이다. 앞서 살펴본 바에 의하면 하나님의 구원 과정에는 시간적 요소와 함께 등장인물의 요소가 있다. 시간적 요소에는 과거와 현재, 미래가 있으며 등장인물 요소는 신적 존재들의 역할과 그것에 반응하고 응답하는 인간의 모습이 있다. 등장인물과 관련해서도 인간 개개인이 반응하고 응답하는 차원이 있는가 하면 공동체와 사회를 뛰어 넘는 하나님의 우주적 통치 차원도 있다. 더 나아가 이 모든 요소들은 부정적 상태와 긍정적 상황의 대조가 들어 있다. 이런 여러 요소들을 한꺼번에 담아 구원을 설명하는 방법은 없을까? 본 장에서는 이런 질문에 대해 성경 다른 곳에서 나타나는 네 가지 설명 틀을 통해 살펴보려고 한다. 그 네 가지 틀은 하나님의 나라, 언약, 상호 작용을 통한 설명 방법과 두 영역을 통한 설명 방법이다. 앞의 두 가지는 구원을 이해하는 관점에 대한 것이고, 뒤의 두 가지는 구원 과정을 설명하는 방법과 관련 있다.

01 하나님의 나라
(The kingdom of God)

1. 하나님의 나라란 무엇인가?

"때가 찼고 하나님의 나라가 가까이 왔으니 회개하고 복음을 믿으라"(막 1:15; 마 4:17). 광야 시험 사건 이후 본격적으로 공적 사역을 시작하는 예수의 첫 선포 내용이다. 어디나 첫 시작의 말은 중요하다. 이후 진행될 내용과 연관성을 갖고 있기 때문이다. 이런 면에서 사역의 첫 시작을 하나님의 나라가 도래했음을 선포한 것은 이후의 모든 사역이 그 주제와 관련 있음을 의미한다. 심지어 예수의 십자가와 부활 사건 역시 하나님 나라와 관련이 있다. 그렇다면 하나님 나라는 무엇을 의미하고 어떤 특징들이 있을까?[6]

우선 생각해야 하는 것은 나라(kingdom)라는 표현이다. 현대 개념에 의하면 나라란 영토와 통치 주권과 국민이라는 요소를 가진 개념이다. 고대에도 크게 다르지 않다. 특정 영토와 그 안에 살고 있는 백성, 그리고 그들을 다스리는 왕의 통치권 개념을 갖고 있기 때문이다.[7] 하나님 나라의 개념도 이 세 요소를 가지고 있지만 일반적 나라 개념과 다르다. 통치권자가 하나님이기 때문이다. 성경은 하나님을 세상을 창조하신 분으로 선언한다(창 1:1). 보이는 세계나 보이지 않는 모든 세계와 그 속에 있는 존재들이 그분에 의해 지어졌다. 논증이나 변증의 요소가 없는 선포이자 대전제이다. 이 전제는 성경 모든 이야기의 시작점일 뿐 아니라 하나님 나라를 이해하는 열쇠이기도 하다. 우선 통치권과 관련해 하나님은 세상의 창조주이기에 하나님 나라의 통치권은 모든 피조물을 다스리고 유지하며 보호하는 모든 권한과 그에 수반되는 행위를 의미한다. 여기에는 창조 질서를 어지럽히는 세력들에 대한 심판도 포함된다. 한마디로 '창조주-피조물' 관계 안에서 행사하는 왕으로서의 다스림이다. 비록 구약에서는 '하나님 나라'라는 표현을 잘 안 쓰지만(참고, '여호와의 나라': 대상 28:5; 대하 13:8), 창조주 하나님을 왕으로 묘사하고 그분의 통치 행위를 언급하는 내용은 낯설지 않다(예, 시 93; 104; 대상 16:31). 이와 관련해 하나님 나라의 영토 개념도 일반적 나라 개념과 다르다. 보이지 않는 신에게 영토라는 가시적 지리 개념을 적용할 수 없고 세상의 창조주를 한 지역에 국한시키는 것은 우스운 것이다. 물론 고대 이스라엘 주변 나라들은 이스라엘의 야웨 신을 산지의 신으로 규정하고 그들의 전쟁을 신들의 전쟁으로 이해하기는 했지만(예, 왕상 20:23, 28), 이스라엘 백성들은 기본적으로 하나님을 어떤 장소에 국한된 분으로 이해하지 않았다(예, 대하 6:18).* 때로 성전이나 언약궤를 통한 임재는 단지 보이진 않는 창조주 하나님이 함께 하신다는 가시적인 상징 혹은 증거였다. 그렇기 때문에 하나님 나라에서 영토 개념은 창조주 하나님이 다스리는 영역을 의미하는 것으로 개인과 사회, 더 나아가 온 우주적 요소들을 포함하는 것으로 볼 수 있다. 마지막으로 하나님이 창조주라는 전제는 나라의 세 번째 구성 요소인 백성에 대해서도 다른 이해를 준다. 단순히 사람들의 모임으로서의 백성이 아닌, 하나님에 의해 지

---

* 역대하 6:18: "하나님이 참으로 사람과 함께 땅에 계시리이까 보소서 하늘과 하늘들의 하늘이라도 주를 용납하지 못하겠거든 하물며 내가 건축한 이 성전이오리이까."

음 받았기에 하나님과 관계 맺을 존재로서의 사람 개념이 담겨 있다. 결국 하나님의 나라란 창조주 하나님이 왕이 되어 보이는 세계와 보이지 않는 세계를 포함해 그가 만든 모든 피조 세계를 영토 삼고 그가 지은 인간을 백성 삼아 창조주로서의 다스림과 관리, 보호하는 영역을 의미한다고 말할 수 있다.

2. 하나님의 나라와 반역의 나라

예수의 사역은 하나님 나라가 도래했다고 선포함으로 시작한다. 그런데 이 표현에는 약간 이상한 점이 있다. 창조주 하나님이 모든 피조 세계와 그 안에 있는 인간을 백성 삼아 다스리시는 것은 창조 이후 계속 있었던 것인데 가까이 왔다 혹은 임했다고 말하기 때문이다.[8] 그분의 통치가 중단된 적이 있었나 하는 의문을 갖게 한다. 더 이상한 것은 예수가 여러 곳에서 그 하나님 나라에 들어가야 한다고 선포하기도 하고(마 5:20; 7:21; 8:11; 19:23, 24; 25:34; 막 9:47; 10:23, 24, 25; 눅 18:17, 24, 25; 요 3:5), 하나님 나라와 관련해 안과 바깥이라는 표현을 사용하기도 한 점이다(예, 마 23:13). 이뿐 아니다. 사람들 역시 하나님의 나라를 기대했다고 말하기도 한다(예, 마 15:43; 눅 23:51). 하나님의 통치가 미치지 않은 곳이 있다는 말인가? 만일 그렇다면 하나님은 창조주로서 다스리는 능력이 적은 것 아닌가? 이상한 표현들이다. 이것을 이해하기 위해서는 예수 사역 이전에 어떤 일이 있었는지를 알아야 한다. 간략하게 살펴보겠다.

하나님이 세상을 창조하시는 과정과 그 결과는 선한 모습만 있었다. 그분이 아주 좋았다고 평가하실 정도였다(창 1:31). 창조주로서의 통치가 있었고 하나님의 피조물이자 최초 인간인 아담과 하와는 하나님이 지정하신 에덴에서 함께 교제하며 지냈다. 왕으로서의 하나님과 백성, 그리고 영토까지 있는 우주적 하나님 나라의 작은 모형이 형성된 것이다. 여기서 하나님이 말씀하신 것처럼(창 1:28) 아담과 하와가 생육하고 자손을 많이 낳으면 하나님 백성이 더 많아지고 그 나라는 더 아름다운 모습이 될 것이다. 하지만 그 모습은 오래 지속되지 않았다. 인간이 하나님의 통치에 반기를 든 것이다(창 3장). 아담과 하와는 하나님 나라의 작은 모형인 에덴에서 쫓겨났다. 이후의 인간 역사는 하나님 나라와 상관없는 반역의 역사가 되었고, 하나님을 반역하는 죄는 인간들의 관계를 통해 자손이 많아지면서 더욱 커져갔다. 마치 물을 담은 컵 속에 잉크를 계속 부으면 물 전체에 색깔이 번지듯 온 땅에 퍼지게 된 것이다. 창조주 하나님은 여전히 온 피조 세계를 다스리지만 하나님 통치를 거절하는 영역이 그 안에 생겼고 커져간 것이다. 그 반역의 영역은 개인의 영역을 너머 사회와 공동체의 영역으로 확장된다.

그런데 성경은 하나님에 대한 반역에 인간적 차원만 있다고 말하지 않는다. 보이지 않는 영적 존재들의 상황도 있다. 사실 아담과 하와가 처음 하나님께 반역할 때 누군가가 옆에 있었다. 뱀이다. 사탄이 이 뱀을 통해 아담과 하와의 반역을 이끌어 낸 것이다(창 3:1-5; 계 12:9).[9] 그는 이미 하나님께 반역했고 하나님의 나라의 백성인 아담과 하와를 반역의 동조자로, 그리고 자기 나라 백성으로 끌어들이기에 성공한 것이다. 이후 인간의 역사는 사탄의 속임수와 영향력을 따라 하나님께 반역한 역사가 된다. 이런 면에서 이 땅은 창조주 하나님이 통치하시는 그분의 나라이기도 하지만 그분께 반역하는 영역이 존재하는 곳이기도 하다(참고, 마 13:26; 눅 4:6-7; 엡 2:2). 그 반역은 인간적 차원과 영적인 차원을 함께 갖고 있다. 사탄에게 영적으로 속임을 당한 인간이 하나님께 반역하여 계속 자신만의 통치를 만드는 과정의 연속이다.

창조주 하나님의 통치는 그분을 향한 반역과 저항에도 불구하고 여전히 지속되었다. 사람들을 택해서 세상의 통치와 구별되는 하나님 나라의 계보를 잇게 하시고 그들을 통해 자신을 계속 계시하셨다. 아담의 아들인 셋을 통해 하나님을 인정하는 경건한 계보를 유지시켜 반역의 세상에서 하나님의 통치를 드러내셨고(창 4:26), 홍수로 반역을 심판할 때 노아를 통해 하나님 나라를 드러내셨다. 계속되는 반역에 대해 하나님은 아브라함과 그 자손을 통해서 자신의 통치를 받는 구체적인 모형을 이스라엘 역사 속에 드러내시고 그 통치의 완성을 약속하셨다. 결국 인간의 역사는 하나님의 통치를 의지하는 그룹과 하나님께 반역하는 그룹 사이의 불편한 동거의 역사인 셈이다. 그 안에 창조주의 통치는 계속 있었고, 그 반역을 끝낼 그분의 계획 역시 계속 진행되었던 것이다.

하나님의 통치와 반역의 통치의 불편한 관계 속에서 하나님과의 관계를 붙잡는 것과 그로 인해 나타나는 갈등은 일종의 전쟁과 같다. 하나님의 통치보다 반역의 통치가 더 실제적이고 힘 있게 나타나는 듯하기 때문이다. 그래서 구약의 경건한 사람들은 하나님의 통치가 온전히 임하게 되는 그때를 기대했다. 그들의 기대는 두 가지에 근거를 두고 있다. 하나는 하나님께서 과거에 행하신 일들과 능력이다. 과거의 그 사건을 동일하게 미래에도 행하실 수 있음을 신뢰하고 기대하는 것이다. 대표적인 것이 모세를 통해 이스라엘 백성을 이집트에서 해방시킨 사건이다. 표면적으로 보면 이스라엘 백성은 이집트의 압제 하에 고통 당하는 상황이었다. 하지만 또 다른 측면에서는 이집트를 다스리는 신의 영향력 아래 하나님의 백성인 이스라엘이 고통 당하는 것이다. 하나님은 이 상황에 간섭하셨다. 압제하는 이집트를 심판하시고 이스라엘을 해방시킨 것이다. 하지만 이 역시 표면적 상황이다. 이면적으로 이집트인이 섬기는 신들을 벌하고 이스라엘의 여호와 하나님이 세상의 창조주이자 진짜 신이라는 것을 드러낸 일이다(참고, 출 12:12).* 결국 이스라엘이 이집트에서 해방되어 가나안에 정착한 것은 창조주 하나님이 세상의 통치와 그 이면에 있는 영적 반역을 능력으로 심판한 사건이다. 이스라엘은 과거에 보이셨던 하나님의 통치 능력을 근거로 지금의 상황을 해결할 미래에 있을 그분의 간섭을 기대하는 것이다. 반역의 통치 아래서 하나님의 간섭을 기대하는 또 다른 근거는 그분의 약속이다. 하나님은 여러 선지자들을 통해 다양한 방법으로 반역을 심판하고 자기 백성을 구원하는 창조주의 진정한 통치를 약속하셨다. 이는 창조주의 보호하심과 신실함이며 은혜이다. 여기에는 개인의 죄 문제와 함께 공동체의 회복이 있고(예, 렘 31:34; 겔 37:12, 19), 사망의 세력을 끝내고(사 25:7) 반역으로 망가진 세상을 창조의 아름다움으로 회복시킬 새 하늘과 새 땅에 대한 약속이 담겨있다(예, 사 11:6-11; 65:17; 66:22). 그 핵심은 메시아를 통한 하나님의 간섭이다. 특별히 다윗의 자손인 왕으로서의 메시아(삼하 7:12-16)는 하나님의 아들로서 불리울 것인데(삼하 7:14; 시 2:7) 하나님의 왕

---

* 출애굽기 12:12: "내가 그 밤에 애굽 땅에 두루 다니며 사람이나 짐승을 막론하고 애굽 땅에 있는 모든 처음 난 것을 다 치고 애굽의 모든 신을 내가 심판하리라 나는 여호와라."

권을 행사할 대리자로서 창조주의 뜻을 이루는 존재이다. 예수가 하나님 나라를 선포한 것에는 이런 배경이 있다. 그렇기 때문에 예수의 선포는 하나님의 약속이 실현되었음을 선포한 것이고, 반역을 끝내고 회복과 하나님의 새로운 통치가 완성되기 시작했음을 말하는 것이다.

3. 성령과 하나님의 나라

예수의 사역은 약속된 하나님 나라를 드러내는 것이다. 그의 사역은 요단 강에서 세례/침례를 받을 때 그에게 임한 성령과 함께 시작된다(막 1:10; 마 3:16; 눅 3:22). 이 성령은 하나님 나라와 관련해 메시아로서의 정체성을 보증하고 예수가 사역을 행하는 과정에서 핵심 역할을 한다. 이런 성령의 사역은 구약의 약속에 기인하며, 약속의 성취라는 측면을 가지고 있다.

구약은 성령을 하나님의 영 혹은 숨결('루아흐'[רוח])로 부르며 다양한 역할을 수행하는 것으로 묘사한다.[10] 창조와 관련한 사역을 하기도 하고(예, 창 1:2; 시 33:6; 사 40:13), 지도자(예, 민 11:16-17; 삿 3:7-11)나 선지자(예, 사 48:16; 미 3:7-8)에게 임하여 하나님의 말씀과 능력으로 이스라엘 백성을 향해 위로와 돌보심을 제공하고 때로는 책망을 하게 한다. 특별히 주목할 것은 장차 임할 하나님의 구원과 관련한 역할이다. 이사야 11:1-9는 좋은 예이다. 장차 이새의 줄기, 즉 다윗의 자손으로 임할 메시아 사역에 대한 예언이다. 그 메시아는 공의로 가난한 자를 심판하고 정직으로 겸손한 자를 판단하며 반역의 세상을 그 입의 막대기로 치고 악인을 죽이실 것이다(사 11:3-5). 창조주에 대한 반역으로 철저하게 망가진 세상을 하나님의 정의와 공평으로 심판하고 그분의 백성들을 회복시킨다는 말이다. 더 나아가 그 메시아는 반역으로 망가진 세상 자체를 사자와 어린 양이 함께 공존하는 에덴의 샬롬의 상태로 회복시킬 것이다. 창조 이후로 지속되어 온 반역의 통치를 완전히 끝내고 창조주의 온전한 통치, 하나님 나라를 완성한다는 의미이다. 주목할 것은 이 메시아 사역이 하나님 영의 임재와 함께 시작하고 성취된다고 말한다는 점이다(사 11:2). 이 영은 지혜와 총명의 영이고 모략과 재능의 영이며 지식과 여호와를 경외하는 영이다. 메시아를 통한 창조주의 심판과 회복의 하나님 나라가 성령과 함께 임할 것을 예언한 것이다. 이런 면에서 성령은 장차 임할 메시아의 정체성을 증거하는 동시에 메시아에게 맡겨진 하나님의 일을 온전히 이루는 사역의 동력이다. 이런 배경이 있기에 예수가 공적 사역을 시작하기 전에 성령의 임재를 받은 것은 중요한 의미가 있다. 그가 메시아라는 것과 이후에 이루어질 사역이 성령을 통한 하나님 나라를 회복시키는 것임을 드러내 주기 때문이다.

실제로 예수 자신도 메시아로서의 자기 정체성을 구약에 나온 성령의 약속과 연결시킨 증거가 여러 곳에 있다. 그 한 예는 누가복음 4:16-21에 있다. 예수는 자기 고향 나사렛 회당에서 안식일 예배를 드릴 때 이사야 61:1-3의 내용을 찾아 설교했다. 이 부분은 미래에 있을 메시아가 성령의 임재를 통해 하나님의 정의를 드러낼 것을 말하는 본문이다. 예수는 이사야의 그 예언이 자기에게 이루어졌다고 말한다. 자신이 약속된 메시아임을 드러낼 뿐 아니라 약속된 성령이 임재했음을 선포한 것이다. 이렇듯 예수 사역의 시작과 정체성은 약속된 성령의 임재와 관련 있다.

하나님 나라에 있어서 성령과 예수의 연관성을 이해할 중요한 배경이 또 있다. 제2성전기에 있었던 예언 중단 사상이다. 이 시기는 대략 스룹바벨 성전에서 헤롯 성전이 파괴될 때까지의 기간(516/5 BC-AD 70)을 말하는데,[11] 여러 모로 유대인들에게는 격변기였다. 나라가 멸망한 후 오랫동안 다른 나라의 지배를 받고 있었기에 그로 인한 수모와 고통이 지속되고 있었다. 이 시기 유대인들은 자신들의 상황에 대한 나름의 신학적 대답을 추구했다. 다양한 유대교 분파들이 생겨났고 구약 성경에 대한 정경화 작업이나 메시아를 갈망하는 신앙이 구체화 되는 등 유대교에 대한 중요한 틀이 형성되는 시기였다. 성령과 관련해서 주목할 것은 말라기를 끝으로 예언이 그쳤다는 생각이다.[12] 예를 들어 1 마카비 9:27에서는 예언자가 더 이상 나타나지 않는다고 말하며, 1 마카비 4:45-46이나 14:41에서도 당시에는 예언자의 예언이 없고 미래에 다시 나타날 것이라고 말한다. 다른 문헌들에서도 비슷한 생각들이 발견된다. 물론 쿰란 공동체 등 일부 유대인 그룹에서는 예언의 지속성을 말하기는 하지만 주류의 견해라기보다는 주변적 분파에서 주장되는 것으로 여겨졌다. 예언이 멈추었다. 이는 선지자가 없다는 말이며, 구체적으로 선지자에게 임하는 성령의 역사가 없다는 것이다. 선지자가 없으니 구약 성경의 말씀을 관리할 서기관과 성전에서 제사를 드리는 제사장 그룹만 있는 것이다. 그들은 미래에 임할 성령을 기대했다. 지금은 자신들의 죄악으로 거룩한 영, 하나님의 영이 떠나갔지만 과거 선지자들에게 임한 그 성령이 역사의 마지막에 메시아와 함께 다시 임하실 것이고 하나님의 통치를 온전히 회복시킬 것을 기대했다(참고, 말 4:5).

그러던 어느 날, 옛날 선지자 엘리야와 비슷한 모습의 사람이 요단

제2장 구원 과정을 어떻게 이해할 것인가: 구원을 설명하는 네 가지 틀

강에서 세례/침례의 사역을 하는 것을 목격했다. 사람들은 그를 약속했던 성령의 임재를 갖고 있는 구원의 문을 여는 메시아로 생각하고 질문한다. "당신이 메시아입니까?" 하지만 요한은 자신이 아니라 자기 뒤에 오는 사람이라고 말한다. 자신은 단순히 물로 세례/침례를 주지만 그 사람은 성령으로 그 일을 행할 것이라고 한다(마 3:11; 막 1:8; 눅 3:16). 성령을 통해 하나님의 종말적 구원의 문을 여는 진짜 메시아가 자기 뒤에 오신다는 말이다. 그 사람이 예수이다. 이런 면에서 예수에게 임한 성령은 예수가 어둠의 역사를 끝내고 하나님의 회복의 역사를 시작할 메시아임을 드러내는 증거인 동시에, 예수를 통해 하나님의 나라가 이 땅에 임하기 시작했음을 말해주는 증거이기도 하다.

4. 예수의 사역과 하나님의 나라

요단 강에서 성령의 임재를 경험하고 광야에서 시험을 받은 이후, 예수는 본격적으로 공적인 하나님 나라 사역을 시작한다. 그 모든 것은 성령과 함께 한 성령의 사역이었다. 성령으로 병자를 고치고 귀신을 쫓아내고 성령의 지혜로 가르쳤다. 하지만 이런 사역은 단순히 능력을 과시하는 것이 아니었다. 하나님을 거절하고 있는 반역의 영역 가운데 그분의 통치가 임하였음을 드러내는 증거였고(마 12:28; 눅 11:20) 성령의 임재를 갖고 있는 메시아 사역에 대한 예언의 성취였다(예, 사 35:3-6). 예수 사역의 성격을 잘 보여주는 것은 마가복음 3:27이다. "사람이 먼저 강한 자를 결박하지 않고는 그 강한 자의 집에 들어가 세간을 강탈하지 못하리니 결박한 후에야 그 집을 강탈하리라."

마가복음 3:27의 비유는 예수가 귀신을 쫓아낸 일(참고, 마 12:22)과 관련해 예루살렘에서 온 종교 지도자들과 논쟁하는 과정에서 한 말이다. 서기관들은 예수가 귀신을 쫓아낸 것을 귀신의 왕의 힘을 빌어서 한 일로 폄하했다. 그들로서는 나름 타당한 근거를 가지고 있었다. 구약에서는 메시아가 베들레헴 출신일 것이라고 말하는데(미 5:2) 예수는 나사렛 출신이었다. 그런 예수가 메시아일 리가 없다. 문제는 예수가 귀신을 쫓아내는 것을 그들이 보았다는 것이다. 그들은 자신들이 본 것과 이해하고 있는 것 사이의 불일치를 설명해야 했고, 그 답은 예수가 귀신의 왕 사탄의 힘을 통해 약한 귀신을 쫓아내는 것으로 이해하는 것이었다. 마치 무당처럼 말이다. 서기관들의 이런 비평에 대해 예수는 사탄의 나라는 스스로 망하지 않는다는 말과 함께 자신의 사역 내용을 비유로 설명한다. 그 내용은 어떤 사람이 남의 집에 들어가 물건을 훔치는 과정에 대한 것이다. 강한 자인 집주인을 먼저 결박하고 난 후 그 집 세간들을 훔치는 것이다. 여기서 집주인은 사탄을 의미하고 집은 그의 통치를 말하며 그 집의 세간은 그 통치 아래 있는 사람들을 의미한다. 강한 자를 결박한다는 것은 사탄의 영향력을 묶는다는 것이고 물건을 빼 내온다는 것은 사탄의 통치에서 해방시켜 하나님 나라로 옮긴다는 의미이다. 그렇기 때문에 이 비유는 하나님 나라와 관련한 예수의 사역을 압축적으로 잘 묘사해 준다. 창조 이후 줄곧 하나님 나라에 대해 반역했던 사탄의 통치를 깨고 그 속에 속한 사람들을 다시 하나님의 통치 안으로 이끌어 들이는 사역이다.

실제로 예수는 광야 시험 사건을 통해 사탄에게 승리하고, 이후 본격적으로 치유와 귀신을 내어쫓는 능력을 통해 사람들에게 하나님의 통치, 그분의 일하심을 보여주었다. 하나님 나라에 대한 선포와 가르침을 통해 사람들로 하여금 어둠의 영역에서 돌이키도록 이끌었다. 더 나아가 예수는 십자가와 부활을 통해 어둠의 영역에게 결정적 패배를 안기고 하나님의 승리를 선포했으며(요 19:30; 골 2:15) 승천을 통해 모든 것 위에 뛰어난 이름을 얻어 모든 존재들이 그 앞에 경배할 수밖에 없는 본래의 위치로 옮기셨다(빌 2:9-11; 벧전 3:22). 이뿐 아니다. 그 예수는 장차 다시 오셔서 하나님의 구원 역사를 완성하실 것이다. 사탄의 반역의 통치를 완전히 끝장내고 그 안에 속한 반역자들과 죄와 사망의 찌꺼기들을 심판하심으로써 얼룩진 하나님의 통치 영역을 완전히 깨끗게 하실 것이다(고전 15:24-26; 계 18-20장). 보이는 인간들과 보이지 않는 영적 존재들을 다 포함한 온전한 완성이다. 메시아 안에서 모든 것이 통일되는 것이며(엡 1:10), 하나님의 뜻이 하늘에서 이룬 것처럼 땅에서도 온전히 이루어지는 것이다(마 6:10). 이런 면에서 예수는 하나님 나라와 관련해 반역의 통치를 끝내고 창조주 하나님의 다스림을 이 땅에 가져와 실현시킨 분이다. 또한 그가 전한 하나님 나라는 창조주의 긍정적 다스림과 은혜의 차원도 있지만 반역에 대한 심판 차원도 있음을 알 수 있다.

5. 하나님 나라에 들어감과 '이미'와 '아직'의 실존

예수가 성령을 통해 하나님 나라를 이 땅에 드러냈지만 사람들이 그 안으로 들어가는 것은 다른 차원의 문제이다. 하나님 나라는 기본적으로 그것에 반대하는 반역의 통치를 전제로 하기 때문이다. 모든 인간은 사탄이 주도하는 반역의 통치 영향 아래서 하나님께 거역하고 있기에 단순히 하나님의 피조물이라는 자격으로 그분의 통치 안으로 들어 갈 수 없다. 또한 단순히 유대인이라는 사회-인종적 구별도 하나님 나라에 들어갈 자격은 되지 못한다. 오직, 자기 자신에게 다가온 창조주 하나님의 통치에 어떻게 반응하는가에 달려 있다. 이것이 예수가 하나님 나라를 선포하면서 처음부터 개인의 회개와 믿음을 강조한 이유이다(막 1:15; 마 4:17). 회개와 믿음의 핵심은 하나님 통치를 거절한 자신의 상태를 인식하고 그것으로부터 돌이켜 예수를 받아들이는 긍정적 반응을 하는 것이다. 예수가 하나님의 다스림을 드러낸 메시아이고 그를 통해 역사의 마지막에 있을 하나님의 구원과 회복의 통치가 시작되었음을 인정하는 것이다. 이런 면에서 믿음은 자신이 속한 통치권자를 바꾸는 주권 전이로 이해할 수 있다. 반역이 아니라 하나님의 통치를 인정하고 순응하는 것이다. 그렇기 때문에 하나님 나라에 들어간 사람은 새로운 통치권자를 따라 새로운 통치 하에 살아야 한다. 예수를 통한 하나님 나라의 개념에는 단순히 해방되는 것만 있는 것이 아니다. 하나님 나라로 옮겨간 이후의 삶의 모습도 함께 있다. 반역의 통치 아래 있을 때와는 완전히 다른 형태의 삶이다.

예수를 통해 하나님 나라에 들어가고 창조주의 통치를 맛보기 시작했지만 이 땅에서 완전한 완성 상태를 경험하고 사는 것은 아니다. 소위 '이미' 경험되었지만 '아직' 완성되지 않은 상황 속에 사는 것이다. 하나님 나라에 속한 사람들이 반역의 통치에 속한 사람들과 함께 있다는 의미이며, 그 속에서 어려움을 겪을 수 있다는 말이다. 예수 스스로도 이런 사실을 분명히 알고 있었고 사역 초기부터 분명하게 가르쳤다. 마태복음 13:24-30의 밀과 가라지의 비유가 잘 보여준다. 어떤 사람이 자기 밭에 씨를 뿌렸는데, 원수가 또 다른 씨를 뿌려서 한 밭에 두 종류의 씨가 자라는 상황이 되었다. 창조주 하나님이 다스리는 영역(세상)에 사탄이 반역의 영역을 만든 상황이라고 생각할 수 있다. 예수는 이 씨들을 사람이라고 설명한다. 비유의 의미는 이렇다. 하나님이 통치하는 세상에 사탄이 자신의 사람들을 세워 두 종류의 사람이 있게 되었다. 한 부류는 예수의 말씀으로 인해 하나님 통치를 인정한 사람들이고, 다른 한 부류는 그것을 거절하고 반역의 통치 속에 있는 사람들이다(마 13:38-39). 이 둘은 세상 끝을 의미하는 추수 때까지 함께 있다. 역사의 마지막 날 하나님께서 심판하실 때까지 반역의 통치가 세상 속에 여전히 있다는 것과 그 결과로 하나님 통치를 받는 좋은 씨가 고통을 당할 수 있음을 의미한다. 하나님 나라에 들어가는 것은 곧바로 이 땅에서 완전함을 경험하는 것이 아니라는 것을 가르쳐주기 위한 비유이다. 예수가 사역 초기부터 제자들에게 인식시키고 싶은 내용이다. 그렇기 때문에 하나님의 나라에 속한 사람이 하나님과 예수 때문에 어려움을 겪는 것은 이상한 일이 아니다. 오히려 반역의 통치에 대항해 다르게 사는 것이기에 자연스럽게 경험하게 되는 것이다(마 5:11-12; 요 15:18-19). 하지만 마지막 날에는 다를 것이다. 하나님이 창조주로서의 심판과 은혜의 행위를 완성하실 것이기 때문이다. 하나님 통치 속에 있던 반역의 영역은 심판을 받고 하나님 나라 백성은 영원한 기쁨을 맞보게 될 것이다(마 13:41-43).

그렇다면 하나님의 나라에 들어간 사람은 미래에만 좋은 것을 경험하고 지금 이 땅에서는 부정적인 상황만 경험하는가? 그렇지 않다. 하나님은 자기 백성들을 향한 다스림과 은혜의 통치를 멈추지 않으시며 모든 피조물을 향한 다스림 역시 계속해 가신다. 마태복음 13:31-

33에서 말한 겨자씨와 누룩의 비유이다. 작은 겨자씨를 심었는데 공중의 새들이 깃들일 만큼 큰 나무가 되었다고 말하고 약 35-39리터의 밀가루 반죽에 작은 누룩을 넣었더니 아주 크게 부풀었다는 내용이다. 두 비유 모두 아주 작고 보잘 것 없는 시작과 그와 반대되는 놀라운 결말을 갖고 있다. 중요한 것은 그 놀라운 결말 과정에 사람의 역할이 없다는 점이다. 비록 겨자씨를 심고 누룩을 넣은 것은 사람이 했지만 겨자씨가 크게 자라는 과정이나 누룩이 밀가루 반죽을 부풀게 하는 과정은 사람이 하지 않았다. 하나님 나라가 확장되는 과정은 사람이 하는 것이 아님을 말하려는 것이다(참고, 막 4:26-29). 창조주 하나님이 이루어 가신다. 예수는 하나님 나라의 비유를 통해 미래에 있을 완성 전까지 이 땅에서 살아가는 실제 모습이 무엇인지를 가르치고, 자신을 따르는 사람들로 하여금 소망으로 견디라고 주문하며 비록 보이지 않아도 여전히 일하고 계신 하나님을 신뢰하라고 가르치셨다.

6. 하나님의 나라에 대한 설명 정리

하나님 나라는 창조주 하나님과 관계된 제반 요소들을 모두 담고 있는 하나님의 구원을 이해하는 가장 큰 개념이다. 시간적으로 창조 이전에서 시작하여 창조와 그 이후의 인간 역사, 그리고 예수를 통한 하나님 나라의 계시와 미래의 완성까지 포함하고 있다. 공간적으로 창조주와 관계하는 개인과 공동체를 포함한 인간 영역과 하나님께 반역하는 사탄과 그의 세력 등의 영적 영역을 포함한다. 또한 인간과 하나님 사이의 관계와 삼위 하나님의 일하심과 그 결과를 담고 있는 개념이기도 하다. 지금까지 설명한 하나님 나라의 특징을 다음과 같이 정리할 수 있다.

(1) 하나님 나라는 창조주로서의 하나님의 통치와 보이는 것과 보이지 않는 것을 포함한 모든 피조 세계라는 영역(영토), 그리고 그분이 지으신 인간을 백성으로 하는 개념이다.
(2) 창조 이후 하나님 나라는 하나님 통치에 대한 반역을 경험하고 있다. 이 반역은 아담 이후 모든 사람을 포함한 인간적 영역과 사탄을 위시한 타락한 영적 영역을 포함한다.
(3) 하나님 나라에 대한 반역에도 불구하고 하나님은 창조주이자 왕으로서의 다스림과 보호, 회복, 심판의 활동을 계속해 나가고 있고, 인간 역사를 통해 다양한 방법으로 능력과 약속의 말씀을 통해 통치를 드러내셨다.
(4) 예수는 구약에서 약속된 메시아로서 자신의 사역을 통해 하나님 나라를 이 땅에 드러냈고 성령은 예수 정체성의 중요한 증거일 뿐 아니라 사역의 실제 능력이었다.
(5) 예수의 사역은 하나님에 대한 반역의 통치를 깨고 그 속에 있는 사람들을 하나님 통치 안으로 들어갈 수 있는 길을 연 것이다. 공생애 사역과 십자가와 부활의 사역을 통해 이루어졌다.
(6) 예수를 통한 하나님 나라는 저절로 들어가는 것이 아니다. 반역의 통치 안에 있는 것을 버리고 새로운 통치에 반응해야 한다. 이것을 회개와 믿음이라고 하며, 그 핵심은 예수에 대한 반응이다.
(7) 예수를 통한 하나님 나라는 새로운 통치권자와 관계를 맺고 그분

을 따르는 새로운 삶을 요구한다.

(8) 하나님 나라에서의 삶은 '이미'와 '아직'의 성격이 있다. 지금 하나님의 통치를 경험하지만 완전한 완성은 미래에 있을 예수의 재림으로 이루어진다.

(9) 하나님 나라의 완성은 창조주 하나님의 통치가 메시아 예수 안에서 온 우주 모든 영역에 미쳐지는 것으로 반역의 영역에 대한 심판과 하나님 영역 안에 있는 자에 대한 온전한 구원의 모습이 있다.

02 언약 (covenant)

1. 언약이란 무엇인가?

　성경의 구원을 이해하기 위해 필요한 두 번째 설명 틀은 언약 개념이다.[13] 언약이라고 번역한 성경 원어는 '베리트'(ברית)라는 히브리어 단어(283번)와 '디아떼케'(διαθήκη)라는 그리스어 단어(33번)인데, 총 316번 나타난다. 언약에 해당하는 히브리어는 단순히 약속이나 맹세 혹은 다짐 등의 의미가 아니다. 여러 요소를 포함한 보다 큰 개념이다. 일반적으로 사람과 사람 혹은 나라와 나라 간의 관계를 규정하는 계약의 의미로 사용되는데, 구약 성경은 특별히 하나님과 사람과의 관계를 표현할 때 일관성 있게 이 단어를 사용한다. 기본적으로 언약이란 하나님과 사람 사이에 맺은 계약적 동의를 의미한다. 이 계약을 통해 하나님과 사람은 '창조주-피조물' 이상의 특별한 관계가 맺어진다. 그렇기 때문에 언약의 핵심은 약속(promise)이 아니라 관계(relationship)이다.

2. 하나님과 사람 사이 언약의 특징

1) 언약은 수직적 상하 관계를 전제로 한다

하나님과 인간과의 관계를 규정하는 언약은 몇 가지 특징이 있다. 먼저 하나님과 사람 사이의 상하 관계이다. 하나님과의 언약은 동등한 위치와 자격을 가진 두 당사자가 관계를 맺는, 마치 친구 간에 맺은 언약이나 상거래를 위한 계약과 성격이 다르다. 창조주 하나님과 피조물인 인간 사이에 맺는 계약이기 때문이다. 마치 왕이 자기 신하와 혹은 주군의 나라가 신하의 나라와 관계를 맺을 때 위에서 은혜를 주는 쪽과 아래에서 은혜를 받는 쪽이 있듯이, 하나님과 사람 사이의 언약도 기본적으로 상하 관계를 전제로 한다. 이런 특징은 언약 관계를 나타내는 성경의 여러 표현에서 확인할 수 있다. 그 한 예는 "나는 너희 하나님이 되겠고 너희는 내 백성이 되리라"(예, 출 6:7; 레 26:12; 렘 31:33; 겔 11:20; 36:28; 슥 8:9; 고후 6:16; 히 8:10; 계 21:3 등등)는 표현이다. 하나님과의 언약 관계를 묘사하는 전형적 표현이다. 여기서 백성이라는 것은 다스림 받는 존재를 의미하기에 사람들과 관계를 맺는 하나님은 단순한 신(神)이라기보다는 왕이나 통치자의 위치에 있음을 말해준다. 두 그룹 간의 상하 관계를 보여준다. 이 외에도 보다 직접적으로 하나님을 왕으로, 그리고 언약 관계 안에 있는 사람을 백성으로 묘사한 표현(예, 시 5:2; 44:4; 47:6, 7; 84:3 등등)이나 하나님을 목자로 사람들을 양으로 표현한 것(시 23:1; 28:9; 80:1; 사 40:11; 겔 34:15 등등) 역시 이런 상하 관계를 말해 준다. 이런 특징은 기본적으로 언약 관계가 통치와 관련된 상하 관계를 갖고 있음을 말해 줄 뿐 아니라 그 관계가 창조주의 통치 요소를 갖고 있는 하나님 나라의 개념 속에 위치하고 있음을 보여준다. 그렇기 때문에 하나님 나라가 구원과 관련한 제반 요소를 모두 담고 있는 것이라면, 언약은 상대적으로 그 하나님 나라 속에 있는 백성이라는 요소에 집중한 것으로 볼 수 있다.

2) 언약은 '나와 너(너희)'라는 두 그룹의 친밀한 관계성을 전제로 한다

언약은 기본적으로 창조주의 다스림을 받는 것과 관련 있지만, 그 관계는 단순히 '창조주-피조물' 관계가 아니다. 하나님을 1인칭으로 사람을 2인칭으로 부르는 '나와 너'의 관계이다. 둘 사이에 깊은 친밀감이 담겨 있다. 언약 관계에 대한 여러 묘사 방법이 있지만 특별히 세 가지 표현이 이런 친밀한 관계를 잘 말해준다.

(1) 하나님과 백성의 관계

첫 번째 표현은 위에서 언급한 "나는 너희 하나님이 되겠고 너희는 내 백성이 되리라"는 것이다. 언약 관계의 핵심을 말해주는 표현이다. 하나님은 자신과 언약 관계 안에 있는 사람들을 '나와 관계하는 너'라고 부른다. 때때로 하나님은 이스라엘 백성들을 '그들'이라는 3인칭으로 표현하기도 하지만 그런 경우들은 대부분 선지자나 지도자들에게 이스라엘 백성을 언급하는 과정에서 나타난다. 하나님과 언약 관계 안에 있는 사람들에 대한 기본적 관계 표현은 '나와 너' 혹은 '너'를 확장한 '너희'이다. 이런 표현들은 일차적으로 하나님이 사람이란 존재를 다른 피조물보다 훨씬 더 특별한 관심으로 대하고 있음을 말해준다.

하지만 더 중요한 의미가 있다. 이 표현은 하나님의 백성과 그렇지 않은 사람에 대해 그분이 대하시는 친밀도에 차이가 있음을 말해준다. 여기서 말한 '너희'라는 표현은 하나님의 백성이라는 단어와 연결되어 있다. 백성이란 단어가 하나님 나라와 연관된 표현임을 고려한다면, 언약 관계가 보여주는 이런 친밀한 관계는 오직 그분의 통치 안에 있는 사람에게만 허락된 특별한 것임을 알게 한다. 실제로 성경은 하나님의 통치를 거절하는 영역에 속한 자들을 '내 백성'이라고 말하지 않는다. 물론 하나님은 피조물을 포함해 모든 사람을 사랑하고 보호하신다(예, 마 5:45). 하지만 '나와 너'로 표현되는 언약 관계의 친밀함은 모든 사람이 누릴 수 있는 것이 아니다. 하나님의 통치를 인정해서 그분의 백성이 되어야만 경험할 수 있는 요소들이 있기 때문이다.

그 한 요소는 깨끗함, 즉 거룩함이다. 하나님의 통치를 거절한 자들은 하나님의 거룩함의 영역 밖에 있는 자들이다. 그분이 깨끗하게 하신 것을 경험하지 못한 자들이기에 소위 거룩하지 않은 사람이다. 문제는 거룩한 하나님은 깨끗하지 않은 사람들과 가까이 할 수 없다는 점이다(레 20:7; 사 1:16; 35:8; 59:2). 당연히 그 둘 사이에 깊은 유대가 있을 수 없다. 하지만 하나님의 언약 관계 안에 있는 사람은 다르다. 그분의 '거룩한 백성'이 되었기에(예, 출 19:6) 하나님이 그들과 가까이 하실 수 있고 친밀한 관계가 가능하다. 이런 면에서 죄를 정결케 하는 것은 언약 관계에서 매우 중요하다.[14] 구약이든 신약이든 죄 사함을 중요시 하는 이유가 여기에 있다. 친밀한 관계를 가능케 하는 중요한 과정이기 때문이다.

하나님의 백성만 누릴 수 있는 또 다른 것은 그분의 임재이다. 하늘의 하나님이신 창조주는 모든 사람의 삶에 간섭하실 수 있다. 하지만 언약 관계에 있는 사람들은 언약 백성 가운데 특별히 함께 하시는 하나님을 경험할 수 있다. 아담과 하와가 쫓겨나기 전 하나님은 에덴 동산에 거니시며 그들과 함께 하셨다. 자기의 사람과 함께 하시는 임재의 원형이다.[15] 하지만 아담과 하와의 반역 이후 하나님의 임재는 그분을 경외하는 소수의 사람에게만 허락되었고, 후에는 자신과 독특한 언약 관계를 맺기 시작한 이스라엘 백성과 관련해서만 나타났다. 아브라함과 족장들의 삶 가운데 함께 하셨으며 이스라엘 백성이 이집트에서 해방되어 가나안으로 들어가는 과정 동안 구름 기둥과 불 기둥으로 그들과 동행하고 있음을 보이셨다. 가나안 정착 이후에는 성막이나 성전을 통해 임재의 증거를 드러내셨다. 후기 유대교에서는 임재를 통해 자기 백성에게 드러낸 하나님의 영광을 '쉐키나'라고 불렀다. 하나님의 이런 임재는 언약 백성과의 친밀함을 드러내주는 증거가 될 뿐 아니라 언약 백성과 그렇지 않은 사람들을 구분하는 구별점 역할을 하기도 했다. 구약의 이런 모습은 메시아 예수를 통한 하나님의 함께 하심, 곧 임마누엘(마 1:23; 참고, 요 1:14)로 연결되었고 장차 새 하늘과 새 땅에서 하나님이 자신의 언약 백성과 완전하게 함께 하시는 모습으로 연결된다(계 21:1-7).

하나님과 언약 백성 사이의 친밀함과 관련한 또 다른 요소는 하나님의 영, 성령의 활동이다. 하나님은 자신의 백성에게 거룩한 영을 보내서 능력과 말씀으로 그들을 보호하고 인도하며 책망하시기도 한다. 성령의 이런 활동은 모든 사람들이 경험할 수 있는 것이 아니다. 때로 비유대인 예언자 발람의 경우처럼 하나님의 언약 백성이 아닌 사람들에게도 성령이 임하기는 하지만(민 24:2), 이런 경우도 하나님이 이스라엘을 위해 복을 내리시기 위해 행하신 것이다. 성령은 오직 하나님의 언약 백성에게만 허락되는 특별한 은혜의 표징이며(예, 사 63:12) 하나님이 함께 하신다는 증거이다. 그렇기 때문에 제2성전기 유대인들이 생각했던 것처럼 말라기 이후 예언이 그쳤다는 것은 성령을 통한 하나님의 친밀한 임재가 없어졌음을 의미하는 것이고, 성령으로 말미암은 예언자가 다시 나타나는 것은 하나님의 회복의 일이 시작되었다는 증거이기도 하다. 이런 면에서 예수가 성령으로 잉태되었다는 것과 성령을 통해 사역을 했다는 것은 예수를 통해 하나님의 구원의 문이 열려졌다는 것을 드러내는 증거이다. 또한 교회에게 임한 성령 역시 하나님 백성에게 임하시는 친밀한 관계의 증거이기도 하다.

(2) 부모와 자녀의 관계

하나님과의 친밀한 관계를 표현하는 두 번째 방식은 부모와 자녀의 관계이다. 언약 관계를 가족 관계와 연결시켜 묘사한 것이다. 이 표현은 하나님을 거절하는 이스라엘 백성의 모습에 대한 경고와 그들을 여전히 사랑하시는 하나님의 모습을 제시할 때 자주 사용된다. 예를 들어 이사야 1:2는* 이스라엘 백성을 부모를 거절하는 패륜아로 묘사한다. 하나님과의 관계를 거절한 모습을 마치 부모와 자녀의 관계를 끊은 사람으로 빗대어 설명한 것이다(참고, 탕자 비유 속의 둘째 아들 [눅 15:12-13]). 반면, 예레미야 31:20은* 죄악으로 가득찬 이스라엘 백

---

* 이사야 1:2: "하늘이여 들으라 땅이여 귀를 기울이라 여호와께서 말씀하시기를 내가 자식을 양육하였거늘 그들이 나를 거역하였도다."
* 예레미야 31:20: "에브라임은 나의 사랑하는 아들 기뻐하는 자녀가 아니냐 내가 그를 책망하여 말할 때마다 깊이 생각하노라 그러므로 그를 위하여 내 창자가 들끓으니 내가 반드시 그를 불쌍히 여기리라 여호와의 말씀이니라."

성을 자녀로 표현하고 그들을 여전히 사랑하시는 하나님의 심정을 부모의 마음으로 제시한다(참고, 탕자 비유 속의 아버지[눅 15:20-24]). 언약 관계 안에서 벌어지는 여러 현상을 인간적 '부모-자녀' 관계로 설명한 이런 표현들은 하나님과의 언약 관계가 인류으로 끊을 수 없는 끈끈한 유대와 깊은 친밀감을 가진 것임을 말해준다.

(3) 결혼 관계

하나님과의 언약 관계 안에 있는 깊은 유대감을 잘 표현하는 세 번째는 결혼 관계이다. 이 역시 가족 관계로 설명하는 방식이다. 하지만 '부모-자녀' 관계와 초점이 다르다. '부모-자녀' 관계는 인간이 끊을 수 없는 기본 관계로서 부모와 자녀라는 상하 관계를 기초로 한다면, 부부 관계는 상대적으로 서로 동등한 위치에 있는 남자와 여자가 사랑을 전제로 결혼이라는 계약에 동의함으로 성립되는 것이다. 결혼 관계 표현 역시 이스라엘 백성이 하나님을 거절하는 과정이나 하나님이 이스라엘 백성을 회복시키는 과정을 설명할 때 주로 사용된다. 예를 들어 예레미야 2:2는* 과거 이집트에서의 구원과 그 이후 맺은 언약의 과정을 신랑이 신부에게 결혼하고 신혼의 기간을 보내는 것으로 묘사한다. 마찬가지로 예레미야 31:32에서는* 이스라엘이 시내 산에서 맺은 언약을 하나님을 남편으로 맞는 결혼 관계로 묘사한다. 이스라엘이 하나님과의 언약을 져버린 것을 마치 결혼 언약을 파기한 것과 같

---

* 예레미야 2:2: "가서 예루살렘의 귀에 외칠지니라 여호와께서 이와 같이 말씀하시기를 내가 너를 위하여 네 청년 때의 인애와 네 신혼 때의 사랑을 기억하노니 곧 씨 뿌리지 못하는 땅, 그 광야에서 나를 따랐음이니라."
* 예레미야 31:32: "이 언약은 내가 그들의 조상들의 손을 잡고 애굽 땅에서 인도하여 내던 날에 맺은 것과 같지 아니할 것은 내가 그들의 남편이 되었어도 그들이 내 언약을 깨뜨렸음이라 여호와의 말씀이니라."

다고 지적한다. 한편, 이사야 62:5는* 하나님이 그의 백성을 회복하는 과정을 결혼 과정으로 묘사한다. 마치 청년이 처녀와 결혼하는 것처럼, 그리고 신랑이 신부를 취하는 것처럼 하나님이 자신의 백성을 기뻐하고 귀하게 여긴다는 것이다.

위에서 설명한 세 가지 표현 방식들은 하나님과의 언약 관계 안에 있는 사람들 모습을 설명할 뿐 아니라 그 관계를 거절하는 모습이나 회복의 모습을 설명할 때도 사용한다는 공통점이 있다. 이것은 이후 계속 살펴 볼 언약의 또 다른 특징들과 연결되어 있다.

3) 언약은 하나님의 은혜로 시작되고 인간의 반응으로 성사된다

하나님과 그분의 백성 사이의 수직적 상하 관계 속에 형성된 '나와 너(너희)'의 친밀한 관계는 하나님의 은혜로운 다가옴으로 시작된다. 어찌 보면 당연하다. 창조주 하나님이 인간을 지으심으로 모든 것이 시작되었기 때문이다. 아담과 하와를 지으시고 에덴에서 관계를 맺으셨을 때도 하나님이 먼저 하셨고, 갈대아 지방 우르라는 곳에 있던 아브라함을 부르신 것도 하나님이었다. 시내 산에서 이스라엘 백성과 언약 관계를 맺을 때도 그 이전에 하나님이 모세를 통해 능력으로 그들을 구원한 사건이 먼저 있었다. 더 나아가 예수를 통해 구원의 언약 관계 안으로 먼저 부르신 분도 역시 하나님이시다.

하지만 언약 관계는 하나님 혼자만으로는 이루어지지 않는다. 흔히 언약을 생각할 때 하나님의 은혜를 강조한 나머지 언약을 마치 일방

---

* 이사야 62:5: "마치 청년이 처녀와 결혼함 같이 네 아들들이 너를 취하겠고 신랑이 신부를 기뻐함 같이 네 하나님이 너를 기뻐하시리라."

적 관계로 생각하기 쉬운데, 큰 오해이다.[16] 언약의 핵심은 단순히 인간을 향해 선포하는 약속이나 다짐이 아니라 '서로'라는 대상자가 있는 인격적 관계이기 때문이다. 언약 관계는 하나님께 응답하는 또 다른 한 쪽이 반드시 필요하다.[17] 그런데 이 언약의 관계는 저절로 맺어지지 않는 점에 주목해야 한다. 비록 하나님이 먼저 시작하시는 것이지만 언약 관계의 대상자가 계약에 대해 동의 혹은 수락하는 과정이 있다. 만일 동의하는 과정이 없다면 아무리 하나님이 은혜로 시작하고 제안하셨더라도 '나와 너(너희)'의 여러 관계는 성립되지 않을 수 있다.

몇 가지 예를 들어 보자. 창세기 12:1-3은 아브라함을 부르시는 하나님이 나온다. 아브라함과의 관계가 시작되는 시점이다. 하지만 이 사건은 하나님의 부르심만 있는 것이 아니다. 아브라함의 반응, 곧 말씀을 듣고 자기 고향의 친척과 부모 집을 떠나는 실제 응답 과정이 있다. 이후 아브라함과 본격적으로 언약 관계를 맺는 창세기 15장에도 동일한 모습이 나타난다. 하나님은 언약 관계를 맺기 위해 먼저 찾아오셔서 아브라함에게 자손과 땅의 복을 약속하신다. 이에 대해 아브라함은 믿음으로 응답했고(창 15:6) 짐승을 통해 본격적인 언약 체결식을 이행한다(창 15:9-17). 물론 이 과정에서 하나님은 짐승 사이를 지나시는 적극적 행위를 보이고 아브라함은 수동적 관찰자로서 나타나지만, 아브라함은 짐승을 준비함으로 언약 체결식을 준비했고 하나님의 약속을 받아들이는 것을 통해 나름의 반응을 보였다.

한편, 이스라엘 백성이 모세를 통해 시내 산에서 맺은 언약도 동일한 요소가 있다. 출애굽기 24:1-11은 하나님과 이스라엘 백성이 언약을 체결하는 과정을 보여준다. 이 과정에서 모세는 이스라엘 백성의 응답을 여러 번 요구한다. 언약을 체결하기 전날 하나님께서 하신 말씀과 율례를 그들에게 전하고 그에 대한 응답을 요구했고 백성들은 기꺼이 응했다(출 24:3). 바로 다음날 언약을 실제로 체결할 때도 모세는 다시 한 번 이스라엘 백성들에게 언약에 대한 응답을 요구했고 이스라엘 모든 사람들은 긍정의 대답으로 반응했다(출 24:7). 이상에서 보듯 아브라함과의 언약이나 시내 산에서 이스라엘 백성과 맺은 언약은 모두 하나님과 사람들 간의 계약 동의가 수반되며 그 동의를 통해 서로의 언약 관계가 본격적으로 시작되었다. 언약 관계란 단순히 '창조주-피조물'이라는 조건으로 형성되는 것이 아니다. 반드시 언약 관계를 위해 하나님이 먼저 다가오시는 것과 그것에 대해 사람들이 응답하는 과정이 있다. 사람들이 하나님 은혜에 긍정적으로 응답할 때 비로소 언약 관계가 형성된다.

 언약 체결 과정에 대한 인간의 긍정적 응답은 믿음이라는 요소로 구성되어 있다. 이 믿음은 사람 사이의 사회-인종적인 요소와 전혀 관계없다. 언약 관계는 이스라엘 사람(유대인)만의 전유물이 아니며 비이스라엘 사람(비유대인)이 할례 등을 통해 이스라엘 사람처럼 되어야만 경험할 수 있는 것도 아니다. 성경에서는 라합(수 2:9-11)이나 룻(룻 1:16-17)과 같이 이스라엘 사람이 아님에도 불구하고 창조주 하나님을 인정하고 그분의 통치에 긍정적으로 반응해서[*] 하나님의 백성이 되고 언약 관계를 경험한 사람들이 있는가 하면, 이스라엘 백성이면서도 하나님으로부터 "내 백성이 아니다"는 경고(호 1:9)와 심판을 받은

---

[*] 라합의 고백: "우리가 듣자 곧 마음이 녹았고 너희로 말미암아 사람이 정신을 잃었나니 너희의 하나님 여호와는 위로는 하늘에서도 아래로는 땅에서도 하나님이시니라."(수 2:11); 룻의 고백: "…어머니의 백성이 나의 백성이 되고 어머니의 하나님이 나의 하나님이 되시리니."(룻 1:16)

예도 있기 때문이다. 하나님과의 언약 관계 형성은 철저하게 창조주 하나님에 대해 어떻게 반응하는가와 관련 있으며 사람의 사회적 위치나 상태와는 전혀 상관없다.

    또한 언약 관계 성립을 위한 인간의 믿음은 행위나 윤리 차원과도 별 상관이 없다. 어떤 일을 행하고 성취해야 언약 관계 안으로 들어가는 것이 아니라는 것이다. 행위를 통한 순종은 믿음 이후 과정에서 나타나는 것이다. 예를 들어 아브라함과 하나님이 언약 관계를 맺는 창세기 15장은 자손에 대한 복을 약속하심으로 먼저 다가오신 하나님에 대해 아브라함이 믿음으로 응답했다고 말한다(창 15:6). 믿었다는 것은 약속하신 그분을 자신과 후손의 삶에 중요한 분으로 인정하여 받아들이고 신뢰했다는 것이다(참고, 롬 4:3, 18-21). 사실 아브라함이 이때 처음 믿음으로 반응한 것은 아니다. 이미 창세기 12:1-3에서 말씀하신 하나님에 대해 믿음으로 동의하고 응답한 후 움직였기 때문이다. 그는 하나님을 계속 믿고 있었고 창세기 15장에서 말한 하나님의 약속에 대해 다시금 믿음으로 응답한 것이다. 언약 체결 과정에서 믿음으로 응답한 것은 출애굽기 24장에서도 나타난다. 이스라엘 백성들은 언약 체결을 위해서 놀라운 행위를 해야만 하는 것이 아니었다. 모세를 통해 제시된 하나님의 제안과 율법에 대해 긍정적인 반응을 하는 것이 전부였다. 그 반응은 '우리가 하나님의 제안을 받아들여 언약 관계 안으로 들어가겠습니다'라는 인정과 동의다. 이 역시 보이지 않는 하나님에 대한 믿음의 응답이다. 이런 면에서 하나님과 사람 사이의 언약 관계는 사람에게 먼저 보이신 하나님의 은혜에 대해 인간이 전적으로 받아들이는 믿음의 응답으로 시작된다고 이해할 수 있다. 이것은 신약에서도 그대로 적용된다. 예수를 통해 먼저 다가오신 하나님에 대해 믿음으로 반응하여 그분과 새로운 언약 관계 안으로 들어가는 것이다.

4) 언약에는 하나님과 인간 쌍방의 법적 의무와 그에 따른 상벌이 있다

언약 관계는 하나님의 은혜로운 시작과 믿음을 통한 인간의 응답과 동의 과정으로 맺어지지만 그 과정은 가볍게 취급될 수 없는 진지함과 엄숙함이 있다. 창조주와 맺는 언약 관계이기 때문이다. 이 과정은 또한 단순히 구두로 약속하는 차원이 아닌, 법적이고도 공식적인 형태를 띠고 있다.[18] 이런 특징은 구약의 언약 체결 과정에서 어렵지 않게 찾을 수 있다. 우선적으로 확인할 수 있는 것은 언약 체결 과정에서 짐승을 죽여 그 피와 사체를 통해 맹세하는 것이다(예, 창 15:9-11; 출 24:5-8; 참고, 렘 34:18). 예를 들어 출애굽기 24:1-11에서 언급한 하나님과 이스라엘 백성과의 언약 체결 과정에서 모세는 소를 잡아 피를 그릇에 받아서 반은 제단에 뿌리고(출 24:6) 나머지 반은 이스라엘 백성을 향해 뿌린다(출 24:8). 하나님과 이스라엘 백성 사이에 짐승의 죽음과 피, 즉 생명을 통해 언약 관계가 체결되었음을 상징적으로 보여주는 행위이다.

언약 체결 과정이 공적이고 법적인 특징을 가지고 있음을 보여주는 또 다른 예는 언약 체결 과정에서 여러 증거들을 세우는 것이다. 예를 들어 출애굽기 24장의 경우 모세는 시내 산 아래에 제단을 쌓고 열두 기둥을 세우는데(출 24:4), 제단은 하나님 편을, 그리고 열두 기둥은 이스라엘 백성 편을 상징하는 증거 역할을 한다. 이는 언약 체결 과정이 단순한 입술의 고백과 약속 이상의 것임을 의미한다. 비슷한 경우가 여호수아가 이스라엘 백성과 언약을 갱신하는 과정에서도 나타난다(수 24:25-27). 여호수아는 하나님의 대리자로서 이스라엘 백성과 함께 언약을 맺을 때 두 가지 증거를 세운다. 하나는 언약을 맺은 이스라엘 백성이다. 그들 스스로 하나님과 언약을 맺은 것에 대한 증거가 되라는 것이다. 주관적 증인이다(수 24:22). 또 다른 하나는 성소 곁 상수리 나무 아래에 세운 큰 돌이다(수 24:26-27). 여호수아는 이 돌을 하나님께서 이스라엘 백성에게 한 말씀을 다 들은 증인이라고 묘사한다. 이스라엘 백성들이 언약 관계의 한쪽 증인이라면 그 관계의 또 다른 쪽인 하나님 편에서의 증거자가 바로 그 돌이라는 것이다. 객관적인 증거자 역할이다. 여기서 사용된 증인과 증거라는 단어는 법정에서 사용되는 용어이기에 언약 체결 과정이 공식적이고도 법적인 차원을 갖고 있음을 알 수 있다.

 언약 체결 과정이 법적이고 공식적 과정이었다면, 그 관계를 유지하는 것 역시 법적 차원과 무관하지 않을 것이다. 언약 관계의 두 당사자가 서로를 향한 공식적이고도 법적인 의무가 있다는 말이다. 하나님 편에서는 언약 백성을 향한 자신의 의무를 성실하게 이행해야 하고 마찬가지로 사람 편에서도 하나님을 향한 의무를 이행해야 한다. 구약 성경은 하나님 편에서의 의무를 대표적으로 '헤세드'(חסד)와 '에메트'(אמת)라는 것으로 표현한다(예, 시 25:10: "여호와의 모든 길은 그의 언약과 증거를 지키는 자에게 인자['헤세드']와 진리['에메트']로다"). '헤세드'는 언약 백성을 향한 변함없는 사랑을 말한다. 흔히 하나님은 사랑이라는 표현에 담긴 사랑이 '헤세드'인데, 특별히 언약 백성을 향한 관계 표현이다.[19] '에메트'는 약속을 이행하는 하나님의 신실함 혹은 성실함을 말한다. 하나님의 의무는 언약 백성을 향한 사랑을 계속 신실하게 보이는 것이다. 여기에는 그들을 구원하고 보호하며 회복시키는 소위 '복'의 요소들이 포함되어 있다. 하나님이 이렇게 자기 편에서의 의무를 성실하게 이행하는 것을 그분의 의로우심('쩨다카' [צְדָקָה])이라고 부른다(예, 시 110:19). 때때로 이 단어는 언약 백성 범위를 넘어 창조 세계를 다스리고 유지하며 평가하는 창조주의 신실함을 표현하는 것으로 사용되기도 한다(예, 시 96:13). 그렇다고 해서 이 둘을 서로 모순된 개념으로 이해하면 안 된다.[20] 언약이 하나님 나라 요소의 한 부분이라는 것을 고려하면 '하나님의 의'란 창조주의 신실함이 자기 언약 백성을 향한 사랑과 신실함으로 더욱 구체화되어 드러난 것으로 이해하면 된다.[21]

한편, 사람 편에서의 의무는 언약 관계를 시작하신 하나님이 기대하는 것을 지키며 살아가는 것이다. 이런 삶을 인간 편에서의 의로움('쩨다카')이라고 부른다(예, 신 6:25).* 그런 삶을 살 수 있도록 주신 것이 토라, 곧 율법이다. 토라의 원래 의미는 가르침이다. 하나님과 언약 관계를 맺은 사람들이 어떻게 살아야 하는 지를 가르쳐주는 지침서이다. 그렇기 때문에 율법의 기본 기능은 언약 관계를 맺어 그 안으로 들어가게 하는 것이 아니다. 믿음을 통해 언약 관계 안으로 들어간 사람들에게 그 관계를 유지하도록 돕는 도우미이다. 또한 이 율법은 단순히 어떤 상황에 대한 행위를 규정하는 차원이 아닌, 창조주가 기대하는 자기 백성의 삶에 대한 그림이다.

토라의 내용은 출애굽기와 레위기를 통해 서술되고 신명기에서 다시금 정리되어 제시된다. 뼈대는 모세가 시내 산에서 하나님께 받

---

* 신명기 6:25: "우리가 그 명령하신 대로 이 모든 명령을 우리 하나님 여호와 앞에서 삼가 지키면 그것이 곧 우리의 의로움이니라 할지니라."

은 십계명이다. 그 내용은 크게 두 부분으로 나눌 수 있다. 첫 번째는 1-4 계명으로 하나님에 대한 것이다. 야웨 하나님 외에 다른 신을 섬기지 말라는 것과 자신을 위해 우상을 섬기지 말라는 것, 하나님의 이름을 함부로 부르지 말 것과 안식일을 거룩하게 지키라는 내용이다. 이 계명들은 모두 하나님과의 언약 관계 속에서 이해해야 한다. 마치 부부의 언약을 맺은 남편과 아내가 다른 남자나 여자를 사랑하지 말고 오직 서로 만을 귀하게 여기고 사랑해야 하듯, 언약 관계를 맺은 사람은 하나님만 사랑하고 귀하게 여겨야 한다는 것이다. 하나님을 사랑하라는 계명으로 요약할 수 있다(예, 신 6:5). 두 번째는 5-10 계명으로 사람과 사람 사이의 관계성을 중심으로 한다. 시작은 부모를 공경하는 것이다. 하나님에 대한 것과 사람에 대한 계명을 연결하는 것으로 하나님을 경외하듯 부모를 경외하라고 말한다.[22] 가정에서의 온전한 삶을 명한 것이다. 이후 계속해서 살인하지 말 것, 도적질 하지 말 것, 이웃에 대해 거짓 증거를 하지 말 것과 남의 것을 탐내지 말라는 내용이 언급된다. 이것들은 이웃 사랑의 모습으로 요약할 수 있다. 이웃 사랑의 명령들과 그에 대한 순종도 기본적으로 하나님과 사람 사이의 언약 관계에 근거한다. 그분과의 언약 관계는 '나'만 맺고 있는 것은 아니다. 하나님의 백성이라고 하는 또 다른 사람들도 동일한 하나님과 언약 관계를 맺고 있다. 그분의 백성이 아닌 사람들 또한 잠재적으로 언약 백성의 관계를 맺을 수 있는 사람들이다. 그렇기 때문에 다른 사람들을 함부로 대하는 것은 그들과 관계를 맺고 있는 혹은 맺을 수 있는 하나님을 함부로 대하는 것이며, 그들을 귀하게 여기고 사랑하는 것은 그들과 관계를 맺고 있는 하나님을 사랑하는 것이다. 이런 점에서 십계명은 창조주 하나님을 사랑하고 그분이 귀하게 여기는 사람을 사랑하는 것으로 정리할 수 있다(예, 마 22:37-39). 경천애인(敬天愛人)의 모습이며 하나님을 향한 수직적 사랑이 수평적으로 다른 언약 백성에게 확장된 것이다. 이것이 언약 관계를 허락하신 하나님의 뜻이며 그 관계 안에 있는 모든 사람들이 반드시 지키고 따라야 하는 법적 의무이다.

그런데 만일 언약 관계의 이런 의무들을 이행하지 않으면 어떻게 될까? 이 질문에 대한 대답도 언약 관계의 법적인 차원에서 접근해야 한다. 이 상황은 서로에 대해 법적 의무를 이행하지 않은 것, 즉 '의로움'이 없는 것이기에 그에 대한 책임이 뒤따른다. 만일 하나님 편에서 '헤세드'와 '에메트'로 대변되는 의무를 행하지 않으면 죽음과 피로 벌을 받아야 한다. 계약을 그렇게 맺었기 때문이다. 인간 편도 마찬가지이다. 언약 관계의 의무에 성실하지 않으면 그에 합당한 대가를 받아야 한다. 하나님은 자신의 의무에 불성실한 적이 없다. 인간이 문제이다. 아담 이후 창조주 하나님과의 관계를 계속 거절해왔고 이스라엘 역시 하나님과의 언약을 계속 어겼다. 하나님은 그런 인간을 반드시 심판해야 한다. 이미 법적으로 그것을 전제로 계약을 맺었기 때문이다. 심판하지 않는 것이 오히려 언약 관계에 불성실한 것이다. 그렇기 때문에 구약에 나타난 하나님의 심판은 정당하고 의로운 행위이며 언약에 신실한 것으로 이해해야 한다(참고, 롬 3:3-5). 신약에서 말하는 하나님의 심판 역시 동일한 개념을 갖고 있다. 결국 하나님의 심판은 창조주를 거절한 인간에 대한 창조주의 심판인 동시에 언약에 신실한 하나님의 행위로 이해할 수 있다.

3. 결혼 관계를 통한 언약 관계 정리

이상에서 설명한 언약 개념에 가장 가깝게 설명할 수 있는 유비가 결혼이다. 이것을 통해 언약의 특징을 아래처럼 정리할 수 있다.

(1) 하나님과의 결혼 언약 체결은 상대적으로 높은 신분의 하나님이 은혜로운 청혼을 함으로써 시작되고, 인간이 믿음으로 수락함으로써 그 관계가 성립된다.
(2) 결혼식을 통해 결혼이 공적인 차원과 법적인 차원을 갖게 되듯이, 하나님과의 언약도 공적이고 법적인 차원을 갖고 있다.
(3) 결혼 언약에서 남편과 아내의 의무를 규정한 서약서가 있듯, 하나님과의 언약도 그 관계를 규정한 율법이 있다. 특별히 이 율법은 인간 편을 중심으로 창조주 하나님이 기대하는 삶의 모습을 담고 있다. 하나님을 사랑하고 사람을 사랑하는 것이다.
(4) 남편과 아내가 서로 사랑하고 서로에게 충실해야 하는 것처럼 언약을 맺은 하나님과 그분의 백성도 서로를 향한 의무에 충실해야 한다. 이 충실함을 '의'라고 부른다.
(5) 결혼 언약에 충실하지 않고 외도하는 것은 이혼 사유가 되듯, 하나님과의 언약에 충실하지 않은 것은 언약 관계를 깨는 이유가 되며 그에 따른 대가를 받게 된다.
(6) 언약에 충실하지 않은 것은 언제나 인간 편이다. 외도하는 아내에 대해 이혼을 요구하는 것이 정당하듯 관계를 깨는 인간에 대한 하나님의 심판은 정당한 것이며 언약에 충실한 것이다.

이상과 같은 결혼 유비는 하나님과 사람 사이의 언약 관계를 잘 표현해 준다. 하지만 인간의 결혼 모습과 하나님과의 언약에는 큰 차이가 있다. 하나님의 신실한 사랑은 인간의 거절에도 불구하고 계속된다는 것이다. 신실하지 못한 인간과 극렬한 대비를 보이는 것으로 언약 관계에 대한 그분의 신실함이며 자녀에 대한 아버지의 사랑 같은 창조주로서의 사랑이다. 하나님의 이런 모습은 언약 관계 안의 회복과 더 나아가 언약을 새롭게 다시 맺는 것을 가능하게 한다. 새로운 언약이다(렘 31:31-34; 겔 36:24-28). 실제로 구약은 창조주가 언약을 시작한 것과 그 관계를 깬 인간에 대한 심판과 함께 새롭게 회복될 언약 관계를 약속한다. 때가 되어 하나님의 사랑과 신실함이 담긴 그 약속은 예수의 피를 통한 새 언약으로 실현된다(마 26:28; 막 14:24; 눅 22:30; 고전 11:25). 이것은 구약과 신약과의 관계성뿐 아니라 하나님의 구원 계획의 큰 그림과도 연결된다.

4. 하나님의 계획과 언약

구약과 신약을 생각할 때 몇 가지 질문이 있을 수 있다.[23] 첫 번째 질문은 이 둘이 서로 연결된 것일까 하는 것이다. 이 질문은 크게 두 가지 주제와 관련 있다. 하나는 예수에 대한 이해이다. 예수를 구약에서 약속한 메시아로 인정할 것인가에 따라 신약은 구약과 연결되기도 하고 그렇지 않기도 하다. 기독교는 서로 연결된 것으로 보지만 유대교가 다르게 보는 것은 이런 이유 때문이다. 또 다른 주제는 율법과 복음과의 관련성이다. 특별히 종교 개혁 이후 믿음으로 인한 구원을 강조한 나머지 행위와 연결된 율법을 믿음의 복음과 다른 것으로 이해하는 기류가 생겼다. 그전에도 그런 견해들이 있었지만, 종교 개혁을 통해 그 질문이 더 많이 부각된 것은 사실이다.

구약과 신약에 대한 두 번째 질문은 구약과 신약이 서로 연결되어 있다면 그 둘을 관통하는 주제는 무엇일까 하는 것이다. 이에 대해서는 다양한 이해들이 제시되었다. 하나님이나 예수로 이해하기도 하고, 하나님의 구원으로 보기도 한다.

이 질문은 세 번째 질문으로 가게 하는데, 구약과 신약을 연결하는 주제가 있다면 그 둘을 통해 보여주려는 큰 그림은 무엇일까 하는 것이다. 사실 이 모든 질문들은 서로 연결되어 있다. 하나님의 커다란 구원 계획으로 연결 지을 수 있기 때문이다. 앞서 1장에서 에베소서 1:3-14를 통해 살펴본 구원에 대한 그림은 언약이라는 내용으로 다시 정리할 수 있다. 특별히 위에서 살펴본 언약의 특징은 성경 이곳저곳에서 산발적으로 기술된 하나님의 구원이라는 퍼즐 조각을 맞출 수 있는 단서를 제공한다.

하나님의 구원 그림은 에베소서 1:5에서 언급된 대로 창조 전에 세운 그분의 계획으로 시작한다.[24] 핵심은 예수를 통해 사람을 창조해서 자녀로 만드는 것(입양)이다. '자녀'라는 말은 구약에서 많이 언급된 하나님의 언약 백성으로서의 신분을 일컫는 말이다. 특별히 호세아 1:10은 이스라엘 백성이 장차 얻게 될 지위를 하나님의 언약 백성을 넘어 그분의 '아들들(자녀)'로 묘사한다. 그렇다면 창조 전에 가지고 있던 하나님의 계획은 사람을 창조해서 자기와 사랑의 언약 관계를 맺게 만드는 것으로 볼 수 있다.

아담과 하와를 창조한 것은 그 언약 관계의 시작을 의미한다. 비록 언약이라는 단어가 사용되지는 않았지만, 그들을 창조하여 관계를 맺은 것은 하나님이 가지고 있던 창조 이전 계획의 실행으로 볼 수 있다. 또한 그 관계는 이후 나타날 본격적 언약 관계 형태의 시작 혹은 초기 모습으로 이해할 수 있다. 이런 면에서 생육하고 번성해서 땅에 충만하라는 명령은 하나님과 사랑의 관계를 갖고 있는 언약 가족을 더 많아지게 하라는 것으로 이해할 수 있다. 즉 창조주와 사랑의 관계를 누리는 그분의 커다란 가족을 만들라는 것이다. 하지만 아담과 하와는 창조주를 거역하여 언약 관계를 깨뜨렸다. 그래서 하나님은 사람들에게 정당한 심판을 하셨다. 그럼에도 불구하고 하나님의 '헤세드'와 '에메트'는 여전히 유효했다. 사람들과 다시 관계를 맺는 그 일을 노아와 그의 아들들을 통해 시작하셨고, 구체적으로 아브라함을 통해 이스라엘 백성과 언약을 맺으셨다. 이스라엘이 특별해서라기보다는 그들을 통해 땅의 모든 사람들이 창조주를 알게 하는 통로로 삼고 싶으신 것이다. 아브라함을 부르시는 창세기 12:1-3에서 땅의 모든 족속이 아브라함을 통해 복을 얻게 된다는 말씀과, 이스라엘 백성을 구원한 것이 그들을 제사장 나라와 거룩한 백성이 되게 하기 위해서라고 말씀하신 출애굽기 19:6을 통해 알 수 있다. 그런데 이스라엘은 하나님과의 언약 관계를 져버렸고 그로 인해 심판을 받아 나라가 망했다. 많은 사람들이 죽거나 흩어지는 수모를 겪게 되었다. 그러나 이 과정에서도 하나님의 사랑과 신실함은 여전히 유효해서 이스라엘 백성들에게 새로운 언약에 대한 약속을 하셨다(렘 31:31-34; 겔 36:21-28). 그들의 죄를 사하고 성령을 통해 그들이 내면에서부터 하나님을 온전하게 섬기게 만들겠다는 약속이 들어 있으며, 그 모습을 통해 '하나님-그분의 백성'이라는 언약 관계가 온전하게 되는 내용이 포함되어 있다. 이뿐 아니다. 하나님은 망가진 이스라엘 백성을 '아버지-자녀'의 관계 속으로 이끌어 들이겠다고 약속하셨다(호 1:10). 이 약속은 예수를 통해 이루어졌다. 특별히 예수는 십자가에서 흘린 자신의 피를 과거 아브라함과 이스라엘 백성이 언약을 맺을 때 사용한 짐승의 피와 연결시킨다. 즉 과거에 하나님과 언약 관계로 들어가기 위해서는 피, 곧 목숨으로 언약을 맺은 것처럼(출 24:8), 자신의 피와 죽음을 통해 사람들이 하나님과 새로운 관계, 새 언약 안으로 들어가게 하겠다는 것이다. 예수는 제자들과의 마지막 만찬에서 포도주를 자신의 피의 상징으로 묘사해서 새로운 언약 관계를 위한 '언약의 피'라고 불렀다(마 26:28; 막 14:24; 참고, 눅 22:20; 고전 11:25). 이런 면에서 구약과 신약은 새로운 언약 관계의 약속과 성취로 연결된다. 그 내용은 하나님과의 새로운 관계 연결이다.

구약에서 언약 관계가 믿음을 통해 이루어지듯이 신약에서도 예수를 믿음으로 죄 사함을 통해 하나님과의 언약 관계가 이루어진다. 그 과정을 통과한 사람들은 하나님의 새로운 언약 백성이 되는데, 그것을 교회라고 말한다(엡 2:12-13). 그들은 하나님의 거룩한 백성이 되고 예수의 신부로서 묘사되는 언약 관계의 친밀함을 경험하게 된다. 또한 성령을 통한 하나님의 임재를 경험하고 하나님의 자녀라는 새로운 신분을 얻게 되어 그분을 '아빠'라고 부르는 친밀함을 누릴 수 있다.

더 나아가 장차 주님이 다시 오셔서 어둠과 반역의 통치 세력들을 심판하시고 세상을 온전하게 할 때 새 언약 관계 역시 더욱 온전하게 된다. 요한계시록 21:1-7은 그 내용을 잘 보여준다. 어둠의 통치 세력에 대한 심판이 완전히 끝난 이후(계 18-20장) 하나님 구원 계획이 완성되는 모습이다. 이 부분의 모든 내용은 언약 관계 요소로 구성되어 있다. 먼저 하늘에서 내려 올 새로운 예루살렘을 마치 신부가 남편을 위해 단장한 것 같다고 말하는데(계 21:2), 구약에서 언약 관계를 결혼으로 비유해 설명한 것과 같은 것이다. 또한 하나님의 장막이 사람들과 함께 있어 그들은 하나님의 백성이 될 것이라는 내용(계 21:3) 역시 언약 관계의 핵심 표현이다. 그들의 눈에서 눈물을 닦아주고 아픔을 없이 해주겠다는 것은 자기 백성을 향한 사랑과 변함없는 신실함의 표현이다. 더 주목할 것은 요한계시록 21:7의 "… 나는 그의 하나님이 되고 그는 내 아들이 되리라"라는 표현이다. 하나님과 언약 관계 안에 있는 사람들을 단순히 '하나님-백성' 관계가 아닌 '아버지-아들(자녀)'의 관계로 표현한 것이다. 이는 호세아 1:10의 약속의 완성이며 예수를 통해 하나님의 자녀가 된 상태(요 1:12; 롬 8:15-16; 갈 4:6)의 완성이다. 또한 에베소서 1:5에서 언급한 창조 전에 세운 하나님 계획의 완성이기도 하다. 예수를 통해 사람을 창조해서 하나님과 사랑의 관계를 누리게 하는 계획의 완성이다. 이 모든 것이 언약 관계의 용어들로 표현된다.

결국 언약은 구약과 신약을 연결하는 고리가 되며 더 나아가 창조 이전의 계획과 그것을 완성하는 역사의 큰 그림 역시 하나님과 사람 사이의 언약 관계를 통해 이해할 수 있다. 핵심은 새로운 언약에 대한 약속이 예수를 통해 성취되었다는 것이다. 창조 전에 예수와 함께 한 하나님의 계획이 예수를 통해 성취되고 완성되었음을 의미한다. 이런 면에서 창조주의 통치와 관련된 하나님 나라의 개념과 함께 사람과의 관계성을 중심으로 한 언약 개념 역시 하나님의 구원 계획의 큰 그림을 이해하는 열쇠라고 말할 수 있다.

03 상호 작용 설명 틀

1. 상호 작용 설명 틀이란?

지금까지 살펴본 하나님 나라와 언약 개념은 하나님의 구원의 전체 모습을 담을 수 있는 내용이요 그릇이다. 하지만 성경은 구원 과정에 대한 구체적 모습을 두 가지 틀/방식으로 설명한다. 하나는 상호 작용 설명 틀이다.[25] 구원 과정을 하나님과 인간을 두 축으로 하여 서로를 향해 주고 받는 어떤 것으로 설명하는 것이다. 기본 형태는 하나님이 먼저 시작한 어떤 과정에 인간이 반응하고 그 반응에 대해 다시 하나님이 응답하는 것이다. 하나님의 시작(과정 1) → 인간의 반응(과정 2) → 인간 반응에 대한 하나님의 응답(과정 3)으로 표현할 수 있다. 예를 들어 에베소서 1:3-14는 하나님의 구원 과정을 설명할 때 하나님이 창조 전에 세운 계획을 예수와 복음을 통해 드러내고(과정 1) 그에 대한 인간의 믿음의 반응으로(과정 2) 죄 사함을 얻는 것으로(과정 3) 묘사한다. 상호 작용 설명의 기본 형태에 부합된 모습이다. 주목할 것은 이런 설명 방식이 앞서 설명한 언약 관계의 기본 요소를 그대로 반영한 묘사 방법이란 점이다. 비록 상호 작용 설명 틀이라는 용어가 성경에는 없지만, 구원 과정을 묘사할 때 실제로 사용하고 있는 설명 방식이라 할 수 있다. 특별히 언약과 관련해 하나님과 사람 사이에 벌어지는 과정과 그 안에 있는 요소들을 다룰 때 나타난다. 이런 면에서 상호 작용 설명 틀은 언약 관계를 통한 구원의 과정을 구체적으로 보여주는 방식이라 할 수 있다.

　상호 작용 설명 틀에서 보이는 각각의 과정은 주로 행위나 사건을 나타내는 동사(~을 하다, 만들다 등등)나 인지와 감정, 태도와 관련된 동사(생각하다, 좋아하다/싫어하다, 사랑하다 등등), 그리고 말하고 듣는 것과 관련된 동사들을 통해 전달된다. 많은 경우 이런 표현들은 어떤 대상을 향한 방향성을 나타내는 지시어들과 함께 사용되기도 한다. 예를 들어 위에서 언급한 에베소서 1:3-14의 경우 각 과정을 묘사할 때 사용된 동사 형태와 방향성을 나타내는 표현 역시 상호 작용 설명 틀의 특징을 잘 보여준다. 하나님의 시작을 의미하는 과정 1에서 하나님은 인간 구원을 위한(방향성) 계획을 세우셨고(행위) 그것을 성취하기 위해 인간을 향해(방향성) 택하고 예정하는 과정도 행하셨다(행위). 인간에게(방향성) 은혜도 베푸셨다(행위). 인간의 응답인 과정 2와 관련해서 인간은 그 은혜가 나타난 구원의 복음을 듣고(행위) 하나님을 향해(방향성) 믿음으로 응답한다(인지와 태도). 그 결과 하나님은 인간을 향해(방향성) 죄 사함의 구속을 주신다(행위). 인간의 응답에 대한 하나님의 반응인 과정 3의 모습이다. 이런 특징은 언약 관계에서 상대방을 향한 서로의 모습을 설명하는 것과 연결되어 있다고 볼 수 있다.

2. 부정적 상호 작용 형태

성경은 구원 과정을 하나님과 인간 사이의 상호 작용으로 묘사할 때 크게 두 종류 형태를 사용한다. 하나는 인간의 죄와 하나님의 심판/진노가 상호 작용하는 부정적 형태이고, 다른 하나는 인간의 믿음과 하나님의 구원이 상호 작용하는 긍정적 형태이다. 전자가 창조주와의 언약에 대한 부정적 관계 묘사와 관련 있다면, 후자는 긍정적 관계 묘사와 연결되어 있다. 하나씩 살펴보자.

부정적 상호 작용 형태는 인간의 죄와 하나님의 심판/진노를 담고 있다. 기본 구조는 하나님이 창조물을 통해 자신의 신성을 보이시지만(과정 1) 모든 인간이 거절하는 과정이 있고(과정 2) 그에 따라 하나님이 진노와 심판으로 응답하는(과정 3) 연속 과정이 있다. 이런 설명 틀을 사용한 대표적인 예는 인간의 죄와 하나님의 진노를 말하는 로마서 1:18-3:20이다. 이 부분은 하나님과 인간 사이에 벌어지는 부정적 상호 작용 형태의 몇 가지 특징들이 잘 나타나 있다.

첫째, 하나님과 사람 사이에 벌어지는 상호 작용이 두 가지 차원을 갖고 있다는 점이다. 한 가지는 법정적 차원이다. 하나님과 인간의 상호 작용을 마치 법정에서 벌어지는 상황처럼 묘사하는 것이다. 주로 죄와 의로움과 관련한 단어들과 심판과 멸망과 관련된 단어 사용에서 확인할 수 있다. 하나님은 의로움이나 심판과 관련한 단어들을 통해 심판자로 묘사되고, 인간은 죄와 멸망과 관련한 단어들을 통해 하나님께 심판 받는 자로 묘사된다. 한편, 하나님과 인간 사이의 부정적 상호 작용이 보여주는 또 다른 차원은 관계적인 것이다. 언약의 두 당사자인 하나님과 인간의 모습을 서로 부정적 관계 아래 있는 것으로 묘사하는 것이다. 법정적 차원과 연관된 것으로, 하나님을 거절한 인간은(과정 2) 하나님과 원수(롬 5:10) 관계에 있다(과정 3). 그 결과 인간과 하나님 사이에서 화평이란 없으며(참고, 롬 5:2), 오직 인간의 불순종과 하나님의 진노 관계가 전부이다(과정 3).

둘째, 유대인과 비유대인을 포함한 모든 인간이 이런 부정적 상호작용 과정에 참여하고 있다는 것이다. 바울은 여러 곳에서 유대인과 비유대인 모두가 하나님을 거절하는 죄를 범했을 뿐 아니라(롬 1:18-2:5; 3:9), 그들 모두가 하나님의 진노와 심판의 대상이라는 것을 분명히 한다(롬 2:12; 3:19-20).

셋째, 하나님 심판의 구체적 모습보다 인간의 죄인 됨에 더 많은 관심을 기울이고 있다는 점이다. 로마서 1:18-3:20은 전체적으로 인간의 죄와 그로 인한 하나님 진노를 다루고 있지만, 보다 많은 지면을 인간 모습에 할애하고 있고 전체 내용 역시 사람들 모습을 중심으로 진행해 간다. 예를 들어 로마서 1:18-32는 유대인과 비유대인을 포함한 모든 인류의 죄와 그로 인한 하나님의 현재 심판을 설명한다. 이후 로마서 2:1-5에서는 2인칭 지시어('너')를 통해 다른 사람의 죄를 지적하지만 동일한 죄를 범하고 있는 사람들(예, 도덕주의자들) 모습을 다루고,[26] 로마서 2:6-11에서 다시 모든 사람으로 그 대상을 확장시켜 하나님 심판의 보편성과 공평함을 설명한다. 로마서 2:12부터는 율법을 통해 유대인의 죄인 됨에 대한 예를 들기 시작한다. 비록 로마서 2:12-3:20은 유대인 모습을 중심으로 설명하지만 바울의 주된 관심은 단순히 유대인의 죄인 됨을 설명하거나 정죄하려는 것이 아니다. 모세 율법이 구원의 도구가 되지 못하는 것과 유대인 역시 사람의 죄악과 하나님의 심판 형태를 벗어날 수 없음을 지적하려는 것이다. 이런 초점은 로마서 3:9-20에서 모든 인류의 죄인 됨을 확정하는 것으로 연결된다. 특별히 바울은 로마서 3:19에서* 율법을 통해 하나님의 뜻을 알고 있는 유대인이 육신의 한계로 하나님의 뜻을 지킬 수 없어 심판을 받는다면, 율법이 없어 하나님의 뜻조차 모르는 비유대인들은 구원받을 가능성이 전무하다는 것을 논증한다. 모든 사람이 죄인이기에 하나님의 심판 아래에 있을 수밖에 없는 것이다. 이상에서 보듯 로마서 1:18-3:20의 내용 전개는 사람들의 모습을 중심으로 진행되며 유대인과 비유대인을 포함한 모든 인간의 죄인 됨(롬 1:18-32) → 일반적인 도덕주의자의 위선(롬 2:1-5) → 모든 인간의 죄인 됨(2:6-11) → 유대인의 죄인 됨(롬 2:12-3:8) → 모든 인간의 죄인 됨(롬 3:9-20)으로 요약할 수 있다. 이런 형태는 인간의 죄와 하나님의 심판이라는 부정적 상호 작용의 핵심 문제가 인간 편에 있음을 말하려는 것이다. 즉 하나님에 대한 인간의 부정적 반응이 모든 문제의 근원적인 이유이며 하나님으로부터 심판과 진노라는 부정적 응답을 경험하게 되는 원인임을 강조하려는 것이다.

넷째, 부정적 상호 작용 형태에는 시간적 요소도 포함하고 있다는 것이다. 바울은 하나님과 인간 사이의 상호 작용을 과거와 현재와 미래라는 시간적 연속성을 가진 것으로 설명한다. 사람들의 과거와 현재의 죄가 하나님의 과거와 현재적 심판을 야기시킨다(참고, 롬 1:18-32). 하지만 하나님의 심판은 미래를 향해서도 열려 있다. 과거와 현재 시점에서 하나님의 심판과 진노를 경험함에도 불구하고 회개하지 않는 것은 하나님의 미래 진노를 불러일으키는 원인이다(롬 2:3-5). 이런

---

* 로마서 3:19: "우리가 알거니와 무릇 율법이 말하는 바는 율법 아래에 있는 자들에게 말하는 것이니 이는 모든 입을 막고 온 세상으로 하나님의 심판 아래에 있게 하려 함이라."

면에서 인간의 죄와 그에 대한 하나님의 진노라는 부정적 상호 작용은 미래에 있을 완전한 심판 전까지 계속 진행되는 과정이며, 사람들이 그 부정적인 상호 작용을 다른 형태로 바꾸지 않는 한 미래에 있을 완전한 심판을 피할 수 없다.

결론적으로 인간의 죄와 하나님의 진노의 모습을 갖고 있는 부정적 상호 작용 형태는 인간의 문제를 설명하는 기본 틀로서 사용된다. 핵심 과정은 창조주 하나님이 보이신 주도권(과정 1)에 대한 인간의 거절로 표현되는 죄(과정 2)이다. 인간의 죄는 하나님과 법정적 차원과 관계적 차원에 영향을 미치는데, 바울은 이런 하나님의 응답을 진노와 심판의 모습으로 묘사한다(과정 3). 하나님 진노는 시간적으로 과거와 현재, 미래를 아우르는 것으로 인간이 하나님을 향한 부정적 반응을 멈추지 않는 한 현재 심판과 미래에 있을 최종 심판을 피할 방법은 전혀 없다. 이런 내용을 도식화하면 아래와 같다.

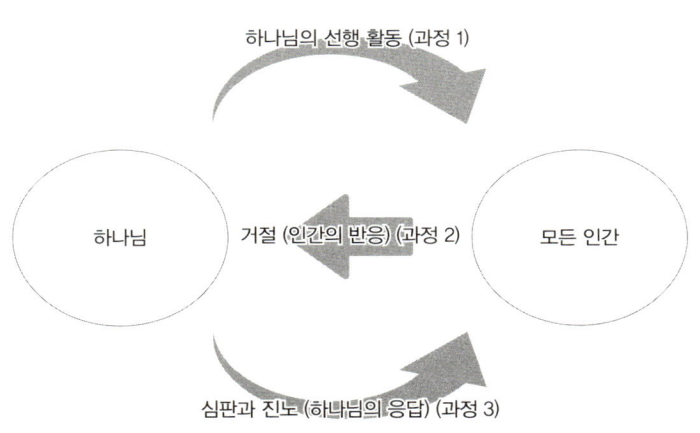

3. 긍정적 상호 작용 형태

하나님과 인간 사이에 나타나는 상호 작용의 두 번째 형태는 인간의 믿음과 하나님의 구원을 언급하는 긍정적 형태이다. 앞서 설명한 부정적 형태처럼 하나님과 인간의 상호 작용이라는 기본 모습을 공유하고 있지만 여러 가지 차이점이 있다. 이 역시 복음을 설명한 로마서에 잘 나타나 있는데, 특별히 로마서 3:21-5:11이 잘 보여준다. 긍정적 상호 작용 형태는 부정적 형태와 비교해 다음과 같은 차이점과 특징을 가지고 있다.

첫째, 하나님과 인간 사이에 나타나는 상호 작용의 결과(과정 3)가 다르다. 부정적 상호 작용이나 긍정적 상호 작용은 공통적으로 법정적 차원과 관계적 차원을 포함하고 있다. 하지만 부정적 형태에서 보이는 법정적 차원은 죄인들에 대한 하나님의 진노와 심판의 모습이 있지만 새로운 긍정적 형태에서 등장하는 하나님의 반응은 죄를 용서하는 것과 의롭게 하는 것이다(롬 3:21, 22; 5:1). 관계적 차원과 관련해 부정적 상호 작용의 최종 모습이 인간과 하나님이 서로 원수 관계에 있는 것이라면, 긍정적 상호 작용에서는 신자가 하나님과 화목된 자로서 그분과 평화 관계 속에 있는 것이다(롬 5:1, 10-11). 그러므로 긍정적 상호 작용 형태에서 보이는 모든 결과들은 인간의 죄와 하나님의 진노라는 부정적 형태의 반전 혹은 해결의 모습으로 볼 수 있다.

둘째, 긍정적 상호 작용 형태에는 신적 주도권과 인간의 믿음에 대한 강조가 있다. 부정적 상호 작용 형태의 초점은 인간의 죄악과 그에 대한 하나님의 진노의 반응이다. 바울은 이 두 요소 중 더 많은 지면을 사람의 죄악을 설명하는데 할애해서 인간 문제의 핵심이 무엇인지를 강조한다. 하지만 긍정적 상호 작용 형태에서는 이전에 없었던 새로운 형태의 상호 작용이 등장한다. 예수를 중심으로 한 하나님의 구원 과정의 시작과 그에 대한 인간의 믿음의 반응이다. 믿음은 하나님과 인간 사이에 벌어지는 상호 작용의 두 번째 과정에 해당하는 것으로, 로마서 3:21-26에서 하나님이 주도적으로 이끌어 가시는 구원 과정에 대한 합당한 반응으로 처음 소개된다. 로마서 3:27-31에서 그 중요성을 다시 언급하고 로마서 4장 전체를 아브라함의 예를 통해 믿음을 설명한다. 상당히 많은 지면을 할애했다. 인간이 믿음으로 반응하는 것이 중요함을 부각시킨 것이다. 한편, 믿음 반응의 전제가 되는 신적 존재들의 선행 작업은 상호 작용의 첫 번째 과정에 해당된다. 로마서 3:21-26; 5:6-10; 8:3-4를 통해 설명된다. 이 과정의 핵심은 하나님이 자신의 아들 예수를 희생제물로 세우시는 과정이다. 하나님은 모든 계획을 진행시키시는 분으로 소개되고, 예수는 순종과 희생의 십자가로 아버지의 계획을 이루신 분으로 묘사된다. 부정적 상호 작용 형태에서도 하나님이 첫 번째 행하신 과정은 선하고 긍정적 모습이었다. 피조물을 통해 자기 신성과 선하심을 보이셨기 때문이다. 하지만 긍정적 상호 작용 형태에서는 부정적 형태보다 더 적극적인 신적 존재들의 선행 활동이 나타난다. 긍정적 상호 작용에서 보이는 과정 1과 과정 2에 대한 이런 강조는 부정적 상호 작용 형태를 해결하는 열쇠가 어디에 있는 지를 보여준다. 그것은 예수를 통한 하나님의 일하심과 그에 대한 인간의 바른 반응, 곧 믿음의 반응이다.

셋째, 구원 과정을 경험하는 대상이 다르다. 부정적 형태이든 긍정적 형태이든 하나님과 상호 작용하는 대상은 유대인과 비유대인을 포함한 모든 인간이다. 하지만 부정적 형태와 달리, 긍정적 상호 작용 형태에서는 모든 사람이 하나님의 긍정적 반응(과정 3), 즉 구원을 경험하는 것은 아니다. 비록 하나님의 구원 과정의 시작(과정 1)은 모든 사람들에게 열려 있지만 오직 믿음으로 반응하는 사람만이 하나님의 구원을 경험할 수 있다(참고, 롬 3:22). 다시 말해, 모든 사람이 하나님을 향해 죄를 지었지만 그 문제를 해결 받고 하나님과 긍정적 언약 관계 안으로 들어가는 사람은 오직 믿는 자로 제한되어 있다는 말이다.

넷째, 긍정적 상호 작용 형태 역시 부정적 형태에서 나타나는 시간적 차원을 동일하게 가지고 있지만 그 내용이 다르다. 부정적 상호 작용의 모습에서는 인간이 하나님을 향해 죄를 범하는 부정적 반응(과정 2)이 하나님의 현재 진노와 미래 심판(과정 3)으로 연결되지만, 긍정적 상호 작용에서는 신자의 긍정적 반응(과정 2)이 하나님의 현재적 구원(예, 현재적 칭의[롬 5:1, 9]와 화목 관계[롬 5:1, 10-11])을 경험하게 하며 더 나아가 구원의 미래 상황(과정 3)까지 연결되어 있다(롬 5:9, 10).

결론적으로 긍정적 상호 작용 형태에는 새로운 이야기가 들어 있다. 상호 작용의 과정 1과 관련해 하나님은 예수를 통해 새로운 구원 과정을 시작한다. 인간 반응과 관련한 과정 2는 하나님에 대한 거절과 불순종 대신 믿음의 반응이 있다. 오직 이것을 통해서만 하나님의 긍정적 반응, 즉 구원을 경험할 수 있다고 말한다. 마지막으로 과정 3과 관련해 하나님과 인간의 상호 작용 결과는 법정적인 면에서 진노와 심판이 칭의로 바뀌게 되고 관계적인 면에서 원수 된 관계가 화목의 관계로 바뀐다. 구원에 관한 이 두 차원은 현재와 미래라는 시간적 연장선에 있다. 도식화 하면 아래와 같다.

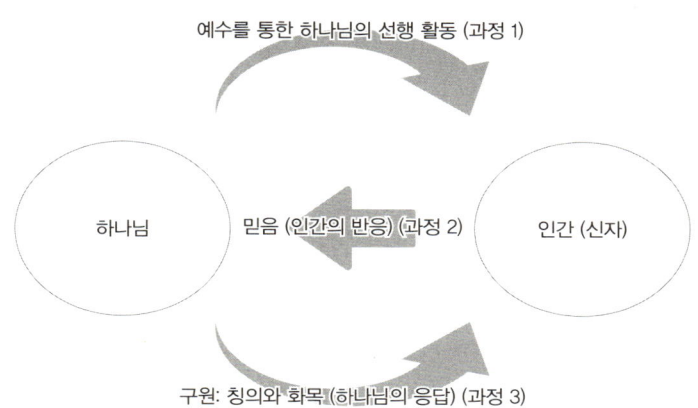

4. 상호 작용 설명 틀의 장점과 단점

1) 장점들

구원 과정을 묘사할 때 하나님과 사람의 상호 작용으로 설명하는 방법은 몇 가지 장점들을 가지고 있다.

첫째, 상호 작용 설명 틀은 하나님과 사람 사이의 언약 관계에 대한 모습을 잘 보여줄 수 있다. 구약과 신약을 관통하고 더 나아가 하나님의 창조와 완성을 관통하는 언약 개념은 기본적으로 창조주 하나님과 피조물인 인간 사이의 관계성을 전제로 한다. 상호 작용 설명 틀은 그런 하나님과 사람 사이의 관계와 상호 작용 모습을 잘 표현해 준다. 부정적 상호 작용은 창조주와의 언약 관계가 어떻게 깨어졌고 그 결과가 무엇인지를 잘 보여줄 수 있고, 긍정적 상호 작용은 예수를 통한 새로운 언약 관계가 어떻게 성립되는 지를 잘 표현할 수 있다. 그렇기 때문에 구약이든 신약이든 상호 작용 설명 틀은 하나님과 사람 사이에 서로를 향한 관계성을 설명하는 기본 틀로 나타난다.

둘째, 하나님의 구원 계획이 성취되는 과정을 시간 단계별로 잘 묘사할 수 있다. 시간 순서로 보면 부정적 상호 작용 형태가 먼저이고 긍정적 상호 작용은 나중이다. 인간의 죄와 하나님의 심판과 진노라는 부정적 상호 작용으로 설명되던 인간 역사에 예수의 사역을 통해 인간의 믿음과 하나님의 구원이라는 긍정적 상호 작용이 나타난 것이다. 보다 구체적으로 하나님의 창조와 그것을 통해 보이신 것(부정적 상호 작용 과정 1)을 인간이 거절해서(부정적 상호 작용 과정 2) 하나님의 심판과 진노가 나타난 상황(부정적 상호 작용 과정 3)에서 하나님이 예수를 통해 새로운 상호 작용을 시작하셨고(긍정적 상호 작용 과정 1) 그에 대해 인간이 믿음으로 반응하면(긍정적 상호 작용 2) 하나님의 구원을 경험(긍정적 상호 작용 3)하게 되는 것이다. 이런 면에서 역사 속에 나타난 하나님의 구원 계획은 부정적 상호 작용 형태에서 예수를 통해 긍정적 상호 작용 형태를 만들어 가는 과정으로 볼 수 있다. 에베소서 1:3-14의 커다란 구원 그림 속에 나타난 하나님의 구원 계획 성취 과정과도 일치한다.

하지만 오해하지 말아야 할 것이 있다. 예수를 통한 구원의 긍정적 상호 작용 형태가 나타났다고 해도 부정적 상호 작용 형태가 완전히 사라진 것은 아니다. 단지 예수 사역 이전 인간에게는 부정적 상호 작용만 있었지만, 그 이후에는 긍정적 상호 작용 과정이 생겨나서 부정적 형태와 함께 있게 된다. 구원의 상호 작용은 예수의 사역을 통해 인간에게 주어진 것이고, 이는 구원의 과정을 선택할 수 있는 은혜가 주어진 것으로 이해해야 한다. 또한 예수 이후 두 가지 형태의 상호 작용이 공존한다는 것은 역사를 통해 진행하는 하나님의 구원 과정이 인간 개개인에게 자연스럽게 경험되는 것이 아니라는 것이다. 기본적으로 하나님의 구원 과정은 부정적 상호 작용만 있는 곳에 긍정적 상호 작용 형태를 만드신 것이다. 그렇다고 부정적 형태를 취하고 있는 사람이 시간이 지나면 자연스럽게 긍정적 상호 형태를 취하게 되는 것은 아니다. 오직 삼위 하나님의 일하심과 은혜, 그리고 인간의 회개와 믿음을 통한 비약으로만 가능하다. 그러므로 상호 작용 설명 틀에 의하면 개인의 구원은 인간 죄로 인한 하나님의 진노(부정적 상호 작용) → 예수를 통한 하나님의 행하심 → 회개와 예수를 믿음으로 얻는 하나님의 구원(긍정적 상호 작용)이라는 순서를 갖고 있다. 이는 교회가 전통적으로 구원의 순서(Ordo Salutis)라고 부르던 것으로 루터를 중심으로 한 종교 개혁가들이 주장한 이신칭의 혹은 이신득의 개념과 일치한다.

셋째, 상호 작용 설명 틀은 구원 과정에 등장하는 여러 존재들의 역할을 잘 설명할 수 있다. 기본적으로 삼위 하나님과 인간 사이의 상호 작용을 전제로 설명하는 것이기 때문이다. 이 관점이 주는 가장 큰 유익은 하나님과 인간 역할에 대한 통일성 있는 이해를 얻을 수 있다는 점이다. 무엇보다 구원 과정의 각 단계마다 나타난 하나님과 인간의 모습들을 구원 과정 전체 그림 속에 위치시켜 연결할 수 있기 때문이다. 기독교인이 경험하는 어려움 중의 하나는 성경 여러 곳에 나타난 하나님의 역할과 인간의 모습에 대한 파편적 지식을 어떻게 통일성 있는 그림으로 엮어 갈 것인가이다. 사실 지난 2천 년 기독교 역사는 성경을 통해 계시된 하나님과 인간에 대한 이해를 어떻게 정리해 왔는가의 역사라 해도 과언이 아니다. 지금도 많은 학자들과 목회자들이 통일성 있는 큰 그림으로 기독교의 진리들을 설명하려고 애쓰고 있다. 이런 면에서 상호 작용 설명 틀은 상대적으로 부분과 전체의 연결을 잘 보여줄 수 있다. 몇 가지 예를 들어 설명해 보자.

만일 하나님의 진노와 구원을 상호 작용 설명 틀이란 전체 관점에서 보지 않고 그 요소 자체에만 집중하면 이상한 그림들이 그려진다. 구원의 하나님과 진노의 하나님을 다른 분으로 이해하는 것이 가능해진다. 마치 오래 전에 제시되었던 구약의 하나님을 진노의 하나님으로 보고 신약의 하나님을 사랑의 하나님으로 인식하려는 오류처럼 말이다. 또한 진노와 구원 어느 한쪽만 강조해서 구원의 하나님은 사랑이 많으신 분이기 때문에 진노와 심판을 하지 않으시는 분으로 착각할 수도 있다. 이것은 19세기와 20세기 초에 있었던 기독교 낭만주의 입장이었다. 이 모든 것들은 실제 역사 가운데 존재했었던 것으로 부분과 전체에 대한 통일성 없는 이해의 산물들이다. 하지만 상호 작용 설명 틀은 부정적 상호 작용 형태에서 보이는 진노와 긍정적 형태에서 보이는 구원을 별개로 이해할 수 없음을 말해준다. 진노와 구원은 모두 동일한 하나님께 나온 것이기 때문이다. 또한 하나님의 진노와 구원은 인간 반응이라는 조건에 따라 다르게 표현되는 것이며, 인간의 반응은 하나님이 먼저 시작하신 것에 대한 태도와 연결되어 있음을 말해주기 때문이다. 결국 진노와 구원은 별개가 아니라 인간과의 관계 가운데 일관성 있게 나타나는 하나님의 응답이며, 그 차이를 결정짓는 것은 하나님과 상호 작용하는 인간의 모습이다. 언약 개념으로 설명하면, 하나님이 언약 관계를 깬 인간을 심판하시는 것은 언약 관계에 대한 그분의 신실함이며, 그런 인간에게 예수를 통해 구원의 과정을 제시하시는 것 역시 언약에 신실한 모습이다. 상호 작용 설명 틀은 이런 언약 관계를 효과적으로 잘 보여줄 수 있다.

또 다른 예는 구원을 쌍방이 상호 작용하는 과정으로 이해하지 않으면 어느 한쪽의 일방적 행위로 인식하는 오류가 가능해진다는 점이다. 예를 들어 구원을 인간 반응과 상관없이 오직 하나님 편에서만 행해지는 것의 결과로 생각하는 것이다. 모든 것이 하나님 뜻과 선택에 의해서만 되어진다고 생각하는 것이다. 구원도 삶도 과거도 현재와 미래도 오직 기계적으로 결정된 것에 따라 움직여 가기에 인간의 응답과 참여의 요소는 설 자리가 없다. 물론 모든 과정의 시작과 끝은 하나님이 하신다. 하지만 그분은 인간과 교제하시기를 원하셔서 상호 작용을 먼저 시작하신 분이다. 그 반응에 따라 다른 결과를 주시는 분이기도 하다. 구원은 전적으로 인간의 믿음의 반응으로만 만들어 지는 것도 아니고 하나님과 인간이 함께 만들어가는 것도 아니다. 구원은 분명히 하나님이 주시는 결과이다. 하지만 인간의 반응과 상관없이 구원 응답을 주시지 않는 것은 분명하다. 그런 면에서 상호 작용 틀은 인간 반응이 중요함을 보여준다. 한편, 그 반대 오류 역시 가능하다. 인간의 믿음이 중요하니까 구원을 마치 인간의 반응에 의해서만 되어지는 것으로만 이해하는 것이다. 이 역시 인간의 믿음이 하나님이 먼저 하신 것에 대한 반응이라는 것을 놓친 것이다. 어느 한 쪽만을 절대화시켜 강조하는 것은 전체적 시각을 놓친 우를 범하는 것이다.

넷째, 상호 작용 설명 틀은 구원 과정에서 복음 전파와 선교의 중요성을 잘 보여준다. 구원 과정에서 인간의 반응이 중요하니까 그 반응의 자료가 되는 복음 전파 역시 중요하다. 만일 하나님이 모든 것을 다 하시면 복음을 전할 필요도 선교를 할 필요도 없다. 하지만 하나님은 인간이 믿음으로 반응하는 과정을 중요시 여기시니까 복음을 전하는 것이 중요하다. 바울은 로마서 10:13-15에서 구원과 복음 전파의 중요성을 분명히 한다. "누구든지 주의 이름을 부르는 자는 구원을 받으리라. 그런즉 그들이 믿지 아니하는 이를 어찌 부르리요 듣지도 못한 이를 어찌 믿으리요 전파하는 자가 없이 어찌 들으리요. 보내심을 받지 아니하였으면 어찌 전파하리요. 기록된 바 아름답도다 좋은 소식을 전하는 자들의 발이여 함과 같으니라." 그는 누구든지 주의 이름을 부르는 자는 구원을 받는다고 한다. 이름을 부르는 것은 인간 편에서의 믿음의 반응이고 구원을 받는 것은 하나님의 응답으로 주어지는 것이다. 상호 작용 설명 틀을 사용한 것이다. 그런데 바울은 이어지는 꼬리물기 서술 방식으로 복음 전파의 중요성을 말한다. 믿음으로 부르는 자는 복음을 듣는 것이 전제 되어야 하고, 들음은 그것을 전하는 자가 전제되어야 한다. 또한 전하는 자는 하나님의 보내심이 전제되어야 한다. 결국 하나님이 보내시는 것으로 시작된 과정은 반드시 전해지고 들려지는 과정을 수반해야 하고, 그 끝자락에 믿음의 반응을 통해 구원을 경험하는 것이 위치해 있다. 그렇기 때문에 구원 과정에서 인간의 반응을 강조하는 상호 작용 설명 틀은 복음을 전하는 과정이 중요하다는 것을 보여주는 틀이기도 하다. 한마디로 상호 작용 설명 틀은 구원의 과정 전체의 흐름과 각 단계에 나타나는 여러 존재들의 역할 설명에 유용하다.

2) 단점들

상호 작용 설명 틀은 구원 과정을 설명하는 기본 틀로서 여러 가지 장점을 가지고 있다. 하지만 단점도 있다. 구원 과정의 문제라기보다는 상호 작용 설명 틀 자체가 가지는 설명과 논리의 한계, 그리고 그것을 인식하지 못하고 사용하기 때문에 파생된 것들이다.

첫째, 상호 작용 설명 틀은 구원 과정에 있어 그리스도인의 '됨'과 '삶'이 단절된 것으로 생각할 가능성을 제공할 수 있다. 긍정적 상호 작용 형태인 이신칭의의 기본 개념은 예수를 통한 하나님의 구원 과정에 인간이 믿음으로 반응해서 의롭다함 혹은 구원을 얻는 것이다. 그리스도인 됨의 과정이 초점이다. 그런데 문제는 그 과정 자체의 논리로만 본다면 구원 받는 것과 그 이후의 삶을 분리하는 것에 반박할 여지가 별로 없다는 것이다. 물론, 구원 됨의 과정에서 하나님의 은혜와 믿음이 무엇인지에 대한 이해를 분명히 한다면 신자는 하나님의 사랑에 응답해서 바른 삶을 살아야 한다. 구원 얻은 자가 하나님의 구원 응답에 바른 삶으로 또다시 반응하는 것이다. 요한일서 4:11이* 제시하는 것처럼 하나님이 신자를 먼저 사랑하셨다는 것을 믿어서 생명을 얻었으니까 다른 사람들에게 사랑으로 반응해야 한다. 하지만 이신칭의의 논리 자체만 본다면 믿는 과정으로 구원을 얻었기에 그 이후의 삶을 분리해서 생각할 여지가 있다. 즉 상호 작용의 과정 2에 해당되는 '내가 믿는 것'을 통해 과정 3('구원 받았다')이 이루어졌기에 모든 과정이 끝났다고 생각할 수 있다는 것이다. 그렇기 때문에 아이러니하

---

* 요한일서 4:11: "사랑하는 자들아 하나님이 이같이 우리를 사랑하셨은즉 우리도 서로 사랑하는 것이 마땅하도다."

게도 이신칭의를 그토록 중요하게 외쳤던 종교개혁 이후 현대 개신교 교회들 안에는 신자의 삶을 도외시한 소위 믿어 구원 받고 천국 간다는 단순 개념이 성행하게 되었고, 본회퍼(D. Bonhoeffer)의 선지자적 외침을 통해 '값싼 은혜'라는 지적을 들어야 했다.[27] 한편, 이런 상황은 또 다른 반동 상황을 연출하고 있는데, 구원에 있어 행위가 중요하다는 것을 강조하는 신학들이 다시 등장하고 있는 점이다. 일례로 라이트(N. T. Wright)는 신자가 성령을 따라 선한 삶을 살아야 최종 구원을 받는다는 개념을 주장한다. 칭의는 하나님의 백성의 테두리 안에 있다는 표시이고 완전한 구원은 성령을 통해 율법의 뜻을 이루어야 얻어진다고 한다.[28] 이 모든 것은 상호 작용의 설명 틀 자체가 가지는 논리적 한계를 인식하지 못하고 이신칭의의 개념만으로 전체 구원 과정을 설명하기 때문에 발생하는 오류들이다. 하나님과 인간의 상호 작용은 현재적 구원을 받는 과정(긍정적 상호 작용 형태)에만 한정되는 것이 아니다. 그 이후에도 상호 작용이 있다. 마치 언약의 관계를 맺으면 그 관계로 살아야 하는 삶의 모습이 있는 것처럼 말이다. 하지만 성경은 구원 이후의 삶에서 나타나는 상호 작용은 다른 설명 방법을 사용하여 제시한다. 아래에서 설명할 두 영역 설명 틀이다. 그렇기 때문에 상호 작용 설명 틀 한 가지로만 구원의 다양한 측면을 해석하는 데는 무리가 있다.

둘째, 상호 작용 설명 틀만으로 구원 과정을 이해하려는 시도가 만든 또 다른 폐단은 구원을 지극히 개인적 차원으로 축소시킨 점이다. 상호 작용 설명 틀의 강조점 중의 하나는 하나님의 선행 활동에 대한 인간의 반응이다. 철저하게 개인적 반응이다. 다시 말해 부정적 상호 작용 형태에서 보이는 인간의 죄는 집단이나 사회적 죄가 아닌, 한 개인이 하나님을 향해 보이는 부정적 반응이다. 마찬가지로 긍정적 상호 작용 형태 역시 한 개인이 예수를 통한 하나님의 일하심에 어떻게 반응하는가가 초점이다. 여기에는 집단적 구원과 소위 묻어가는 신앙 모습은 없다. 오직 한 개인의 인격적 응답이 중요하다. 귀하고도 중요한 원리이다. 하지만 기독교 역사를 보면 이런 이해가 순기능만 한 것은 아니다. 이신칭의를 포함한 상호 작용 설명 틀이 개인에게 초점을 맞춘 경건주의와 신비주의와 결합하면서 점차로 기독교를 개인의 구원 경험을 중시하는 것으로 축소시키는 경향을 만들었다.[29] 죄를 이해할 때도 개인의 죄와 윤리 차원에서만 접근하고, 구원도 개인 구원에만 집중한 것이다. 물론 완전히 틀린 것은 아니다. 하지만 성경이 말하고 있는 구원의 또 다른 요소를 고려하지 못하고 한쪽으로 치우친 이해이다.

　구원 과정에서 개인적 차원에만 집중하는 현상은 바울이 전하는 복음을 영(Spirit)을 중심으로 하는 개인 윤리의 종교로 보려는 시도들을 낳기도 했다. 특별히 19세기와 20세기 초에 유럽을 중심으로 대두되었던 자유주의 신학의 한 모습이다.[30] 이들의 원래 의도는 이신칭의를 중심으로 하는 설명을 탈피하여 또 다른 구원 설명을 찾으려는 것이었다. 하지만 상호 작용 설명 틀이 보여주는 개인의 중요성을 강조함으로 생길 수 있는 치우침의 문제를 극복하지는 못했다. 여전히 기독교를 개인 중심의 종교로만 이해했기 때문이다. 더 나아가 신자와 교회의 사회적 책임을 외면하고 개인의 구원 경험만을 중시하는 이기적 기독교의 모습 역시 이신칭의의 상호 작용 설명 틀이 갖고 있는 개인적 요소 강조와도 무관해 보이지 않는다. 물론 종교와 정치를 분리하려는 원칙이나 계몽주의 이후 개인주의 성향의 팽배와도 무관하지 않겠지만, 흥미롭게도 이신칭의를 더욱 충실하게 강조하는 보수적 교회일수록 이런 현상이 더 강하게 나타나는 것은 이기적 그리스도인의 문제가 이신칭의에 대한 균형 잃은 가르침과 그에 대한 적용과 연관이 있어 보인다. 이런 면에서 어쩌면 한국의 보수적 교단들이 사회에서 신뢰도를 잃어가고 있는 한 원인은 이신칭의에 대한 균형 잃은 강조로 인해 구원에 대한 넓은 그림을 제시하지 못했고, 그로 인해 편향된 그리스도인과 교회들을 양성하고 있기 때문이 아닌가 싶다.

구원을 단지 개인 차원으로만 보려는 것이나 그것을 극복하려는 여러 시도들이 보여주는 이런 폐단들은 상호 작용 설명 틀이 가지고 있는 내재적 한계와 관련 있는 듯하다. 이 설명 방법은 하나님과의 개인적 관계는 잘 표현할 수 있지만 그 이상의 요소들을 담을 수 있는 여지가 없기 때문이다. 그 한 예는 하나님과의 관계와 관련한 '우리' 개념을 설명하기가 어렵다는 점이다. 하나님을 향한 개인적 반응을 주된 초점으로 하기에 '나'를 넘는 '우리'의 개념, 하나님의 백성 공동체 개념을 설명하기가 어렵다. 또 다른 단점은 하나님 나라의 여러 요소들을 표현하기 어렵다는 것이다. 앞서 설명했듯이, 하나님 나라는 창조주 하나님의 통치와 주권, 그분의 언약 백성, 그리고 그분의 통치 영역을 망라한 포괄적 개념이다. 이 개념에서 중요한 요소 중 하나는 하나님 통치에 반역하는 악한 영역 혹은 반역의 통치와 그 안에 있는 사람들에 대한 하나님의 심판과 회복이다. 그러나 이신칭의로 대변되는 상호 작용 설명 틀은 이 요소를 담아 표현할 여지가 없다. 언약이 하나님 나라 개념 속에 있는 영적인 반역의 통치와 그에 대한 심판을 담을 수 없는 것처럼 상호 작용 설명 틀도 마찬가지이다. 사실, 상호 작용 설명 방식은 그런 요소를 표현하기 위해 사용되는 것이 아니다. 그 초점은 하나님과 사람 사이에 벌어지는 상호 작용 관계일 뿐이다.

그렇기 때문에 상호 작용 설명 틀은 구원 과정을 설명하는 중요한 방법이기는 하지만 성경은 이것만으로 모든 것을 설명하지 않는다는 걸 기억해야 한다.

결론적으로 상호 작용 설명 틀은 구원에 대한 전체 그림을 아우를 수 있는 훌륭한 설명 틀이다. 시간 흐름과 등장인물의 역할을 통해 부정적인 것을 긍정적인 것으로 바꾸는 구원 과정을 잘 설명할 수 있다. 하지만 그것만으로는 구원 과정을 다 담을 수 없다. 구원 과정은 다차원적인 요소를 가지고 있기 때문이다. 특별히 인간 반응에 대한 하나님의 응답을 받고 난 이후 과정에 대한 설명이 약하다. 신자가 되는 구원 경험의 시작과 그 이후 삶의 차원을 단절할 수 있는 논리적 약점을 제공할 수 있다. 개인을 넘는 사회-공동체적 상황을 담아 묘사할 수 없으며, 영적인 반역의 통치를 회복하는 하나님 나라의 큰 개념을 담아내는데도 한계가 있다. 그렇다면 이것을 보완하고 구원 과정의 또 다른 차원을 담을 수 있는 설명 틀이 있을까? 이제 성경이 제시하는 두 번째 설명 틀인 두 영역 개념을 알아보자.

04 두 영역 설명 틀

1. 두 영역 설명 틀이란?

두 영역 설명 틀은 하나님의 구원을 설명할 때 통치자와 통치 영역을 중심으로 설명하는 방법이다.[31] 기본 개념은 세상과 영적인 모든 차원을 하나님의 통치 영역과 그에 대한 반역의 통치 영역이라는 이분법적 구조로 보는 것이다. 이 개념은 유대 묵시적 종말 사상을 토대로 하고 있는데, 포로기 전후에 걸쳐 형성되기 시작해서 약 BC 200년경부터 AD 200년경까지 헬라의 셀류키드 왕조와 로마의 지배하에 있었을 때 왕성하게 나타난 것이다. 비록 한 가지로 정형화된 모습은 아니지만 아래와 같은 일반적 특징들을 가지고 있다.[32]

(1) 현 세대(이 세대 혹은 옛 영역)와 미래에 올 세대 간의 현격한 단절이 있다.
(2) 이 세대를 악이 지배하는 것으로 이해하고 미래 올 세대에 대한 희망을 기대한다.
(3) 역사는 미리 정해진 계획을 따라 단계적으로 진행된다.
(4) 하나님의 임박한 초자연적 개입으로 이 세대를 끝내고 올 세대를 만드는 것을 기대한다.

(5) 하나님의 일하심의 범위는 단순히 개인이나 공동체에 한정하는 것이 아닌, 범우주적이다.
(6) 하나님의 초자연적 개입으로 잃어버린 에덴의 모습을 회복할 구원의 모습을 기대한다.
(7) 천사와 사탄 등을 역사와 종말론적 사건들의 참여자로 묘사한다.
(8) 하나님의 개입과 관련해 새로운 중재자들을 소개하기도 한다.

한마디로 이 세상을 하나님께 반역하는 악과 사탄이 지배하는 세대(이 세대 혹은 옛 영역)로 이해하고 역사의 결정적 순간에 하나님이 초자연적으로 간섭하여 악의 통치를 끝내고 타락 이전으로 하나님의 통치(새 영역 혹은 오는 세대)를 회복하는 내용을 담고 있다. 종종 묵시 사상을 담은 문헌들에서는 하나님의 개입을 메시아와 연결시키기도 한다. 주로 다윗 왕국과 관련된 이스라엘의 회복을 주된 내용으로 하지만 타락 이전 유토피아의 회복에 대한 것도 있다.

이 두 영역 개념은 예수 사역의 핵심 내용인 하나님 나라의 배경이다. 실제로 예수는 자신의 사역을 이 두 영역의 충돌로 제시했고, 그 과정에서 반역과 어둠의 통치를 깨고 하나님의 빛과 생명의 통치를 회복하는 것으로 설명했다(막 3:22-31; 마 12:22; 눅 11:14-23). 이 개념에 의하면 예수의 사역은 어둠이 지배하는 현 세대에 하나님의 통치를 시작하는 것이다. 십자가와 부활로 사탄의 권세를 결정적으로 무너뜨려 사람들로 하여금 어둠의 영역에서 빛의 영역으로 옮겨갈 수 있는 길을 놓았다(참고, 요 14:6). 믿음을 통해 사람들은 하나님이 통치하는 영역으로 이동하여(참고, 요 5:24) 그분의 통치 아래 살 수 있게 되었다. 하지만 예수의 죽음과 부활은 어둠의 옛 영역을 완전히 없애버리는 완성 사건은 아니다. 온전한 완성은 예수 재림 이후 사탄과 사망과 음부의 옛 영역이 불과 유황 못에 던져지고 하나님의 통치만 남게 될 때 이루어진다(참고, 계 20:10, 14). 그때까지 옛 영역과 새 영역이 공존하며, 하나님의 통치가 반역의 옛 영역을 회복해 가는 과정이 존재한다. 이런 면에서 두 영역 설명 틀은 하나님의 나라의 여러 개념을 포괄적으로 설명할 수 있는 방식이다.[33] 아래는 이런 두 영역 개념에 대해 보스(G. Vos)가 제시한 이해를 수정한 것이다.[34]

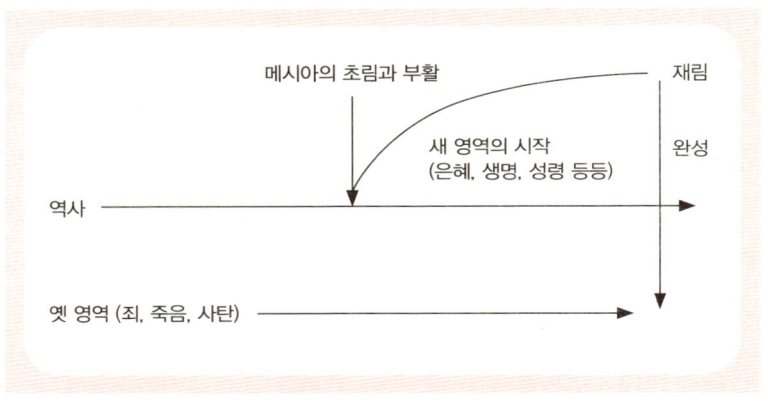

2. 두 영역 설명 틀과 상호 작용 설명 틀과의 차이점들

상호 작용 설명 틀은 하나님의 시작 → 인간의 반응 → 인간 반응에 대한 하나님의 응답이라는 하나님과 인간 사이의 상호 작용을 구원 과정의 기본으로 제시한다. 인간의 죄와 하나님의 심판이라는 부정적 형태와 인간의 믿음과 하나님의 구원이라는 긍정적 형태가 있으며, 시간의 흐름과 등장인물 정보를 가지고 있다. 두 영역 설명 틀도 상호 작용 틀과 공유하는 것들이 있다. 구원 과정에 등장인물도 있고 그들 간의 상호 작용도 있다. 과거와 현재와 미래라는 시간 흐름에 따라 구원 과정의 모습이 다른 것도 공통점이다. 하지만 두 영역 설명 틀은 여러 면에서 차이점을 가지고 있다.

첫째, 구원 과정에 나타난 인간의 위치와 상태에 대한 묘사가 다르다. 상호 작용 설명 틀에서 인간은 자율적 존재로 묘사된다. 외부 간섭 없이 하나님이 먼저 시작한 과정에 응답할 수 있는 존재이다. 하나님도 그 자율적 응답을 지지하고 인정하신다. 비록 부정적 반응에 심판으로 응답하시고 믿음의 반응에 구원이라는 긍정적 응답을 하시지만, 그 응답은 인간의 자율적 반응을 존중하는 것이다. 하지만 두 영역 설명 틀에서 인간은 자율적 존재가 아니다. 반드시 누구의 통치 영향 아래 있는 자로 묘사된다. 옛 영역에서는 죄와 죽음과 사탄의 통치를 받고 살며, 구원의 새 영역에서는 하나님의 통치를 받고 산다.

이 차이는 인간을 묘사하는 표현법 차이에서도 잘 알 수 있다. 상호 작용 설명 틀이 하나님과 인간 사이에 주고 받는 과정과 그 결과를 묘사하는 것에 집중했다면, 두 영역 틀은 인간의 상황이나 상태 설명에 집중한다. 예를 들어 두 영역 설명 틀에서는 인간과 관련해 존재나 되어짐을 의미하는 단어들(있다, 없다, 되다 등등)이나 통제와 관련된 단어들(다스리다, 통제하다, 순종하다, ~ 아래에 있다 등등), 삶과 죽음에 관련된 단어(생명, 죽음, 함께 살다, 태어나다 등등)나 어느 장소에 거하는 것과 관련된 단어들이 자주 사용된다. 특별히 노예 제도(예, 롬 6:15-23; 갈 4:1-10 등등)와 왕의 다스림을 연상시키는 통제와 다스림의 표현들(예, 롬 5:12-21)은 상호 작용 설명 틀에서는 전혀 사용되지 않은 것들이다.

둘째, 구원 과정에 참여하는 자들에 대한 묘사가 다르다. 상호 작용 설명 틀에서는 신적 존재와 인간이 주요 등장인물이었다. 하지만 두 영역 설명 틀은 제3의 등장인물들이 나타난다. 주로 통치 세력과 관련 있다. 그 중 하나는 사탄이다. 어둠의 영역과 관련 있다. 예를 들어 에베소서 2:2은 사탄을 공중 권세 잡은 자로 표현하고 불순종의 아들들 가운데 역사하는 영으로서 소개한다. 사람의 범위를 넘어 영적 영역에 영향력을 미치는 존재이며, 특별히 하나님께 반역하는 옛 영역의 통치자로 묘사한 것이다. 어둠의 영역과 관련된 또 다른 등장인물은 의인화된 죄와 죽음이다. 상호 작용 설명 틀에서 죄란 인간이 행하는 어떤 것으로 표현된다. 인간을 주어로 한 문장에서 동사의 목적어 형태로 '죄를 짓는다' 혹은 '죄를 범한다' 등으로 언급된다. 하지만 두 영역 설명 틀에서는 상호 작용 설명 틀의 경우도 있지만 동사의 주어로 표현해서 마치 죄가 사람처럼 어떤 과정을 행하는 주체로도 묘사된다. 예를 들어 로마서 5:12에서* 언급된 '죄가 들어왔다'는 표현이 그것이다. 더 중요한 것은 이 죄를 마치 사람들을 통제하는 세력으로 묘사하고 있다는 점이다. 로마서 5:21은* 이 죄를 사람들에 대해 '왕 노릇'을 하는 것으로 표현한다. 통치자로 묘사한 것이다. 죽음의 경우도 마찬가지이다. 단순히 사람이 죽는 것을 의미하는 것이 아니라 사람들에게 영향력을 행사해서 사람들 위에 군림하는 어떤 것으로 표현한다. 로마서 5:14와 17은* 이 죽음이 '왕 노릇'하는 것으로 묘사한다(참

---

* 로마서 5:12: "그러므로 한 사람으로 말미암아 죄가 세상에 들어오고 죄로 말미암아 사망이 들어왔나니 이와 같이 모든 사람이 죄를 지었으므로 사망이 모든 사람에게 이르렀느니라."
* 로마서 5:21: "이는 죄가 사망 안에서 왕 노릇 한 것 같이…."
* 로마서 5:14: "그러나 아담으로부터 모세까지 아담의 범죄와 같은 죄를 짓지 아니한 자들까지도 사망이 왕 노릇 하였나니…"; 로마서 5:17: "한 사람의 범죄로 말미암아 사망이 그 한 사람을 통하여 왕 노릇 하였은즉…."

고, 롬 6:9; 고전 15:55-56). 의인화된 죄와 죽음은 어둠의 옛 영역에 속한 것으로서 하나님의 통치와 대조되는 것을 말할 때 사용된다. 한편, 구원의 새 영역에서도 제3의 통치 세력이 소개된다. 성령이다(예, 롬 8장). 로마서 1:18-5:11까지 상호 작용 설명 틀에서는 한 번 언급되지만, 이후 두 영역으로 설명하는 과정에서는 중요한 존재로 제시된다. 이런 제3의 세력들은 모두 어둠의 옛 영역과 빛과 구원의 새 영역의 통치와 관련해 소개된다. 두 영역 설명 틀은 이런 표현들을 통해 옛 영역을 죄와 죽음과 사탄의 통치를 받고 있는 상태로 묘사하고, 새 영역을 하나님이 다스리는 생명과 은혜의 통치로 묘사한다.

셋째, 구원 과정에서 구원을 정의하는 방식이 다르다. 상호 작용 설명 틀에서 구원이란 인간의 반응으로 하나님으로부터 받거나 얻게 되는 어떤 것을 말한다. 믿음으로 주어지는 하나님의 반응이나 보상을 의미한다. 하나님의 반응이기 때문에 인간 편에서 서술될 때는 수동태를 사용해서 '받았다' 또는 '얻었다'로 표현하고, 하나님을 주어로 서술하는 경우는 그분이 인간에게 주는 능동태 동사가 사용된다. 하지만 두 영역 설명 틀은 기본적으로 통치와 통치 영역을 중심으로 하고 있기 때문에 구원 과정의 모습을 다르게 표현한다. 두 영역 설명 틀에서 구원이란 죄와 사망이 지배하는 영역에서 하나님의 은혜와 생명이 지배하는 영역으로 옮겨지는 것이다. 장소 이동을 의미하는 표현들(~에서 ~로, 들어 가다[오다], 옮겨지다 등등)에서 확인할 수 있다. 예를 들어 골로새서 1:13은 예수로 인한 구원 과정을 "그가 우리를 흑암의 권세에서 건져내사 그의 사랑의 아들의 나라로 옮기셨으니"로 표현한다. 흑암의 권세와 아들의 나라라는 두 영역을 배경으로 한 곳에서 다른 곳으로의 이동을 구원으로 묘사한 것이다. 또한 갈라디아서 1:3도 예수의 사역을 "하나님 곧 우리 아버지의 뜻을 따라 이 악한 세대에서 우리를 건지시려고"라로 묘사한다. 악한 세대라는 표현은 그와 반대되는 하나님의 선한 통치가 있다는 말로서, 악한 통치에서 끄집어 내어 하나님의 통치로 가게 하는 것을 구원이라고 설명한 것이다.

넷째, 구원 과정의 범위가 다르다. 상호 작용 설명 틀에서는 주로 하나님을 향해 반응하는 한 개인을 대상으로 한다. 그래서 개개인의 반응 모습이 중요했다. 하지만 두 영역은 기본적으로 통치와 통치 영역에 초점 맞추기 때문에 구원 과정의 범주가 개인을 넘어 사회와 공동체, 더 나아가 모든 피조물과 영적 존재까지 확장된다. 구원 과정의 범주가 다르기 때문에 구원의 최종 모습도 다르다. 상호 작용 설명 틀에서는 의롭다 함을 받고 하나님과의 관계가 온전해 지는 것이었다면, 두 영역은 개인과 사회, 그리고 모든 피조물과 영적 존재들의 회복을 포함한다. 이런 면에서 두 영역 설명 틀은 상호 작용 틀보다 큰 개념을 가진 것으로 볼 수 있다.

3. 상호 작용 설명 틀과 두 영역 설명 틀과의 관계성

바울이 복음에 대해 설명하고 있는 로마서 본문 자체에서는 상호 작용 틀과 두 영역 틀이 서로 모순되거나 상충된 개념으로 등장하지 않는다. 우선, 하나님을 신자의 구원을 가능하게 하는 주체로 묘사한 것이나 예수를 구원 과정의 중심으로 설명하는 것이 공통적이다. 예를 들어 로마서 8:3은 육신의 연약함으로 인해 인간이 하나님이 원하시는 선한 일을 할 수 없기 때문에 하나님이 친히 예수를 죄 있는 인간의 모습으로 보내어 대신 심판 받게 함으로써 사람의 죄가 용서받을 수 있는 길을 여셨다고 말한다. 인간의 믿음과 하나님의 구원을 상호 작용 설명 틀로 제시한 로마서 3:25-26 내용의 반복이며 로마서 4:25를 다시 설명한 것이다. 그런데 주목할 것은 이 부분이 성령을 통해 죄의 영역에서 해방되는 과정을 설명하는 문맥 속에 있다는 점이다. 다시 말해 두 영역 설명 틀 속에서 제시하는 어둠의 옛 영역(롬 7:7-25)에서 새 영역(롬 8장)으로의 해방 과정을 상호 작용 설명 틀 안에 있는 예수를 통한 하나님의 일하심으로 전달하고 있는 것이다.

더 나아가, 로마서 본문에 나오는 단어들의 의미 영역을 분석하면, 어둠의 옛 영역과 부정적 상호 작용 형태(롬 1:18-3:20)가 서로 연관성이 있고, 구원의 새 영역은 상호 작용 틀의 긍정적 형태(롬 3:21-5:11)와 관련 있다. 예를 들어 옛 영역과 부정적 상호 작용 형태는 죄와 심판, 적대감(참고, 롬 5:10; 8:6-7)의 단어들로 인간의 모습을 설명한다. 한편, 새 영역과 긍정적 상호 작용 형태는 의로움과 관련된 단어들(예, 롬 6:7)이나 은혜, 평화(롬 2:10, 5:1; 8:6-7) 등을 사용해서 구원을 설명한다. 특별히 새 영역과 긍정적 상호 작용 형태는 구원을 법정적 측면(예, 의와 관계된 용어들)과 관계적 측면(예, 평화와 관련된 용어들)을 함께 아우르는 것으로 표현하는 것도 공통적이다. 그러므로 상호 작용과 두 영역의 설명 틀은 서로 상충되는 개념이 아니라 구원을 설명하는 데 상보적이라고 해야 할 것이다. 상호 작용의 틀은 구원에 있어 인간과 하나님 사이의 상호 작용 과정과 그 결과를 잘 보여주고, 두 영역의 틀은 각 상호 작용 형태 속에 있는 사람들의 상태를 잘 묘사한다.

이러한 연결성은 언약과 하나님 나라의 연결과도 관련이 있다. 앞서 언급했듯이, 하나님 나라는 창조주로서의 하나님과 그와 연결된 모든 요소들, 곧 피조물인 사람과의 관계와 사탄을 포함한 영적인 요소들을 담고 있는 큰 개념이지만, 언약은 주로 하나님과 사람 사이의 관계성을 중심으로 한다. 상호 작용 설명 틀은 주로 언약과 관련한 과정을 설명하는데 사용되고, 두 영역 설명 틀은 하나님의 나라와 관련해 구원을 설명하는 방식이다. 따라서 하나님 나라의 개념이 언약 개념을 품고 있듯, 두 영역 설명 틀이 보다 큰 범위를 갖고 있으며 상호 작용 설명 틀은 그 안에 위치한 것으로 이해할 수 있다. 즉 두 영역 틀은 인간과 세상의 상태에 대한 기본적 그림을 제공하고, 상호 작용은 옛 영역이 어떻게 시작되었는지, 그리고 옛 영역에 속한 사람이 어떻게 구원의 새 영역으로 옮겨지고 그 결과가 무엇인지에 대한 직접적 설명을 제공한다. 이를 도식화 하면 아래와 같다.

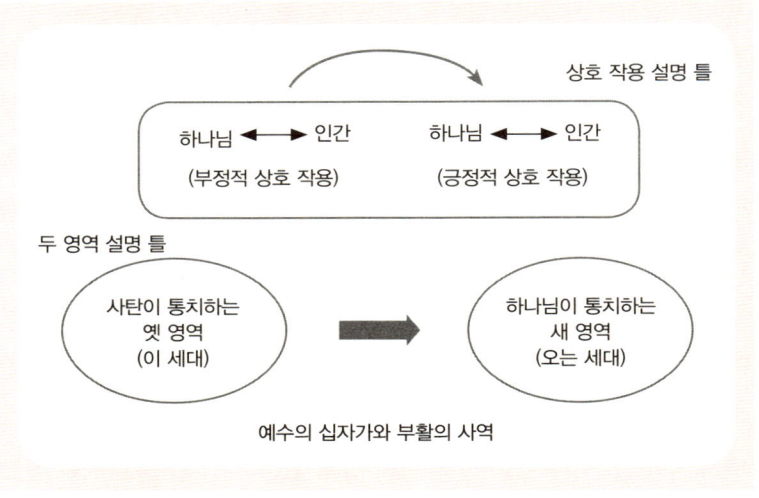

4. 상호 작용과 두 영역 설명 틀에 대한 신약 다른 곳의 증거들

위에서 설명한 것은 주로 바울 서신을 중심으로 살펴본 것이다. 바울이 구원을 설명할 때 두 가지 설명 틀을 함께 고려했다면, 신약 다른 저자들은 어떨까? 이 개념이 바울만의 독특한 것일까? 신약의 다른 부분에서도 이 둘을 함께 고려한 몇 가지 예들을 살펴보자.

먼저 살펴 볼 것은 예수의 사역이다. 예수는 요한복음 5:24에서 자신을 통한 구원의 과정을 "내가 진실로 진실로 너희에게 이르노니 내 말을 듣고 또 나 보내신 이를 믿는 자는 영생을 얻었고 심판에 이르지 아니하나니 사망에서 생명으로 옮겼느니라"라고 말한다. 여기서 듣고 믿는다는 것은 예수를 통해 구원 과정을 시작하신 하나님께 믿음으로 반응한다는 것이다. 상호 작용 설명 틀에 나오는 인간의 반응을 지칭하는 전형적 표현이다. 그 결과 영생을 얻었다는 것 역시 상호 작용 설명 틀에 나오는 인간 반응에 대한 하나님의 응답이다. 긍정적 상호 작용 형태이다. 그런데 예수는 이 결과적 모습을 "사망에서 생명으로 옮겼다"는 것으로 다시 표현한다. 장소 이동과 관련해 방향(~에서 ~으로)과 함께 "옮겼다"는 이동의 동사가 사용된 전형적인 두 영역 설명 틀 묘사이다. 결국 예수는 자신을 통한 구원 과정을 상호 작용 설명 틀과 두 영역 틀을 함께 사용해서 설명한 것이다.

이런 예는 베드로전서에도 나온다. 베드로전서 1:18-25는 독자들의 상태를 대속함 받은 자(벧전 1:18), 영혼이 깨끗하게 된 자(벧전 1:22), 거듭난 자(벧전 1:23)들로 표현하고 그 원인을 메시아 피에 대한 복음을 믿고 순종했기 때문이라고 말한다. 예수를 통해 보여진 하나님의 구원 은혜에 사람들이 믿음과 순종으로 반응해서 구원 과정에 참여하는 전형적 상호 작용 설명 틀에 의한 묘사이다. 그런데 베드로전서 2:9는 동일한 구원 과정을 다른 식으로 묘사한다. 하나님이 어두운 데서 불러 내어 그의 기이한 빛에 들어가게 한 자들로 독자들의 상태를 말한다. "어두운 데"라는 것은 죄와 사망이 지배하는 옛 영역을 지칭하는 것이고, 예수의 "기이한 빛"이란 그가 통치하는 빛과 생명의 영역을 의미한다. 또, '~에서 ~으로'라는 영역 이동을 통해 상태 변화를 묘사한 것은 전형적인 두 영역 설명 형태이다. 베드로 역시 두 영역 설명 틀과 이신칭의의 상호 작용 설명 틀을 함께 붙잡고 있었음을 말해준다.

상호 작용과 두 영역 설명 틀의 공존은 요한일서에서도 보인다.[35] 거짓 진리로 교회 공동체를 흔든 대적자들의 위험을 경계하고 있는 이 서신은 그 기본 내용을 두 영역 설명 틀 안에서 전개한다. 요한일서는 요한복음과 마찬가지로 어둠과 빛, 육과 영, 죽음과 생명, 아래와 위, 거짓과 진리, 미움과 사랑 등의 이원론적 대조 표현을 공유하고 있다. 이를 통해 독자들로 하여금 어둠의 영역에 있는 대적자의 영향을 따르지 말고 빛의 영역에 있는 저자 그룹의 가르침에 견고하게 서라고 권면한다. 이 내용은 하나님은 빛이시고 그에게 어둠이 조금도 없다는 명제를 서신 본론의 시작으로 사용한 것에서도 확인할 수 있다(요일 1:5). 요한일서는 이런 설명 틀을 통해 구원의 개념을 사망에서 생명으로 옮김 받은 것으로 표현하고(요일 3:14), 신자를 하나님의 영역에 속한 자들(예, 요일 4:6)로서 마귀의 자녀가 아닌(참고, 요일 3:10) 하나님의 자녀들(요일 3:1, 2, 10; 5:2)로 표현한다.

그런데 주목할 것은 이런 두 영역 설명 틀 속에 바울 서신 못지 않게 이신칭의 내용을 담고 있는 상호 작용 설명 틀도 많이 사용한다는 점이다. 바울처럼 요한도 구원의 시작을 예수를 보낸 하나님의 사랑이라고 말한다(요일 3:1; 4:10). 아들을 세상에 보낸 하나님의 뜻은 인간의 죄 문제를 해결하는 것이다. 예수를 죄에 대한 대속제물('힐라스모스'[ἱλασμός]: 요일 4:10, 참고, 요일 2:2)로 소개한 것에서 알 수 있다.[36] 하나님은 예수를 이 땅에 보내어 인간의 죄를 위해 대신 죽게 함으로써 죄 사함의 통로를 여셨다는 것이다. 바울도 같은 개념을 로마서 3:25-26에서 설명하는데, 요한일서 4:10에서 언급한 단어와 동족어인 '힐라스테리온'(ἱλαστήριον[화목/속죄제물])이라는 단어를 사용해 설명한다. 이로 보면, 요한도 바울처럼 구원을 설명할 때 두 영역 설명 틀과 상호 작용 설명 틀을 함께 사용하여 제시하고 있음을 알 수 있다.

결론적으로 바울이 로마서나 다른 서신에서 상호 작용과 두 영역 설명 틀을 함께 사용해 구원 과정을 보여주는 것은 예수뿐 아니라 신약의 모든 저자가 사용한 방법이다. 이는 이 두 가지 설명 틀이 하나님의 구원 과정을 설명할 때 사용되는 기본 설명 방식이며, 이 둘을 함께 사용함으로써 하나님의 커다란 구원 계획과 각 단계의 과정이 올바르게 설명될 수 있음을 말해준다고 하겠다.

제3장

하나님의 진노 아래 있는 인간의 실존: 구원 이전의 상태

01 상호 작용 설명 틀에 의한 설명

상호 작용을 통해 설명되는 구원 과정의 첫 단계는 인간의 죄와 그로 인한 하나님의 진노이다. 부정적 상호 작용 형태이다. 이 모습을 잘 설명한 부분은 로마서 1:18-3:20이다. 바울은 로마서 1:1-17에서 서신의 발신자와 수신자와의 관계성을 통해 자신의 편지 몸말에서 펼쳐질 내용에 대한 암시를 보낸다. 예수를 중심으로 한 복음이다. 오래 전부터 약속해왔던 것이때가 되어 드러난 예수에 대한 복음(롬 1:2-4)으로서 그 복음은 모든 믿는 자들에게 구원을 주시는 하나님의 능력이다. 그 안에는 창조주 하나님의 구원 활동과 그 결과가 들어 있고, 믿음으로 반응하는 자에게 생명이 주어지는 비밀이 들어 있다(롬 1:16-17). 그래서 그는 복음을 부끄러워하지 않았고, 모든 비유대인들에게 전하고 있었던 것이다.

바울은 그 복음의 시작을 인간의 죄에 대한 하나님의 진노로 시작한다. "하나님의 진노가 불의로 진리를 막는 사람들의 모든 경건하지 않음과 불의에 대하여 하늘로부터 나타나나니(롬 1:18)." 구원의 복음을 설명하면서 긍정적 모습으로 시작하지 않는다. 이유가 있다. 실제로 인간의 상황이 긍정적이지 않기 때문이다. 사람이 인식하든 그렇지 않든 하나님의 진노 아래 있다는 것은 실재이며 사실이다. 그 한 증거는 모든 사람이 겪게 되는 죽음이다. 믿음과 상관없이 인생에서 가장 확실한 진리 중 하나이다. 모든 인생에 죽음이 있다는 것은 우리의 끝이 긍정적이지 않다는 것을 의미한다. 비록 지금은 웃음과 기쁨이 있을 수 있지만, 그 모습은 영원하지 않다. 성경은 이 죽음을 하나님의 진노와 심판과 연결시킨다. 그렇기 때문에 성경은 모든 인생이 하나님의 심판과 진노 아래 있다고 말한다. 부정적 상황 묘사로 복음을 시작하는 또 다른 이유는 긍정적 상호 작용 형태는 오직 부정적 형태를 인식하고 통과해야만 가능하기 때문이다. 구원을 받기 위해 죄를 지으라는 이야기가 아니다. 자신이 부정적 상호 작용에 참여하고 있다는 것을 인식한 사람만이 하나님의 구원 과정을 받아들이고 참여할 수 있다는 말이다. 실제로 자기가 하나님의 진노 아래 있는 존재라는 것을 모르는 사람들이 예수를 믿을 까닭이 없다. 삶에 문제가 있다는 것을 인식하지 못하면서 하나님의 구원을 찾을 리도 없다. 따라서 구원 과정은 부정적 상황의 실재를 직면하는 것에서부터 시작된다. 바울은 인간의 실존적 문제를 정확히 알고 있기 때문에, 그에 따라 바른 복음을 분명하게 제시한 것이다.

복음에 대한 바울의 설명은 인간의 부정적 상황을 반영하는 하나님의 진노에서 시작한다. 하지만 상호 작용 설명 틀에 의하면 하나님의 진노는 맨 처음 단계에 나타나지 않는다. 로마서 1:18에서 말한 상호 작용 과정에서 하나님의 진노는 불의로 진리를 막는 모든 사람들에 대한 응답이다. 과정상 인간의 부정적 반응 이후에 나타난 것이다. 그런데 인간의 부정적 반응도 상호 작용의 맨 첫 과정은 아니다. 하나님이 먼저 시작하신 것에 반응한 것이기 때문이다. 상호 작용 과정의 첫 시작은 하나님이 사람에게 먼저 다가오신 것이고, 로마서 1:18은 그 과정을 진리로 표현한다. 사람들이 먼저 보이신 진리를 불의로 막았다는 표현에서 확인할 수 있다. 그렇다면 로마서 1:18에 나타난 부정적 상호 작용 형태는 하나님의 진리 → 인간이 불의로 막음 → 하나님의 진노가 하늘에서부터 나타남이다. 이 과정에 대해 하나씩 살펴보자.

1. 하나님의 진리 계시: 부정적 상호 작용의 첫 번째 과정

로마서 1:18에 나타난 하나님과 사람 사이에 벌어지는 부정적 상호 작용의 첫 과정은 하나님의 진리이다. 바울은 이 진리가 무엇인가를 로마서 1:19-20에서 부연한다. 창조 이후 계속 드러낸 하나님의 어떠함이다. 영원한 신성과 능력 같은 보이지 않는 하나님의 속성이며, 온 우주를 창조하신 하나님의 능력과 지혜, 놀라움과 경탄을 자아내게 하는 하나님 되심이다. 하나님은 창조한 모든 피조물들을 통해 자신의 속성들을 드러내심으로 인간에 대한 상호 작용 과정의 첫 단계를 여셨다. 하지만 로마서 이 부분에서는 하나님 계시의 구체적 모습을 설명하지는 않는다. 단지 모든 사람이 거부할 수 없고 감히 모른다고 말할 수 없을 만큼 분명하게 드러내셨다고만 말한다(롬 1:20). 하나님의 자기 계시의 모습은 바울이 다른 곳에서 복음을 설명하는 과정에서 살짝살짝 언급된다.

한 예는 사도행전 14:15-17이다. 1차 선교 여행 중 루스드라에서 일어난 사건이다. 바울이 복음을 전하는 과정에서 발을 쓰지 못하고 나면서부터 걸어 본 적이 없는 사람을 치유하자, 사람들이 바울과 바나바에게 제물을 드리려는 일이 벌어졌다. 비유대인이었던 그들은 자신들 앞에서 벌어진 광경에 놀라서 바나바를 제우스로 능력을 행하고 말씀을 전파한 바울을 헤르메스로 생각했고, 신들이 자신들에게 현현했다는 생각에 제사를 드리려고 했다. 당황한 바울은 그들을 제지시키며 당시 헬라 사람들이 가지고 있던 올림푸스 신화가 아닌, 구약 성경이 말하고 있는 참 신을 소개한다. 그분은 천지와 바다와 그 가운데 만물을 지으신 창조주이고 살아 계신 분이다(행 14:15). 그분은 또한 창조 이후 계속 자신을 드러내신 계시의 하나님이다. 사도행전 14:17에 의하면 그분은 사람들에게 비를 내리시며 결실기를 주시는 선한 일을 하시고 음식과 기쁨으로 사람들의 마음을 만족하게 하신 분이다. 보이지는 않지만 피조물을 다스리고 주관하면서 인간 역사에 관여하신 분이시며 인간들의 필요를 공급해 주신 분이다. 비유대인들을 향한 내용이지만 꼭 그들에게만 해당되는 것은 아니다. 그분은 모든 사람들에게도 동일하게 행하시고 계시기 때문이다. 실제로 예수도 유대인을 향해 악인과 선인 모두에게 햇빛과 비를 주시는 분이 하나님이라고 설명한다(마 5:45).

하나님의 자기 계시에 대한 또 다른 예는 사도행전 17:24-29이다. 2차 선교 여행 중 데살로니가 유대인의 박해를 피해 아테네로 온 바울은 그곳에서도 예수의 복음을 전한다. 주된 대상은 비유대인들이다. 그들이 섬기고 있던 알지 못하는 신을 접촉점으로 해서 참 신, 진정한 창조주가 누구인지를 설명함으로 시작한다. 그분은 우주와 그 가운데 있는 만물을 지으신 분이고 천지의 주인이다. 모든 사람에게 생명과 호흡을 주시고 모든 것들을 주신 분이다. 또한 인류의 모든 족속을 한 혈통으로 만드시고 땅에 살게 하셨으며, 그들의 연대와 거주의 경계를 정하셨다. 사람들이 하나님을 더듬어 찾아 발견할 수 있게 하시기 위해서이다. 모든 사람들은 그분을 의지해서 생명을 유지하고 움직이며 삶을 살아간다. 이런 예는 창세기에 나오는 하나님의 창조와 인간의 원역사를 전제로 한 설명이다(창 1-11장). 하지만 바울의 의도는 그들에게 하나님의 창조 과정에 대한 지식을 소개하려는 것이 아니다. 하나님이 창조주라는 명제를 전달하려는 것도 아니며, 피조물들에게 감탄사를 촉구하는 것도 아니다. 피조물을 통해 자기 속성을 계시하신 하나님은 인간들이 그분을 바로 알고 그분께 합당한 반응을 돌려드리는 것을 기대하고 계신다는 것을 소개하고 싶은 것이다.[37] 물론 피조물을 통한 하나님의 계시는 한계가 있다. 그분의 창조 의도나 구원 계획, 그리고 무엇을 기대하시는 지도 알 수 없다. 하지만 하나님의 창조는 창조주의 존재와 함께 그분의 능력과 신성과 신실함과 선함 등의 속성을 알게 하며, 그에 대한 반응을 요구하기에 충분하다. 문제는 인간의 반응이다. 창조나 피조물을 통한 계시로 상호 작용을 먼저 시작하신 하나님은 언제나 긍정적이고 선하다. 하지만 그에 대한 인간의 반응 때문에 부정적 결과가 만들어진다.

2. 하나님의 진리를 거절한 인간: 부정적 상호 작용의 두 번째 과정

창조와 계시로 상호 작용 과정을 시작하신 하나님에 대한 인간의 반응은 부정적이다. 로마서 1:18은 이 모습을 불의로 진리를 막는 것으로 묘사한다. 진리를 막는 것은 어떤 것일까? 바울은 로마서 1:21-23에서 이에 대한 부연 설명을 한다.[38] 사람이 하나님을 알지만 영화롭게도 아니하며 감사하지도 않는다. 오히려 그 생각이 허망해지고 미련한 마음이 어두워졌고, 스스로 지혜 있다고 하지만 어리석은 자가 되었다. 또한 그들은 썩지 않는 하나님의 영광을 썩어 없어질 사람이나 짐승과 새의 형상으로 바꾸어 그들을 경배한다. 이런 묘사는 인간의 부정적 반응에 대해 두 가지 통찰을 준다.

한 가지는 인간의 부정적 반응은 태도와 행위라는 외적 차원과 인지 혹은 생각의 내적 차원이 있다는 점이다. 로마서 1:21에 언급된 하나님을 영화롭게 하지 않고 감사하지 않는다는 것은 외적 태도와 행위에 대한 것이다. 또한 영원한 하나님의 영광을 썩어 없어질 피조물의 형상으로 바꾸었다는 로마서 1:23의 표현 역시 태도와 행위와 연결된 외적 차원의 것이다. 한편, 로마서 1:21-22에서 언급된 생각이 허망해졌다는 표현과 미련한 마음이 어두워진 것, 그리고 지혜롭다고 착각하지만 사실은 어리석은 것들은 모두 내적 인지 영역과 관련된 것이다. 바울은 이 두 차원의 모습을 아래와 같은 교차대구 구조로 소개한다.[39]

    A (외적 차원: 하나님께 영광 돌리지 않고 감사하지 않음: 롬 1:21상반)
      B (내적 차원: 생각이 허망해지고 미련한 마음이 어두워짐: 롬 1:21하반)
      B′ (내적 차원: 스스로 지혜가 있다고 하지만 어리석은 자가 됨: 롬 1:22)
    A′ (외적 차원: 영원한 하나님의 영광을 유한한 피조물의 것으로 바꿈: 롬 1:23)

내적 차원과 외적 차원으로 구분해 설명한 것은 이 둘이 서로 독립적으로 작용하는 것을 보여주기 위함이 아니다. 오히려 하나님을 향한 인간의 부정적 반응이 전인격적이라는 것을 말해준다. 단순히 어떤 시기에 어떤 환경에서 나타나는 독특한 반응이 아니다. 임기응변식의 즉흥적 반응이나 행동도 아니다. 생각과 의지라는 내면에서 시작해 태도와 행위의 외적인 것으로 연결되는 전인격적 반응이다. 자신의 전 존재를 통해 반응하고 있다는 것이다. 이런 면에서 인간의 부정적 반응은 지기 의지를 사용한 분명한 선택의 결과이기에 다른 평계를 댈 수 없다(참고, 롬 1:20).

로마서 1:21-23에 나타난 인간의 부정적 반응에서 얻을 수 있는 두 번째 통찰은 인간의 모든 반응은 전적으로 하나님과의 관계성을 전제로 한다는 점이다. 단순히 인간 사이에서 행해지는 윤리적 잘못이나 실수가 아니다. 여타 피조 세계에 대한 인간의 착취도 핵심은 아니다. 철저하게 인간과 세상을 창조한 창조주에 대한 잘못된 응답이다. 창조주 하나님께 영광 돌리지 않고 감사하지도 않는다. 하나님 대신 자기나 다른 피조물을 섬긴다. 로마서 1:18은 인간들의 이런 모습을 불경건과 불의로 묘사한다. 경건하지 못하다는 것은 하나님과의 관계를 전제로 한 종교적 모습이다. 의롭지 못함은 윤리적 차원일 수 있다. 하지만 단순히 윤리적 범주만은 아니다. 하나님 나라 개념과 관련해 창조주의 통치를 거절하는 모습이며, 언약 관계에서 하나님과의 관계를 거절한 '의'가 없는 것이다. 따라서 하나님을 향한 인간의 부정적 반응을 죄라고 말한다면, 죄의 핵심은 창조주 하나님과의 관계를 거절하는 것이다.

죄로 대변되는 인간의 부정적 반응은 로마서 1:28-32에서도 잘 나타난다. 특별히 로마서 1:28의 표현은 중요하다. "또한 그들이 마음에 하나님 두기를 싫어하매 하나님께서 그들을 그 상실한 마음대로 내버려 두사 합당하지 못한 일을 하게 하셨으니." 이 부분을 이해하기 위해 두 가지 작업이 필요하다. 하나는 이 구절에 담긴 논리 흐름을 파악하는 것이다. 로마서 1:28은 등장인물에 따라 일련의 과정이 진행된다. 시작은 하나님에 대한 지식이다. 로마서 1:19-20에서 설명한 피조물을 통해 드러난 지식이다. 인간은 그 하나님에 대한 지식에 부정적으로 반응하고, 하나님은 그에 대한 응답으로 인간 스스로를 상실한 마음 안으로 내버려두어 합당치 못한 일을 하게 하는 결과를 만든다. 전형적인 상호 작용 과정 모습이다.

로마서 1:28을 잘 이해하기 위한 두 번째 작업은 이 부분에 나온 여러 표현을 바르게 이해하는 것이다.[40] 개역개정을 비롯한 우리말 성경은 여러 면에서 그리스어 원문을 제대로 반영하지 못하고 있다. 우선 지적할 것은 마음이라는 표현이다. 개역개정은 두 번 언급했는데, 모두 적절하지 않은 번역이다. 마음이라고 번역한 첫 번째 것은 그리스어 원문에 의하면 지식('에피그노시스'[ἐπίγνωσις])이라고 번역해야 하는 단어이다. 두 번째 것은 단순히 마음(heart)이 아니라 생각이나 이성 등의 인지 영역을 의미하는 단어('누스'[νοῦς])이다. 이뿐 아니다. '싫어하다'는 표현 역시 적절하지 않다. 이에 해당되는 성경 원어('도키마조'[δοκιμάζω])는 감정 상태를 의미하는 단어가 아니라 생각과 판단 과정을 나타내는 단어이기 때문이다. 마지막으로 내버려두다('파라디도미'[παραδίδωμι])라는 표현 역시 수정해야 한다. 우리말 표현은 '방치하다' 등의 수동적 의미를 담고 있지만, 성경 원문에서는 한 영역에서 다른 영역으로 이동시키는 보다 적극적 의미를 갖고 있기 때문이다.[41] 예를 들어 가룟 유다가 예수를 배반하는 과정을 묘사할 때 이 단어가 사용된다(예, 막 3:19; 마 26:21-25). 유다의 적극적 의지를 반영한 표현이다. 이런 두 작업에 근거해서 로마서 1:28 내용을 재구성하면 이렇다. 인간은 피조물을 통해 계시된 하나님의 속성에 대한 것을 인식하여 알고 있음에도 불구하고, 그 하나님을 자기 지식(혹은 지식 체계) 속에 두는 것을 합당한 것으로 여기지 않고 거절한다. 이에 반응하여 하나님은 창조주를 배제한 인간의 망가진 생각과 이성의 영역으로 인간을 던져 넣으셨다. 인간 스스로 그 안에서 살고 그 결과를 당하도록 하신 것이다. 그 결과 인간은 망가진 사고 체계 안에서 하나님 보시기에 합당하지 않은 모든 일을 하게 된다.

로마서 1:28의 이런 내용은 인간의 부정적 상호 작용을 의미하는 죄가 두 가지 단계가 있음을 보여준다. 첫 번째 단계는 피조물을 통해 자신을 드러낸 하나님을 내면 영역에서 거절하는 것이다. 특별히 인지와 사고와 지식 영역에서의 거절이다. 지식은 어떤 판단을 내릴 때 근거가 되는 정보이다. 그런데 그 지식 체계에서 하나님이라는 변수를 배제시키면, 삶의 모든 정보는 자신을 중심으로 모아지게 되고 그것에 근거한 모든 판단은 창조주와 상관없는 것이 된다. 자신의 지식과 사고 체계 속에 창조주 하나님을 배제하는 이런 모습을 근원적인 죄(the sin)라고 부를 수 있다. 죄의 두 번째 단계는 사람들이 외적으로 표현하는 태도와 행위의 모든 악함이다. 예를 들어 로마서 1:29-31에서 표현되는 모든 불의와 추악, 탐욕과 악의가 가득한 것, 살인, 분쟁, 사기 등등의 모습이다. 흔히 사람들이 생각하는 죄의 모습이며, 죄악들(sins)이라고 부를 수 있다. 그런데 분명히 할 것은 이런 죄악의 모습은 죄의 핵심이 아니라는 것이다. 핵심은 첫 번째 단계인 내면적인 것에서 시작된 근원적인 죄이다. 안에서 망가진 것들이 밖으로 표현되는 형태를 갖고 있기 때문이다. 또한 이런 죄악의 모습은 특별히 악한 어떤 사람이 악한 일을 하는 것이 아니라는 점이다. 하나님을 배제한 망가진 지식과 사고 체계를 가진 모든 사람이 살아가는 모습, 그 삶의 모든 형태가 죄악이다. 그 모습이 악이기 때문에 악한 것이 아니라, 창조주와의 관계 밖에서 행해지는 것이기 때문에 악한 것이다. 하나님을 중심으로 한 가치와 사고 체계가 없으면 자연스레 모든 삶의 순간을 자기 중심으로 살아갈 수밖에 없고, 그런 삶은 무엇을 어떻게 살든지 창조주와 상관없는 모습이기 때문이다. 본질적인 죄와 그로 인해 파생된 죄악들이 어울려 있는 죄의 모습을 잘 보여주는 예가 창세기 3장에 있다.

   창세기 3장은 아담과 하와의 범죄와 그 결과를 보여준다. 뱀이 여자를 유혹하는 장면에서 시작한다. 하나님이 에덴 동산의 모든 나무 열매를 먹지 말라고 하셨는지를 묻고, 점차로 하나님의 말씀을 정면으로 반박해서 그것을 먹어도 죽지 않는다고 여자에게 말한다. 처음에 여자는 선악을 알게 하는 나무 열매에 대한 하나님의 말씀을 분명하게 인식하고 그 말씀을 따른 것 같다. 먹으면 죽는다고 말하고, 심지어는 그것을 만져서도 안 된다는 해석까지 곁들였기 때문이다(창 3:2). 그 나무 열매에 대한 강한 혐오의 마음을 표현한 듯하고 절대로 먹으면 안 된다는 인식이 반영된 듯하다. 하지만 뱀의 이야기를 듣고 여자는 결국 선악을 알게 하는 나무 열매를 따 먹었다. 이 이야기에서 아담과 하와가 선악을 알게 하는 나무 열매를 따 먹은 것은 죄이다. 하지만 근원적인 죄(the sin)는 아니다. 근원적인 죄는 따로 있다. 창세기 3:5에서 뱀이 여자를 유혹하는 결정타를 날린다. 그 나무의 열매를 먹으면 눈이 밝아져서 하나님처럼 되어 선악을 알게 되는 것을 하나님이 알았기에 먹지 말라고 했다는 것이다. 물론 거짓말이다. 그런데 이 말에는 굉장히 솔깃한 내용이 담겨 있다. 하나님처럼 된다는 내용이 들어 있기 때문이다. 그분처럼 전지전능하게 된다는 말이 아니다. 하나님이 선악을 판단하는 기준인 것처럼 만일 그 나무 열매를 먹으면 여자 자신이 선악을 판단하는 기준이 될 수 있다는 것이다. 여자는 뱀의 이 말에 동의를 했고, 판단 기준을 바꾸었다. 이전에는 선악을 알게 하는 나무 열매를 먹지 말라고 한 명령(창 2:17)이 판단 기준이었지만, 이제는 자기 자신을 모든 것을 판단하는 세상의 중심으로 만든 것이다. 그랬더니 이전에는 만져서도 안 된다고 여겼던 나무 열매가 달라 보였다. 먹음직스럽고 보기에도 좋고 무엇보다 자신을 지혜롭게 할 수 있을 만큼 탐스럽게 보인 것이다(창 3:6). 나무 열매가 변한 것은 아니었다. 그것을 대하고 판단하는 기준과 관점을 하나님에서 자기로 바꾸었더니 사물이 다르게 보인 것이다. 결국 여자는 하나님의 명령을 정면으로 어기고 그 열매를 따 먹었다. 이런 면에서 선악을 알게 하는 나무의 열매를 먹은 것은 하나님의 말씀을 어긴 죄이지만, 근원적인 죄가 아니다. 하나님이 아닌 자신을 세상의 중심으로, 무엇보다 가치 판단을 할 수 있는 지식의 중심으로 삼은 근원적인 죄로 인해 파생된 결과적인 악이다. 로마서 1:28 표현과 정확하게 일치한다.

결론적으로 하나님을 향한 인간의 부정적 반응은 죄이다. 하지만 죄는 반드시 근원적인 죄의 모습과 그로 인해 파생되는 죄악으로 구분해서 생각해야 한다. 죄의 핵심인 근원적인 죄는 언약 관계를 위해 인간을 창조하신 창조주에 대한 거절이다. 자신의 지식과 사고 체계 속에서 창조주라는 변수를 배제하고 자신만의 세상을 만든 것이다. 그래서 하나님 없는 사고 체계 안에서 살아가는 모든 삶, 모든 인생의 모습은 창조주와 상관없는 것이다. 이런 면에서 모든 사람이 죄를 지었다고 말하는 성경 표현(예, 롬 3:23)은 근원적인 죄의 차원에서 아담과 하와와 동일한 모습을 갖고 있다는 의미이다. 물론, 아담과 하와가 선악을 알게 하는 나무 열매를 먹은 것과 동일한 형태의 죄악을 행한 것은 아니다. 하지만 근원적인 죄를 갖고 사는 삶 자체가 창조주와 상관없는 것이기에, 이 땅에서 살아가는 삶의 모든 순간은 창조주를 거절하는 죄악을 표현하고 사는 것이다. 흔히 기독교 공동체에서는 후자의 죄악들에 집중하는 경향이 있다. 틀린 것은 아니지만 구원을 위한 본질은 아니다. 본질은 근원적인 죄를 어떻게 처리할 것인가이다. 이것을 놓치면 죄에 대한 피상적 이해를 갖게 되며, 하나님께서 요구하시는 회개의 본질을 놓칠 수 있다. 진정한 회개는 단순히 죄악들을 돌이키는 차원이 아니라 근원적인 죄에서 돌이키는 차원이기 때문이다. 죄는 반드시 근원적인 죄와 그로 인해 파생된 죄악을 구분해서 생각해야 하고, 우선적으로 근원적인 죄의 심각성을 반드시 인식하고 있어야 한다.

3. 인간의 거절에 대한 하나님의 응답: 부정적 상호 작용 과정의 세 번째 과정

1) 하나님 응답의 모습

하나님과 인간 사이에 나타나는 부정적 상호 작용의 세 번째 과정은 하나님의 응답이다. 로마서 1:18-3:20은 그 응답을 언급함으로 시작한다. 하늘에서부터 임하는 하나님의 진노이다. 로마서 1:19-20에서 상호 작용 과정의 시작인 하나님의 진리를 소개하고, 이후 그것을 거절한 인간의 내적 외적 모습이 로마서 1:21-23에서 설명된다. 로마서 1:24-32는 인간의 거절에 대한 하나님의 진노의 모습을 설명한다. 인간의 거절을 언급한 로마서 1:21-23과 달리 하나님을 행위의 주체로 표현한다. 특별히 '파라디도미'(롬 1:24, 26, 28)라는 표현을 통해 하나님의 적극적인 심판 의지와 행위를 보여준다. 개역개정 성경은 "내버려두다"라는 수동적 의미로 표현했지만, 원래는 더 적극적 의미를 담고 있는 표현이다. 앞서 로마서 1:28의 경우처럼 이 말은 한 영역에서 다른 영역으로 '넘겨 주다'라는 적극적이고도 의지적인 결단과 행위를 담고 있기 때문이다. 하나님의 심판은 적극적이다.

주목할 것은 바울이 하나님의 심판을 말할 때 로마서 1:21-23에서 설명한 부정적 인간 반응의 외적 차원과 내적 차원에 맞추어 설명한다는 것이다. 먼저 로마서 1:24-27은 행위와 태도의 외적 차원과 연결해서 하나님 진노를 설명한다.[42] 사람들이 경배 대상을 하나님에서 피조물로 '바꾼 것'(롬 1:23, 25)과 관련해 성적인 영역에서 바꿈의 행위(롬 1:26, 27)를 하는 동성애를 예를 들어 하나님의 진노를 설명한다. 그들은 동성애로 인해 스스로의 몸에 수치스러운 것을 당한다. 내적인 차원이 없는 것이 아니다. 하지만 주로 외적 행위와 태도에 주목해서 연결한 것으로 보인다. 내적 외적 차원의 부정적 반응에 따라 하나님이 응답을 하신다는 것을 강조하여 설명하기 위해 일부러 구분해서 묘사한 것으로 생각된다. 또한 하나님의 심판의 결과를 각 사람이 받는다는 점에서 개인적인 심판을 말하는 것으로 이해할 수 있다.

부정적 인간 반응의 내적 차원에 대한 하나님의 진노는 로마서 1:28-32에서 설명된다. 자기 지식 체계 속에 하나님을 거절한 사람들을 그들의 망가진 사고 혹은 지식 체계 속으로 넘겨주고 던져 넣으셨다. 그 결과 인간들은 창조주 하나님이 보시기에 합당하지 않은 온갖 못된 것을 행한다. 내적으로 하나님이 없는 가치관을 외적으로 그대로 표현하며 살게 하신 것이다. 그런데 이 표현은 궁금함을 자아낸다. 창세기 3장에 의하면 아담과 하와의 죄에 대한 하나님의 심판의 결과는 죽음이다. 하나님과의 관계가 단절되고 사람은 흙으로 돌아가게 된다(창 3:19). 그런데 로마서 1:28-31은 오히려 인간으로 하여금 근원적인 죄를 더 많이 표현하게 만드는 것을 심판으로 설명한다. 하나님의 심판은 인간의 죄악들을 벌하고 그런 것이 일어나지 않도록 해야 하는 것 아닌가? 왜 하나님의 심판의 결과가 죄악을 증가시키는 것일까? 어떤 의미에서 이런 죄악들이 하나님의 진노의 결과이고 심판일까? 이런 질문들은 죄와 그에 대한 하나님의 현재적 심판에 대해 몇 가지 진지한 추론을 하게 한다.

그 중 하나는 죄의 결과가 가져다 주는 사회적 차원의 파괴성이다. 로마서 1:29-31에서 언급된 죄악들은 개인들이 행하는 것이지만 단순히 개인 차원에만 머무르지 않는다. 함께 어울려 살아가는 다른 사람들에게 영향을 미치는 사회적 차원의 악이다. 그 결과의 모습이 개인을 넘어 다른 사람과의 관계에 영향을 미치기 때문이다. 모든 사람은 하나님을 배제하고 자신을 중심으로 한 가치 체계 속에서 자기만의 이익을 위해 살아간다. 당연히 그런 사람들이 모인 사회적 관계들에 문제가 없을 리 없다. 모두가 자기를 최고로 섬겨 주기를 바라는 악한 죄인들이며 근원적인 죄를 표현하는 죄악을 행하기 때문이다. 그리고 바로 그런 죄악 때문에 인간들이 이 땅에서 살아가는 것은 고통으로 변한다. 결국 죄의 결과는 단순히 한 개인이 고통 당하는 차원에서 멈추지 않는다. 그 개인들이 살아가는 사회적 삶이 죄로 얼룩져 있기에 그 안에서 경험하는 고통이 있다. 마치 아담이 하나님과의 관계를 거절한 근원적인 죄로 인해 힘든 노동의 삶을 살고 결국 죽게 되는 개인적 차원의 결과뿐 아니라 아내와의 관계가 깨어지고 땅이 망가지는 사회적 차원의 심판을 선고 받은 것과 같다. 이런 면에서 로마서 1:24-27이 동성애를 통해 죄의 결과에 대한 개인적 차원을 보여주었다면, 로마서 1:28-32는 죄가 가지고 있는 사회적 차원의 파괴성을 보여준다고 할 수 있다.

로마서 1:29-31의 죄악 설명과 관련해 추론할 수 있는 또 다른 요소는 죄가 가지고 있는 악순환이다. 이것은 하나님의 심판 과정에서 잘 나타난다. 하나님은 자신을 향해 근원적인 죄를 가진 모든 사람들을 그들의 타락한 가치 체계 속으로 던져 넣으신다. 진노의 모습이다. 하지만 하나님의 역할은 거기까지 묘사된다. 다만 그 사람들을 자기의 악한 체계 속에 살게 하심으로써 그들 스스로 죄악들을 행하게 하시는 것뿐이다. 그 결과 그들은 스스로 만든 죄악으로 인해 고통을 당한다. 그런데 더 심각한 것은 이런 과정이 호전되지 않는다는 것이다. 근원적인 죄로 인해 죄악을 만들고 그 죄악으로 인해 고통을 당하고 더 많은 죄악을 행해서 더 깊은 고통을 당하는 악순환이 계속된다. 인간 스스로 그 고리를 끊거나 외부에서 건져주지 않는 한 죄악의 악순환 속에서 계속 고통을 받을 수밖에 없다. 하지만 인간적인 차원에서 끊어질 것 같지는 않다. "그들이 이같은 일을 행하는 자는 사형에 해당한다고 하나님께서 정하심을 알고도 자기들만 행할 뿐 아니라 또한 그런 일을 행하는 자들을 옳다" 하기 때문이다(롬 1:32). 하나님의 심판의 결과가 죽음이라는 것을 분명히 알지만 자기를 합리화하고 회개하지 않는다. 그렇기 때문에 하나님이 인간으로 하여금 근원적인 죄를 표현하며 살게 하신 것은 분명히 인간에게 끔찍한 고통을 가져다 주는 그분의 심판이다.

로마서 1:28-31의 죄악의 모습이 보여주는 또 다른 요소는 하나님 진노의 심각성이다. 앞서 언급했듯이 1:28-31에서 제시된 죄의 악순환은 하나님의 진노의 결과이다. 실제로 사람들이 이 땅에 살아가면서 겪게 되는 고통의 이유이기도 하다. 이런 면에서 죄의 악순환과 그 결과는 지금도 계속 진행되는 하나님의 현재적 심판으로 볼 수 있다. 그러나 이것이 끝이 아니다. 근원적인 죄에서 파생된 죄악들은 장차 하나님의 미래 심판을 받게 한다. 바울은 바로 다음 구절(롬 1:32)에서 이런 죄악을 행한 사람들에게 죽음의 형벌을 내리는 것이 하나님의 정하심이라고 분명하게 말한다. 또한 로마서 2:5에서* 현재의 죄악을 회개하지 않고 계속 그 악순환 속에 있는 자들에게 미래의 심판이 기다리고 있음도 말한다. 근원적인 죄와 죄악으로 반응하는 인간에 대한 하나님의 진노는 결코 가볍지 않다. 현재적 고통이며 미래에 있을 영원한 심판과 연결되어 있기 때문이다.

결론적으로 인간의 부정적 반응에 대한 하나님의 응답은 상당히 포괄적이다. 공간적으로 한 개인의 고통 차원과 더불어 사람들이 살아가는 모든 관계로 인한 고통이 함께 있다. 시간적으로 개인과 사회적 차원에 대한 현재 심판이 진행 중이며 그 결과로 인간은 이 땅에서 고통의 삶을 경험하며 죽음을 맞게 될 것이다. 그리고 장차 완전한 미래에 심판이 있을 것이다. 더군다나 이런 심판의 모습은 인간 스스로 자처한 것이 더 심각한 것으로 진행되는 악순환 형태를 갖고 있다.

---

* 로마서 2:5: "다만 네 고집과 회개하지 아니한 마음을 따라 진노의 날 곧 하나님의 의로우신 심판이 나타나는 그 날에 임할 진노를 네게 쌓는도다."

하나님을 거절하는 근원적인 죄를 범한 인간이 스스로 그 결과를 당하는 것이다. 인간이 그 과정을 멈추거나 하나님이 멈추시기 전까지 인간은 그 안에서 계속 고통을 당하고 종국에는 최후 심판을 경험하게 될 것이다.

2) 하나님 심판의 근거와 본질

로마서 1:18-32는 인간의 죄에 대한 하나님의 심판을 설명한다. 그렇다면 이런 하나님의 심판은 합당한 것일까? 만일 합당하다면 하나님의 심판의 근거와 원리는 무엇일까? 이 질문들을 풀어갈 수 있는 실마리가 두 개 있다. 하나는 상호 작용 설명 틀 안에 있고 또 다른 하나는 하나님의 심판 원리에 있다. 이제 이 두 가지 실마리를 가지고 하나님의 심판에 대한 근거와 본질을 생각해 보자.

먼저 생각할 수 있는 것은 하나님의 심판이 하나님과 인간이 상호 작용하는 과정 속에 위치하고 있다는 점이다. 앞서 언급했듯이, 상호 작용 설명 틀에 의하면 하나님의 심판은 첫 번째 과정이 아니라 맨 마지막 과정이다. 하나님이 창조를 통해 자신의 속성을 드러내고 진리를 드러내는 첫 번째 과정은 선한 것이었다. 문제는 인간의 반응인 두 번째 과정이다. 일차적으로 창조주를 자신의 가치와 지식 체계 속에서 배제시키고 거절하는 근원적인 죄를 범한 것이다. 하나님 나라의 관점에서 본다면 왕이신 창조주를 거절한 반역의 모습이다. 언약의 관점에서 본다면 자신을 낳아준 부모를 거절한 패륜의 모습이다(참고, 사 1:2). 또한 언약 관계 안에서 다른 신에게 사랑을 주지 말라고 한 십계명의 첫 번째 계명과 자신을 위해서 우상을 만들지 말라고 한 두 번째 계명을 어긴 것이다(참고, 출 20:3-6). 뿐만 아니라 하나님을 향한 근원적인 죄에 근거해 삶의 모든 영역에서 하나님 없이 자기를 향한 삶을 만든 죄악들 역시 인간들이 행한 것이다(참고, 삿 17:6; 21:25). 비록 하나님이 적극적으로 그것을 막지 않으시지만 인간 스스로 자신과 공동체의 삶을 고통스럽게 한다. 그렇기 때문에 심판으로 응답하신 하나님은 불의하지 않다. 하나님 나라의 관점에서 보면 창조한 모든 것을 관리하고 다스리시는 하나님의 신실함과 의로움이며, 언약의 관점에서 보면 사랑의 관계를 깬 인간을 벌하시는 것은 언약 관계에 충실한 하나님의 신실함이기 때문이다. 그럼에도 불구하고 하나님 심판에 대해서도 인간은 자기 중심적 사고와 판단으로 하나님이 불의한 것 아니냐고 항변하고 있는 것이다. 마치 하나님이 아담에게 선악을 알게 하는 나무 열매를 먹었냐고 질문했을 때 아담이 '당신이 여자를 만들어서 이렇게 되었습니다'라고 궤변을 읊은 것과 같다(창 3:12).

하나님의 심판의 본질에 대한 두 번째 생각거리는 심판의 원리이다. 인간의 부정적인 반응에 대한 하나님의 심판이 정당하다면 그분은 어떤 근거와 원리로 심판하시는 것일까? 성경은 여러 곳에서 그 원리를 '행한 대로 평가하시는 것'으로 제시한다(예, 대하 6:23; 욥 34:11; 시 28:4; 62:12; 잠 24:12; 렘 17:10; 마 3:8; 16:27; 롬 2:6; 14:12; 고전 3:12-15; 고후 5:10; 11:15; 딤후 4:14; 히 10:30; 12:23; 벧전 4:17; 계 2:23; 11:18; 14:13; 20:12; 22:12 등등).[43] 특별히 로마서 2:6-11은 이 원리를 상대적으로 길게 자세히 설명한다.

로마서 2:6-11은 각 사람이 행한 대로 보응하신다는 원리를 조금 독특한 구조로 전달한다. 전체적으로 관계대명사를 주어로 한 세 개의 종속절(롬 2:6-8)과 세 개의 주절(롬 2:9-11)로 구성되어 있다. 종속절은 하나님이 응답하시는 과정에 집중해 그분이 보응하시는 것에 초점을 두는 반면, 주절의 내용은 하나님의 응답의 결과에 초점을 두고 어떤 결과를 누구에게 보응하시는 가에 집중한다. 이런 구조 안에서 하나님의 응답은 긍정적인 것과 부정적인 것이 서로 대조되는데, 두 쌍이 언급된다. 흥미로운 것은 바울은 하나님의 긍정적 응답 – 부정적 응답–부정적 응답–긍정적 응답의 순서로 서술한다는 것이다. 그리고 이런 대조를 하나님이 행한 대로 보응하신다는 표현과 그 보응에는 차별이 없다는 표현으로 감싸는 구조로 되어 있다. 전체 구조는 아래처럼 정리할 수 있다.

종속절(롬 2:6–8): 하나님의 응답	A: 하나님은 각 사람에게 행한 대로 보응하신다(롬 2:6). B: 하나님의 긍정적 응답(롬 2:7): 　선을 행하는 자(응답 대상)에게 영생(응답 결과)으로 　C: 하나님의 부정적 응답(롬 2:8): 　　진리를 따르지 않는 자(응답 대상)에게 진노와 분노(응답 결과)로
주절(롬 2:9–11): 응답의 결과와 공평성	C´: 하나님의 부정적 응답(롬 2:9): 　　환란과 곤고(응답 결과)가 악을 행하는 자(응답 대상)에게 　B´: 하나님의 긍정적 응답(롬 2:10): 　　영광과 존귀와 평강(응답 결과)이 선을 행하는 자(응답 대상)에게 A´: 하나님에게는 차별이 없다(롬 2:11).

이런 구조와 내용은 하나님의 심판에 대한 몇 가지 관찰점을 제공한다.

첫째, 하나님의 심판은 중립적이고 공정하다. 바울이 로마서 2:6-11에서 강조하는 주제이다. 하나님의 심판은 사람이 태어나면서 얻게 된 특권이나 권리 혹은 사람들과 살아가면서 이룬 업적 등에 영향을 받지 않는다. 오직 계시하신 그 진리에 어떻게 응답하는가에 따라서만 판단하신다. 또한 이 심판은 개개인을 향해 이루어진다. 각 사람의 소속이 무엇이었는지는 하나도 중요하지 않다. 그렇기 때문에 하나님의 택하심을 받았다고 하는 유대인 신분이 있느냐 없느냐도 전혀 상관없다. 심지어 그리스도인이냐 비그리스도인이냐라는 구분과도 상관없다(참고, 히 10:30; 12:23; 벧전 4:17). 오직 각 사람이 무엇을 행했는가에 따라 결정된다. 하나님은 어제나 오늘이나 영원토록 동일하신 분이시기에 그분의 심판 원리는 언제나 같다.

둘째, 하나님이 평가하시는 기준은 선을 행했는가 그렇지 않은가이다. 선을 행하는 자는 하나님의 긍정적 응답을 얻는다. 영생을 주신다고 말한 것에 의하면(롬 2:6, 10) 구원이 가능하다는 것이다. 즉 선을 행하는 자는 구원을 얻을 수 있다는 말이다. 얼핏 보기에 이것은 행함이 아니라 믿음으로만 구원 얻을 수 있다고 말한 바울 서신의 다른 부분(예, 엡 2:8-9)과 상충되는 듯하다. 하지만 이 선이 무엇을 의미하는지 분명히 할 필요가 있다. '선하다' 혹은 '악하다'라는 표현은 기본적으로 어떤 기준을 전제로 그것에 따른 평가를 내포하고 있다. 어떤 기준으로 평가하느냐에 따라 다를 수 있다는 것이다. 그런데 로마서 본문에서 말하는 선은 인간 사회에서 통용되는 기준을 의미하는 것이 아니다. 창조주라는 절대적 기준의 문제이다. 로마서 2:8에서 선을 행하는 사람의 반대 모습을 악이라는 단어 대신 "진리를 따르지 않는 사람"이라고 말한 것에서 알 수 있다. 이 진리라는 표현은 로마서 1:18-20에서 언급한 것으로서 피조물을 통해 드러낸 창조주의 속성을 의미한다. 결국 로마서 2:6-11에서 말한 선과 악이라는 것은 절대적 기준인 창조주에 대한 두 가지 반응을 말하는 것이다. 그분을 삶의 기준으로 삼는 것을 거절하면 악이 되고 수용하면 선이 된다. 이것은 예수를 믿지 않는 자에게도 통용되는 원리이다. 로마서 1:28에 의하면 모든 사람들은 자신의 가치와 사고 체계 속에서 하나님을 기준으로 삼지 않는 근원적인 죄를 짓고 삶 속에서 그것을 표현하는 죄악을 갖고 있기에 악하다고 말할 수 있다. 그에 대해 부정적인 것으로 심판하시는 것이 하나님의 원리이다. 이것은 예수를 믿는 것에도 적용된다. 예수를 믿는 다는 것은 회개를 통해 하나님을 기준으로 받아들인다는 것이다. 로마서 2:6-11의 원리에 의하면 선이다. 그렇기 때문에 하나님이 그런 자들에게 긍정적인 응답, 즉 구원을 주시는 것은 그분의 심판 원리에 어긋나는 것이 아니다. 물론 사람이 얼마만큼 선을 행할 수 있는가는 다른 문제이다. 나중에 예수를 통해 구원 얻는 과정을 설명할 때 다룰 것이다. 지금 말할 수 있는 것은 예수를 믿는 사람이나 그렇지 않은 사람이나 행한 대로 심판하시는 하나님의 원리는 동일하게 적용된다는 것이고, 그 기준은 창조주 하나님에 대한 반응이다.

지금까지 살펴본 바울의 설명에 의하면 모든 사람이 하나님의 심판을 통해 긍정적 결과를 얻을 가능성은 없다. 그 원인은 인간 개개인의 죄이다. 창조주를 거절한 가치 체계 안에서 살아가는 근원적인 죄와 그로 인해 파생된 죄악들 때문이다. 바로 이런 죄로 인해 공평한 재판장이 부정적 진노의 모습으로 응답하시는 것이다. 그러므로 그 죄 문제에 대한 해결이 없는 한 하나님의 긍정적 응답인 구원은 없다. 이것을 도식화 하면 다음과 같다.

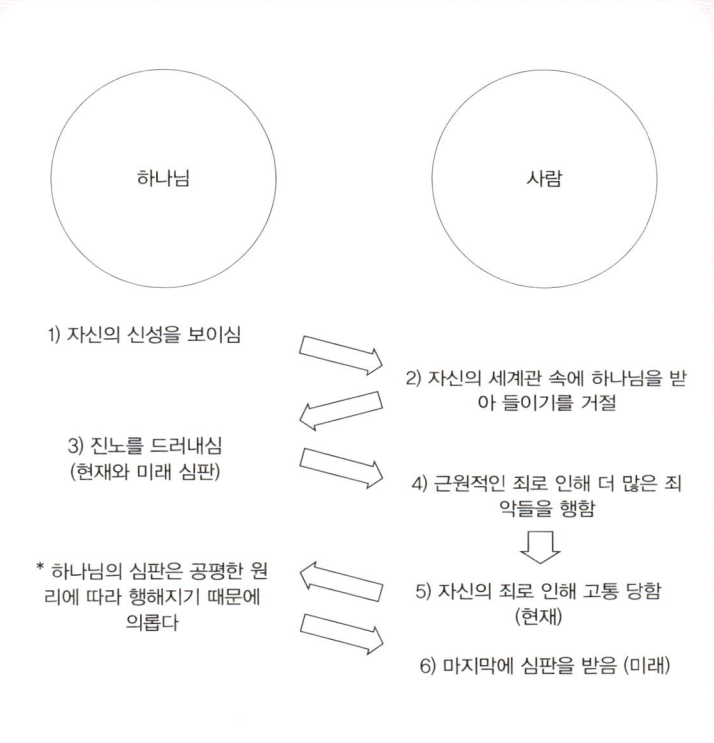

02 두 영역 설명 틀에 의한 설명

1. 인간 문제의 기원과 현 상황

상호 작용 설명 틀이 하나님과 사람 사이에 벌어지는 상호 작용을 중심으로 구원을 설명했다면, 두 영역 설명 틀은 사람이 속해 있는 관계 영역을 중심으로 구원 과정을 설명한다. 두 영역 설명 틀은 각 영역 안에서 벌어지는 상호 작용 과정도 포함하고 있는 큰 그림을 제공하는데, 이 설명 틀에 의하면 구원 이전과 이후의 상태가 확연히 구분된다. 구원 이전은 하나님과 상관없는 어둠의 옛 영역에 속해 있는 상태이고 구원 이후는 하나님과의 관계가 회복된 빛의 새 영역에 속해 있는 것이다. 이 두 상태의 대조를 잘 보여주는 본문은 로마서 5:12-21이다.[44] 특별히 이 부분은 하나님을 반역하는 영역의 시작과 결과의 모습에 대한 설명도 담고 있다.

사람들의 상태와 관련한 로마서 5:12-21의 설명은 두 가지 축을 중심으로 진행된다. 한 가지는 시간 흐름에 따른 역사적 진행이다. 로마서 5:12-21은 기본적으로 시간 흐름을 따라 설명하는데, 그 중심 사건은 메시아(그리스도)가 오신 것이다. 메시아를 중심으로 로마서 5:12-14은 그분이 오시기 이전의 상황을 다루고, 로마서 5:15부터는 이후의 상황을 설명한다. 이 모든 것의 시작은 창세기의 아담이다.

아담이 하나님께 불순종함(롬 5:18-19)으로 죄가 시작되었고 그 죄로 인해 죽음이 시작되었다(롬 5:12). 죄와 죽음이 서로 연결되었고 그 상황은 율법과 관련한 모세 시대까지 이어지며 장차 오실 완전한 아담인 메시아를 기대하는 것으로 연결된다(롬 5:13-14). 메시아 예수 이후는 이전과 상황이 다르게 전개된다. 이전에는 죄와 죽음의 연결만 있었는데, 메시아 이후에는 두 가지의 상태로 구분된다. 하나는 죄와 죽음의 연결이 있는 이전 상태이고, 다른 하나는 그것과 반대되는 죄와 죽음의 연결이 끊어진 새로운 상태이다. 바울은 이 둘을 대조하여 설명하는데, 구원과 관련한 긍정적 상태는 미래형 표현을 담고 있다(롬 5:17: "왕노릇 할 것이다"]; 롬 5:19: "[많은 사람이 의인이] 될 것이다"). 이런 관찰을 정리하면 로마서 5:12-21의 내용은 아담 → 모세 → 메시아 예수 → 죄와 죽음의 연결 대 죄와 죽음의 연결 깨짐(현재) → 온전한 구원(미래)이라는 흐름을 갖고 있다.

사람들 상태를 설명하기 위해 로마서 5:12-21이 사용하고 있는 또 다른 축은 공간적 요소이다. 영토와 관련한 물리적 공간이라기보다는 어떤 존재가 사람들에 대해 영향력을 미치는 범위 혹은 영역이라고 할 수 있다. 그 영역의 범위는 모든 사람을 포함한다. 로마서 8:19-22에 의하면 그 범위는 모든 피조물까지 포함하지만 이에 대한 설명은 아래에서 하기로 하고, 여기서는 로마서 5:12-21이 보여주는 사람들 상태에만 집중하겠다. 대조되는 두 영역 중 하나는 아담을 시작점으로 한, 죄와 죽음이 연결되어 사람을 통치하고 있는 영역이다. 아담이 하나님께 불순종하는 범죄로 인해 죄가 들어왔고 그 죄로 인해 죽음이 들어왔다. 하나님과 상관없는 어둠의 통치 영역이 시작된 것이다. 이후의 모든 사람들은 죄와 죽음이 영향력을 미치는 영역에 속하게 되어 그 통치 결과를 당하며 산다. 아담처럼 많은 사람이 심판을 받아 정죄에 이르게 되고 죽음을 맞는 것이다. 어떤 사람도 이 상황에서 벗어날 수 없다. 한편, 로마서 5:12-21은 또 다른 영역이 있음도 말해준다. 그 시작점은 메시아 예수이다. 죄와 죽음이 연결된 아담의 영역에 대한 반전이 그를 통해 시작되었다. 정죄 대신 은혜가 있고 죽음 대신 생명이 있는 새 영역이 열린 것이다. 이렇듯 로마서 5:12-21은 시간 흐름을 따라 역사에 나타난 아담과 예수라는 서로 다른 시작점을 가진 두 영역의 모습을 통해 사람들의 상태를 설명한다. 이제 이 부분이 보여주고 있는 구원 받기 이전 사람들의 상태를 살펴보자.

구원 받기 이전 사람들이 속한 아담 영역의 특징 중 하나는 죄와 죽음이 사람들을 통제하는 세력으로 존재한다는 점이다. 로마서 5:12-21에서 표현하고 있는 죄와 죽음에 대한 묘사에서 찾을 수 있다. 첫 묘사는 로마서 5:12부터 시작된다. 아담의 범죄로 인해 죄가 들어왔고 그 죄로 인해서 죽음이 들어왔다. '들어왔다'는 표현은 그 이전에는 없었는데 새로 생긴 것을 말한다. 하나님의 창조에는 범죄의 요소가 없었고 그로 인한 죽음의 요소도 없었다. 역사의 어느 순간 사람들에 의해 그들이 살아가는 삶의 영역에 생겨난 것이다. 뿐만 아니라 본문은 이 죄와 죽음을 동사의 주어로 표현해서 마치 사람처럼 어느 영역 안으로 이동할 수 있는 존재로 묘사한다(롬 5:12). 더 나아가 바울은 이 죄와 죽음을 사람들에 대해 왕노릇하는 어떤 존재로 묘사한다. 마치 죄(롬 5:21)와 죽음(롬 5:14, 17)이 왕이 되어 통치하고 사람들은 그것들의 다스림을 받는 상황에 놓여 있다. 이런 묘사에 의하면 사람은 더 이상 자기 삶의 주인이나 왕이 아니라 누군가의 통제를 받는 존재이다. 사람들의 실제 삶은 바울의 이런 이해가 사실임을 인정하게 한다. 왜냐하면 모든 사람은 죽음을 이길 수 없기 때문이다. 얼핏 보기에 사람들은 왕처럼 자신의 생명과 삶을 다스리며 사는 듯 보이지만, 실제로는 죽음이 마지막 시간을 유예시켜 주고 있기 때문에 숨 쉬고 있는 것이다. 만일 죽음이 삶을 거두어 가면 인생이라는 것은 끝나게 된다. 죄에 대해서도 마찬가지이다. 사람이 죄를 행하는 것이기에 사람이 주인인 것처럼 보이지만, 실상은 죄가 사람을 지배한다는 것이다. 죄의 본질은 하나님이 아닌 자신을 하나님으로 섬기며 사는 것인데, 사람은 그 죄의 유혹을 이겨본 적이 없다. 오히려 그 죄의 명령에 순종하며 산다. 사람은 죄 위에 있는 주인이 아니라 그 밑에 있는 종이다. 이런 면에서 본문의 묘사는 사실을 담고 있다. 모든 사람은 죄와 죽음의 통제 아래 있다.

아담의 영역에 속한 사람들의 또 다른 특징은 스스로 죄와 죽음의 악순환을 만들고 그 안에서 산다는 것이다. 죄와 죽음이 사람들을 통제하지만 그것들이 세상에 처음 들어 온 것은 아담이라는 한 사람의 범죄 때문이다(롬 5:12, 18, 19). 창세기 3장에서 언급된 것처럼 하나님을 자기 삶의 기준으로 두는 것을 거절한 근원적인 죄와 그로 인해 하나님이 명령한 것을 어기고 선악을 알게 하는 나무의 열매를 따 먹은 죄악을 행했다. 로마서 5:19의 표현처럼 하나님께 순종하지 않은 것이다. 죄의 결과로 죽음이 생겨났는데, 이것은 하나님의 심판이다(창 3:19). 하지만 죄와 죽음의 연결은 아담에게만 국한된 것은 아니다. 아담을 넘어 모든 사람으로 번졌고 역사 속에 살았던 사람들 모두 그 결과를 경험하며 살았다. 아담 이후 죄가 사망 안에서 왕노릇 하기 때문이기도 하지만(롬 5:19) 그 안에서 각 사람들 스스로가 죄를 지어 정죄 받고 죽음의 통치 안으로 들어갔기 때문이기도 하다(롬

5:12). 물론 그들은 아담이 선악을 알게 하는 나무 열매를 따 먹을 것과 동일한 것을 행하지는 않았다. 하지만 아담처럼 하나님을 거절하는 근원적인 죄의 모습을 공유하고 있는 것은 사실이다. 또한 형태는 다를지라도 근원적인 죄를 자기 나름대로 표현하는 죄악의 삶의 모습도 가지고 있다. 단지 율법이 전해지기 이전 사람이거나 혹은 율법을 모르는 사람들은 자신이 하고 있는 죄를 어떻게 정의할지 모르는 것뿐이다. 죄는 여전히 그들 가운데 있다. 그들 모두가 죽음의 통제를 벗어나지 못했다는 것이 그 증거이다(롬 5:14). 죽음이 죄와 연결되어 있기 때문이다. 이 모습은 현재도 마찬가지이다.

결론적으로 두 영역 설명 틀에 의하면 사람들은 기본적으로 어둠의 옛 영역에 속해 있으며 죄와 죽음의 통치 아래 있는 존재이다. 하나님과 상관없는 영역 속에 있기에 하나님께서 그 영역을 심판하실 때 함께 망할 수밖에 없다. 문제는 인간 스스로가 그런 부정적인 상황을 자초했다는 것이다. 아담의 죄로 인해 어둠의 옛 영역이 시작되었지만 모든 세대 모든 사람들이 죄를 선택하고 따르고 있기에 죄의 결과인 죽음의 지배를 계속해서 받고 있는 것이다. 한마디로 죄와 죽음의 통치 안에서 그것들의 지배를 받고 따르기를 좋아하기에 그 안에서 나올 수도 없을뿐더러 탈출하고 싶지 않은 것이다. 이것이 아담 이후 메시아를 통해 구원을 경험하지 못한 모든 사람들의 문제 상황이다(참고, 엡 2:1-3). 이 모습을 두 영역과 상호 작용 설명 틀로 정리하면 (1) 하나님을 향한 아담의 부정적 상호 작용 → (2) 어둠의 옛 영역이 시작됨 → (3) 아담 이후 모든 사람들이 그 안에 속하게 됨 → (4) 죄와 죽음의 지배를 받게 됨 → (5) 그 안에서 사람들이 계속해서 부정적 상호 작용을 함 → (6) 어둠의 영역의 지배가 더 견고해짐 → (7)

하나님의 진노를 결코 벗어날 수 없음으로 요약할 수 있다.

2. 인간 문제 상황에 대한 또 다른 현실: 사탄과 그의 영향력

로마서 5:12-21은 하나님 진노 아래 있는 인간 문제 상황의 기원과 그에 대한 전체 모습을 보여준다. 사람이 죄를 범함으로 죄와 죽음이 지배하는 영역이 생겼고, 그 안에서 사람들은 죄와 죽음의 악순환에서 벗어나지 못하고 있다고 말한다. 그런데 성경은 죄와 죽음 외에 인간의 문제 상황에 대한 또 다른 요소가 있다고 말한다. 즉 어둠의 영역에 영향을 미치는 사탄이다. 에베소서 2:1-3은 이런 상황을 잘 보여준다.

에베소서 2:1-3은 두 영역 설명 틀과 관련해 사람이 처하고 있는 실존적 상황을 다루고 있다. 특별히 하나님의 우주적 구원 과정을 설명한 에베소서 1:3-14와 연결해서 구원 받기 이전의 모습을 설명한다. 우리말 개역개정 성경은 "그는 허물과 죄로 죽었던 너희를 살리셨도다"라고 표현함으로써 에베소서 2:1에 구원 얻는 과정도 있는 듯이 번역했다. 하지만 성경 원문의 구조에 의하면 에베소서 2:1-3 전체는 '너희'라는 독자와 '우리'라는 저자가 구원 받기 이전의 모습을 설명하는 것이다. 구원 받는 과정은 에베소서 2:4에서부터 나타난다. 이 부분 묘사에 의하면 구원 받지 못한 모든 사람은 허물과 죄로 죽을 상태이다. 하나님을 향한 죄로 인해 생명의 관계에서 끊어진 것이다. 바울은 이 상태를 에베소서 2:2-3에서 꼬리물기 방법으로 부연 설명한다. 그의 설명에 의하면 허물과 죄로 죽은 상태란 그런 것들 안에서 걸어왔던 삶을 의미한다. 이 세상 풍조를 따라 산 것인데, 곧 공중 권세 잡은 자를 따르며 산 것이다. 공중 권세 잡은 자란 현재 불순종의 아들들 가운데 역사하는 영으로 사탄을 말한다. 바울을 포함한 '우리'도 과거에는 그 불순종의 아들들 가운데 속해 있어서 육체의 욕심 안에서 육체와 마음이 원하는 것들을 하면서 살았었다. 그래서 비록 지금은 구원 받은 상태이지만, 이전에는 여느 불신자들처럼 하나님의 진노를 받을 수밖에 없던 상태였다고 말한다.

이런 설명에 의하면 구원 영역 밖에 있는 모든 사람들은 하나님을 향한 자신의 죄 때문에 하나님의 진노를 경험하는 대상이 되었고 그분의 참 생명이 없는 죽은 자와 같은 상태이다. 상호 작용 설명 틀에서 보여준 인간의 문제 상황과 동일하다. 특별히 에베소서 2:3에서 말한 상황, 즉 스스로의 욕심을 따라 하나님이 아닌 자기가 원하는 것을 행함으로 하나님으로부터 부정적 응답(진노)을 받을 수밖에 없다는 것은 전형적인 상호 작용 설명이다. 그런데 에베소서 2:1-3은 상호 작용 설명 틀에서는 언급하지 않았던 인간의 또 다른 문제 요소들을 보여준다. 모두 두 영역 설명 틀과 관련이 있다.

첫째는 '이 세상'과 그것의 영향력이다(엡 2:2). '이 세상'이란 단순히 사람들이 살고 있는 환경을 의미하는 것이 아니다. 하나님 나라 개념과 관련해 하나님의 통치를 거절하는 영역 혹은 세대를 말한다. 두 영역 설명 틀 속에 있는 어둠의 옛 영역으로서 로마서 5:12-21에서 말한 아담 이후 죄와 죽음이 지배하는 영역이다. 상호 작용 설명 틀에 의하면 인간은 마치 외부적 영향 없이 스스로 생각하고 판단할 수 있는 존재로 묘사된다. 하나님이 먼저 보이신 것에 대한 사람의 반응에 초점을 맞추어 설명하기 때문이다. 하지만 현실에는 그것만 있는 것이 아니다. 사람은 반드시 외부와 관계를 맺고 영향력을 주고 받으며 살아간다. 아무 것도 없는 진공 상태에서 혼자 살아가는 존재가 아니기 때문이다. 사실 이 땅에 태어나는 것 자체가 부모나 형제 혹은 친척이나 더 넓게는 사회 다른 구성원의 영향력이 존재하는 환경 속에서 삶을 시작한다. 문제는 그 환경이 하나님의 통치와 상관없는 '이 세상'이라는 것이다. 사람들은 그 안에서 하나님과 무관한 관계와 영향력을 주고 받으며 산다. 거기에서 벗어난 완전한 독립은 없다. 그렇기 때문에 자신이 원하든 원하지 않든 하나님과의 관계를 거절하는 죄와 그 결과에서 완전히 자유로운 사람은 없다. 이것이 모든 사람이 처한 현실이다.

둘째는 공중 권세 잡은 자와 그의 영향력이다(엡 2:2). 사람들이 살고 있는 '이 세상'은 인간과 인간 혹은 인간과 물질의 관계만 존재하는 것이 아니다. 보이지 않은 영적 차원이 있다. 특별히 하나님 통치를 거절하는 '이 세상'은 반역 세력의 우두머리가 있다. 사탄이다. '이 세상' 문화나 생각의 흐름을 주도하며 사람들로 하여금 자신의 영향력을 따르도록 부추긴다. 사탄이 '이 세상'에서 사람들을 통제하는 가장 중요한 방법은 거짓말이다. 그는 처음부터 거짓말쟁이였다(요 8:44; 요일 3:8). 아담과 하와가 하나님과의 관계를 깨뜨리도록 만든 것도 하나님처럼 될 수 있다는 거짓말로 속였기 때문이다. 지금도 사탄은 거짓말을 통해 사람들로 하여금 하나님을 거절하도록 부추긴다. 사탄과 '이 세상'이 멸망하여 없어지기 전까지는 그 영향력에서 자유로운 사람은 없다.

셋째는 '따라 걷는다[산다]'는 표현이다(엡 2:2). 이 세상에 거하면서 공중 권세를 잡은 사탄의 영향력을 받고 사는 사람들이 그 영향력을 극복하고 승리하고 산다면 얼마나 좋을까? 현실은 그렇지 않다. 사람들은 '이 세상'과 사탄의 영향력을 따르며 산다. '~에 따라'('카타[κατά]')라는 표현 자체는 상하 관계를 의미하지는 않는다. 영향력을 받으며 그것에 동의하여 산다는 의미이다. 그러나 실제 삶의 모습에서 인간은 그 영향력 위에 있어 본 적이 없다. 오히려 하나님을 반영하는 그 영향력의 노예로 살아간다. 얼핏 보기에 자기 육체를 따라 지내고 자기 육체와 마음이 원하는 것을 행한다는 에베소서 2:3의 표현은 마치 인간 스스로가 삶의 주인이 되어 자신이 결정하고 행하는 것처럼 보인다. 그러나 실제로는 로마서 5:12-21에서처럼 자신을 하나님 위치에 놓고 오직 자기 이익만을 극대화하려는 죄의 노예로 살아간다. 뿐만 아니라 그런 생각을 끊임없이 자극하고 그것이 최선의 길이라고 거짓말하여 사람들로 하여금 하나님과 상관없는 삶을 살도록 부추기는 사탄과 '이 세상'의 말을 충성스럽게 따른다.

결론적으로 에베소서 2:1-3에 의하면 구원 받기 이전 사람들은 하나님을 거절하는 어둠의 영역인 '이 세상'에 속해 있으며 그 안에 있는 구성 요소들과 관계를 맺고 영향력을 주고 받으며 살고 있다. 특별히 그 영역의 우두머리인 사탄의 영향 아래서 그것을 따르며 산다. 그렇다고 해서 인간 문제 상황을 전적으로 사탄의 책임으로 돌릴 수는 없다. 비록 '이 세상'에서 사탄의 영향력 아래 살지만 사람 스스로가 사탄의 거짓말을 따르고 선택하여 하나님을 거절하고 자신만을 위해서 살기 때문이다. 하나님에 대한 인간의 부정적 반응을 선택하는 것이다. 이런 상황에 놓인 인간은 절대로 스스로를 구원할 수 없다. 사탄의 영향과 '이 세상'의 영향력에서 벗어날 수 없을뿐더러(두 영역 설명 틀) 인간 스스로가 그들의 영향력을 따라 선택하고 결정하여 하나님을 계속해서 거절하는 불순종의 자녀가 되기를 좋아하기 때문이다 (상호 작용 설명 틀). 로마서 5:12-21의 설명과 동일하다. 그렇기 때문에 그들은 하나님의 진노를 피할 수 없는 진노의 자녀들이다. 아니, 이미 그들은 하나님의 진노로 인한 죽음의 선고를 받고 있는 자들이다.

3. 회복을 기대하는 세상의 상태

상호 작용 설명 틀은 하나님과 사람과의 관계에만 집중한다. 문제 상황도 인간에만 국한시켜 설명한다. 하지만 성경은 두 영역 설명틀을 사용하여 하나님의 진노 아래 있는 인간의 문제 상황이 인간 외 다른 피조물의 상태에도 연결되어 있음을 말한다. 특별히 로마서 8:19-22에는 그 모습이 잘 나타나 있다.

로마서 8:19-22는 예수로 인해 열려진 구원의 새 영역을 설명하는 문맥 속에 있다. 특별히 신자들이 경험하는 '이미와 아직'의 문제 상황을 다루는 과정에서 언급된다. 신자는 예수를 통해 어둠의 옛 영역에서 하나님이 다스리는 새 영역으로 옮겨 온 자들이다. 구원의 현재 상태이다. 하지만 아직 완성의 상태를 누리는 것은 아니다. 그 두 사이에 끼어 살기에 어려움을 겪을 수밖에 없음을 말한다. 그런데 바울은 미래에 있을 회복을 기다리는 것이 인간적 차원에만 국한된 것이 아님은 로마서 8:19-22에서 말한다. 모든 피조물 역시 동일하게 모든 것을 완전케 하는 구원의 완성을 기다리고 있다는 것이다. 바울의 이 표현을 뒤집어 이해하면 피조물들이 처한 현재 상황을 엿볼 수 있다.

로마서 8:19-22에서 묘사된 피조물의 상황은 크게 세 가지 모습으로 정리할 수 있다. (1) 고통을 당하고 있는 부정적 상태이다. 허구한 데 굴복하고 썩어짐의 종 노릇을 하고 있으며, 그로 인해 탄식하고 고통을 겪고 있다. (2) 현재 당하고 있는 고통의 이유이다. 허무한 데 굴복하게 하신 분이 그렇게 만들었기 때문이다. (3) 피조물들이 기대하는 미래 상태의 소망이다. 썩어짐의 종 노릇한 데서 해방되어 하나님 자녀들의 영광의 자유에 이르는 것이다. 이것을 위해서 피조물은 하나님 아들들이 나타나는 것을 기대한다. 시간적으로 보면 (1)과 (3)은 현재 상황에 대한 것으로 과거와 연결된 현재 상태(1)와 미래와 연결된 현재 상태(3)를 다룬다. (2)는 순전히 과거 상황에 대한 것이다. 하나씩 짧게 살펴보자.

먼저 생각해 볼 것은 (2)의 상태이다. 피조물의 현 상황 곧 썩어짐의 종 노릇을 하고 있는 이유로서 시간적으로 과거의 것이다. 창세기 3장에서 언급된 아담의 죄와 그로 인한 결과와 관련이 있다. 아담은 하나님을 거절하여 선악을 알게 하는 나무 열매를 먹었고 하나님은 그것에 응답하여 벌과 저주를 내리셨다. 그 중 하나가 땅이 아담으로 인해 저주를 받는 것이었다(창 3:17). 이 저주는 아담이 갖고 있는 위치와 관련이 있다. 하늘과 땅의 모든 것을 창조하신 하나님은 첫 사람 아담에게 땅을 정복하고 공중과 육지와 바다의 모든 생물을 다스리라는 명령을 주셨다(창 1:28). 하나님의 대리자로서 혹은 대리 통치자나 왕으로서 그분이 창조하신 것을 잘 보호하고 다스리라는 것이다. 어떤 의미에서 모든 피조물에 대해 왕의 통치권을 가진 모습으로 이해할 수 있다.[45] 그런데 아담이 왕권을 주신 창조주 하나님을 거절하고 스스로를 궁극의 왕으로 세우는 범죄를 저지른 것이다(창 3:6-7). 이는 큰 반역이다. 이에 하나님은 아담에게 대리 통치자의 권위를 박탈하고 죽음의 벌을 내리셨다. 문제는 모든 피조물 역시 하나님의 저주를 받게 되었다는 것이다. 마치 한 나라의 왕이 통치를 잘 못하면 그 나라에 속한 사람들이 고통을 당하듯 말이다. 아담의 범죄로 인한 죄와 죽음의 연결은 사람의 범위를 넘어 모든 피조물에게로 확대된다.

아담의 범죄 결과는 지금까지 지속되고 있다. (1)와 (3)의 상태이다. (1)의 상태의 초점은 아담이 과거에 범한 죄로 인해 피조물들이 현재 당하고 있는 고통이다. 허무한 데 굴복하고 있고 썩어짐의 종 노릇을 하고 있다. 허무한 것이나 썩어짐은 같은 상태를 말하는 것인데, 죽음의 지배를 받고 있다는 것이다. 실제로 인간처럼 모든 피조물에게도 영원이란 단어는 어울리지 않는다. 인간에게 생로병사의 과정이 있듯이 존재하는 모든 것은 반드시 죽음 혹은 없어짐의 과정을 겪기 때문이다. 이런 모습은 로마서 5:12-21에서 설명한 상태가 확장된 것으로 이해할 수 있다. 다시 말해, 로마서 5:12-21에서는 죄와 죽음의 지배가 인간 상태와 관련해 언급되었다면, 로마서 8:19-22는 그 죽음의 지배가 모든 피조물에도 미친다는 것을 말하는 것이다. 죽음의 지배가 인간에게 고통인 것처럼 모든 피조물에게도 고통이다. 죄로 망가진 '이 세상'은 하나님의 선한 창조 질서가 온전히 미쳐지지 않기에 온통 뒤죽박죽이고 종국에는 죽음이나 끝을 맞을 수밖에 없기 때문이다. 예를 들어 이사야 11:9는 장차 메시아를 통해 모든 것이 회복되는 그날에는 모든 것에 해 됨도 없고 상함도 없을 것이라고 말한다. 그런데 이것을 뒤집어 보면 현재는 그렇지 않다는 것을 의미한다. 마찬가지로 이사야 11:6-8에서는 이리가 어린 양과 함께 살고 표범이 어린 염소와 송아지와 사자와 함께 거하는 상태, 서로 죽이고 먹는 과정이 없는 상태가 메시아를 통해 이루어진다고 말한다. 이 역시 반대로 보면 아담 이후 지금까지 모든 피조물은 죽음이 지배하는 영역 속에서 생존의 피비린내 나는 고통을 계속 경험하고 있다는 것을 말한다.

성경은 이 과정에 속해 있는 피조물들이 장차 있을 영원한 회복을 기대한다고 한다. 위에서 언급한 (3)의 상태이며 미래와 잇닿아 있는 현재의 모습이다. 피조물들의 기대는 썩어짐의 종 노릇에서 해방되는 것이다. 하지만 현실은 여전히 어둡다. 피조물들도 영광의 회복을 기대하지만 여전히 죽음의 통치가 지배하는 현재를 살고 있기 때문이다.

4. 율법의 기능과 한계

율법은 원래 하나님과 사람 사이에 맺은 언약 관계를 배경으로 그 관계 안에 있는 사람들에게 주어진 것이다. 기본 기능은 보이지 않는 창조주의 뜻을 계시함으로써 사람들로 하여금 하나님과의 언약 관계를 유지할 수 있도록 돕는 도우미 역할을 한다. 그 율법을 지키면 하나님과의 관계가 계속 유지되고 지키지 않으면 유지되지 않는다. 율법을 지킨다는 것은 그것을 주신 하나님의 뜻을 좇아 그분을 소중히 여기며 산다는 것이기에 관계가 유지되는 것이다. 반대로 지키지 않는다는 것은 그분과의 관계를 소중히 여기지 않고 그분의 뜻을 무시한다는 것이다. 그러면 관계가 유지될 수 없다. 이런 면에서 율법은 상호 작용 설명 틀로 보면 하나님을 향한 사람들의 반응을 규정짓는 기준을 제공하는 동시에 그 결과를 결정짓는 기준이기도 하다. 다시 말해, 율법을 통해 계시된 창조주의 뜻을 거절하는 부정적 반응은 율법에 따라 부정적 결과를 받게 되고, 그것에 순종하는 긍정적 반응은 역시 율법에 따라 긍정적 결과를 경험하게 된다는 것이다(참고, 롬 2:12). 그렇다면 두 영역 설명 틀에서는 어떨까?

한 개인의 상호 작용을 중심으로 한 설명 틀과 달리 영역 개념은 보다 넓은 사회성과 통치 개념을 담고 있다. 그렇기 때문에 두 영역 설명 틀 속에서 율법은 상호 작용 설명 틀 속에서와는 다른 위치와 기능을 갖고 있다. 첫째, 율법이 가지고 있는 사회적 기능이다. 창조주의 뜻을 드러내는 율법의 기능은 사람들에게 하나님을 계시하는 역할을 한다. 수직적 기능이라고 할 수 있다. 하지만 율법은 그런 기능 이외에도 율법을 가진 사람과 그렇지 않은 사람을 구별하는 기능도 한다. 율법을 소유했다는 것은 하나님과 언약 관계를 맺고 있다는 말이고 율법이 없다는 것은 언약 관계 밖에 있다는 말이기 때문이다. 유대인과 비유대인을 율법의 소유 여부로 구분하는 것은 그 한 예이다(참고, 롬 2:12). 하지만 하나님과의 언약 관계는 단순히 인종이나 혈통으로 결정되는 것이 아니다. 그렇기 때문에 유대인이라는 것 혹은 율법을 알고 있다는 것만으로 하나님과 진정한 언약 관계 안에 있다고 말할 수는 없다. 그 율법을 행함을 통해 하나님과의 관계 안에 있음을 보여야 한다. 이런 면에서 율법을 통한 사회적 구분은 상호 작용 설명 틀과 관련해 사람들이 율법을 행해야 하는 것을 수반한다. 그럼에도 불구하고 율법이 하나님의 백성과 그렇지 않은 사람들을 구분하는 역할을 하는 것은 분명하다.

둘째, 율법의 한계이다. 율법의 기본 기능은 창조주 하나님의 뜻을 드러내는 것이다. 그렇기 때문에 율법은 사람들로 하여금 선과 악이 무엇인지를 분별하는 기준 역할도 한다. 그럼에도 불구하고 문제는 이 율법이 죄와 죽음이 지배하는 '이 세상' 사람들을 향해 주어졌다는 것이다. 그들은 사탄의 통치 아래 살면서 하나님 대신 거짓을 따르고 있기 때문에 자연스레 율법의 주된 기능은 그들 행위가 죄라는 것을 드러내는 것이 될 수밖에 없다(롬 3:20; 5:13; 7:7). 그래서 율법이 와서 사람들에게 하나님의 뜻을 더 많이 가르쳐주면 줄수록 죄의 항목이 더 늘어나게 된다(롬 5:20). 단순히 죄를 더 짓게 되는 것이 아니다. 자신들이 행하고 있는 것이 죄인 것을 인식하는 지식이 더 많아진다는 것이다. 그런데 더 심각한 상황은 율법은 사람들로 하여금 죄를 행하지 못하게 만들 힘이 없다는 것이다. 심지어 죄가 율법을 통해서 사람들이 하나님을 거역하고 그분이 싫어하시는 것을 더 하도록 조장하는 통로가 되기도 한다는 점이다. 로마서 7:7-25는 이런 상황을 잘 설명하고 있다.

로마서 7:7-25는 죄와 사람과 율법과의 관계를 설명하는 부분으로서 로마서 7:7-12과 13-25의 두 부분으로 구분할 수 있다. 로마서 7:7-12는 7:5에서* 말한 육신으로 대변되는 어둠의 옛 영역에 있는 사람들의 상태와 관련이 있다. 율법이 죄를 드러내는 역할을 함에도 불구하고 죄를 막기는커녕 오히려 죄의 정욕이 더욱 활발하게 일하게 하는 조력자가 되어 결과적으로 죽음을 향한 열매들이 더욱 많이 맺히게 했다는 것이다. 그렇다면 율법이 문제가 있는 것인가? 율법이 죄인가? 로마서 7:7-12은 이런 질문을 시작으로 구원 이전의 옛 영역에서 죄와 율법과 사람과의 관계성을 설명한다.[46] 이 문제에 대한 바울의 첫 진술은 율법에는 문제가 없다는 것이다(롬 7:7). 왜냐하면 율법의

---

* 로마서 7:5: "우리가 육신에 있을 때에는 율법으로 말미암는 죄의 정욕이 우리 지체 중에 역사하여 우리로 사망을 위하여 열매를 맺게 하였더니."

본래 기능은 죄를 드러내는 것인데, 율법을 그것을 충실하게 하고 있기 때문이다. 죄가 문제이다. 죄가 기회를 타서 사람들로 하여금 하나님의 뜻을 알려주는 율법 계명들을 자신의 탐욕을 성취하는 도구로 만들게 한 것이다. 로마서 7:9-10은 율법 오기 이전과 이후의 상황 대조를 통해 이 모습을 설명한다. 율법이 오기 전에는 '나'라고 하는 사람이 살아 있었다. 죄를 짓지 않았다는 것이 아니라 죄를 죄로 인식하지 못해서 자기 마음대로 할 수 있었다는 의미이다. 그런데 율법이 온 후로는 죄가 살아나고 '나'라고 하는 사람은 죽었다. 율법이 왔지만 사람보다 죄가 더 힘이 있어 사람들을 통제하게 되었고 사람들은 그 죄의 노예가 되었다는 이야기이다. 이때 율법은 범죄한 사람들을 통제하는 수단으로 전락해서 사람들을 힘들게 하는 도구가 되었다. 사람들이 율법을 통해 죄가 무엇인지 알지만 그 죄를 이길 수 없다. 그리고 율법은 죄를 범한 사람에게 그 결과는 죽음이라는 것을 계속해서 알려주고 정죄한다. 죄가 율법을 통해 사람들을 더 괴롭히는 상황이 된 것이다.

이 상황을 동굴 속으로 피신한 사람의 예를 들어 설명할 수 있다. 어떤 사람이 비가 억수같이 오는 캄캄한 밤에 비를 피해 동굴에 들어갔다. 그 안은 상당히 넓고 깊었으며 캄캄했다. 그 사람은 주머니에 있는 손전등을 켰다. 그런데 바로 옆에 사나운 맹수가 있는 것을 알게 되었다. 맹수는 그 불빛에 눈을 뜨게 되었고 손전등을 갖고 있는 사람에게 달려 들었다. 그 사람은 얼른 피하며 저 멀리 도망갔다. 그 사람은 맹수를 이길 수 없었고 손전등도 맹수를 퇴치할 만할 물건이 아니었다. 하지만 손전등의 빛은 그 사람의 위치를 맹수에게 계속 알려주었고 맹수는 그 빛을 따라 계속 쫓아 왔다. 그 사람은 손전등을 버리고 싶었지만 그럴 수 없었다. 동굴이 어두웠기 때문에 그것을 놓으면 동굴은 바로 암흑이 되기 때문이다. 그 사람은 동굴을 나오고 싶었지만 그럴 수 없었다. 이미 너무 안쪽으로 들어와 버려서 출구가 어딘지 모르게 되었기 때문이다. 그 사람은 손전등을 버릴 수도 없고 가질 수도 없는 상태가 되었고, 맹수는 계속 그 빛을 따라 그 사람을 추격하는 상황이 되었다. 필자가 로마서 7:9-10에 있는 상황을 가지고 만든 이야기이다. 이야기 속에 등장한 동굴은 어둠의 옛 영역이고 맹수는 죄, 율법은 손전등이다. 비록 율법이 죄가 무엇인지를 알려주어도 사람이나 율법 자체는 죄를 억제하거나 이길 수 있는 힘이 없다. 그렇다고 어둠의 옛 영역을 스스로 벗어날 수도 없다. 그 안에서 인간은 계속해서 죄의 지배를 받으며 장차 임할 죽음을 기다리며 고통 가운데 살아가는 상황에 놓여 있다. 결국 인간의 문제 상황은 율법 때문이 아니다. 죄 때문이다. 사람들이 율법이 가르쳐주는 하나님의 뜻에도 불구하고 죄의 노예가 되어 죄를 추구하며 살기 때문이다. 그리고 율법은 그런 사람들을 더욱 옥죄고 저주하는 통로가 되었다(예, 갈 10; 골 2:14). 하나님의 심판의 모습을 드러내고 있기 때문이다.

어둠의 영역에 있는 죄와 율법과 사람과의 관계는 로마서 7:13-25에서도 계속 설명된다. 로마서 7:7-12는 죄와 율법을 사람 밖에 있는 어떤 것으로 설명했다면, 로마서 7:13-25는 사람 안에 있는 것들로 설명한다. 율법으로 인해 하나님의 선한 뜻을 알고 있는 사람은 그것을 따르려는 것도 있지만, 그 사람 안에 죄의 법, 죄의 영향력도 있다.[47] 사람은 그 둘이 싸우는 것을 경험하지만 결국은 죄의 영향력이 선함을 따르려는 것을 이긴다는 것이다. 그 둘 사이에 끼여서 매번 죄의 영향력이 승리하는 것을 경험하는 것은 고통스러운 일이다. 그런데 사실 죄의 영향력이 이긴다는 것은 하나님의 뜻이 아니라 자기가 원하는 욕심을 따라 선택한다는 의미이다. 어쩔 수 없이 따르는 것이 아니라 철저히 죄를 따르기로 결정하는 것이다. 순전히 인간의 책임이다. 그렇기 때문에 죄의 영향력이 이긴다는 것은 그 죄를 포기하고 싶지 않은 인간의 욕심이 이긴다는 것으로 이해해야 한다. 이런 상황은 로마서 7:7-12에서 설명된 것보다 훨씬 더 심각하다. 외부의 것은 도망이라도 가지만 내부의 것은 그럴 여지도 없기 때문이다. 이 상황에서 율법 자체는 아무런 도움이 되지 않는다. 단지 하나님을 뜻을 알게 하지만 가볍게 무시하고 넘길 수 있는 조항일 뿐이다. 그 안에 담긴 하나님의 진노와 심판의 실재를 경험하기 이전에는 말이다.

지금까지 살펴 본 두 영역 설명 틀에 의하면 인간에게 긍정적 희망은 없다. 사람이 하나님을 거절하는 부정적 상호 작용의 결과로 죄와 죽음의 연결이 시작되었고, 이 연결은 한 개인의 삶은 물론 사람과 사람 사이의 관계와 사회 전체를 지배하는 어둠의 옛 영역, 곧 '이 세상'의 통치자로 군림하게 되었다. 더 나아가 어둠의 옛 영역에는 거짓을 통해 사람의 생각과 마음을 하나님께로 멀어지도록 조종하는 사탄도 존재한다. 이 상황에서 인간은 한 없이 약하고 작은 존재일 수밖에 없다. 사탄과 죄와 죽음의 통치를 극복할 수 있는 능력이 없기 때문이다. 율법도 이런 상황을 해결하는데 아무런 도움이 안 된다. 단지 하나님의 뜻이 무엇인지를 알려주는 기능만 할 뿐이다. 더 나아가 율법은 죄의 도구가 되어 인간으로 하여금 하나님과 상관없는 삶을 살도록 더 자극하고 그런 죄의 모습을 정죄하는 통로 역할을 한다. 그런데 더 심각한 것은 사람들이 그 안에서 여전히 하나님을 거절하고 자신만을 위해 살려는 죄를 선택한다는 것이다. 해결의 실마리가 안 보이는 답답한 상황이다. 이 모든 상황은 하나님 진노를 야기시키는 원인이다. 인간은 현재 그 하나님의 진노를 반역의 통치 영역인 '이 세상' 안에서 경험하고 있고, 미래에 있을 그분의 온전한 심판과 진노에서 벗어날 수 없는 존재가 되었다. 이뿐 아니다. 죄와 죽음이 다스리는 이런 심각한 상황은 인간적 차원을 넘어 모든 피조물의 상황에도 영향을 미쳤다. 피조물도 인간이 죄를 통해 불러들인 죽음의 지배를 벗어날 수 없기 때문이다. 지금도 겪고 있고 앞으로도 계속 겪게 될 것이다. 한마디로 창조주에 대해 반역하고 있는 '이 세상'에 속한 모든 것은 하나님의 현재 진노와 미래 진노를 경험하게 될 것이다. 이것이 어둠의 영역 속에 있는 자들의 숙명이다.

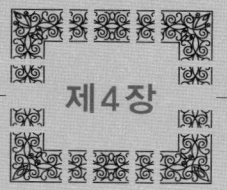

제4장

진노를 벗어나 하나님과의 관계 회복: 구원의 과정과 결과

01 상호 작용 설명 틀에 의한 설명

　창조주 하나님을 거절하는 부정적 상호 작용으로 인해 죄와 죽음과 사탄이 통치하는 '이 세상'에 속하게 되어 하나님의 진노 아래 있는 것이 인간의 실존이라면 이에 대한 해결책은 없을까? 성경은 인간적 해결 방법은 없다고 단호하게 천명한다. 사실 사람은 해결 방법을 찾고 싶지도 않고 찾아도 해결할 능력이 없다. 오직 '이 세상' 밖에서 하나님이 구원 과정을 먼저 시작하는 것 밖에 없다. 그 과정의 핵심은 예수이다. 이제 예수를 중심으로 한 구원 과정과 그 결과를 상호 작용 설명 틀과 두 영역 설명 틀을 통해 하나씩 살펴보자. 먼저 하나님과 사람 사이에 벌어지는 상호 작용으로 설명하는 방식이다.

1. 예수를 통한 하나님의 구원 활동: 긍정적 상호 작용의 첫 번째 과정

1) 구원을 위해 먼저 행하신 하나님

　하나님과 사람 사이에 벌어지는 상호 작용의 시작은 늘 하나님이 하신다. 그 과정은 언제나 선하고 긍정적이다. 부정적 상호 작용의 경우 하나님이 창조를 통해 자기 속성을 계시하심으로 시작한다. 선한 것이었다. 결과가 안 좋은 것은 사람들이 하나님이 시작한 선한 과정에 부정적으로 응답했기 때문이다. 죄로 망가진 결과들을 회복하는 긍정적 상호 작용 역시 하나님의 일하심으로 시작된다. 핵심은 예수를 통해 구원 과정을 돌리는 것이다. 그러나 그 시작은 하나님이 예수를 이 땅에 보낸 성육신 사건이 아니다. 이미 오래 전부터 회복을 위한 긍정적 상호 작용을 행하시고 계셨기 때문이다. 엄밀한 의미에서 그 시작은 창조 이전에 품은 하나님의 계획이라고 말할 수 있다.

에베소서 1:4-6에 의하면 하나님이 사람을 창조해 자신의 자녀로 입양하시는 계획을 창조 이전에 세우셨다고 말한다. 아직 사람들이 만들어지지도 않았을 때이고 창조주를 거역하는 죄도 없었을 때이다. 그때 이미 하나님은 사람들을 창조해 '아버지-자녀'의 관계로 만드시려는 계획을 세운 것이다. 사람들이 존재하지 않았을 때이기에 이 계획과 그것을 성취하시는 모든 과정의 주도권은 하나님께 있을 수밖에 없다. 에베소서 1:4-6은 하나님의 이 모습을 사랑과 거저 주시는 그분의 은혜로 묘사한다. 주목할 것은 입양을 통해 '아버지-자녀' 관계로 만든다는 표현은 구약에서 보여준 하나님과 사람 사이 언약 관계의 모습과 동일하다는 점이다. 창조 전의 계획과 구약 역사 속에 나타난 언약 관계가 서로 연결되어 있음을 말해준다. 시간 관계로 따지면 창조 전 계획이 우선이기에 구약의 언약 관계는 하나님의 창세 전 계획을 반영하는 그림자 혹은 단면으로 이해할 수 있다. 이런 점에서 하나님의 창조는 사람과 완전한 언약 관계를 이루기 위한 시작이며, 이후 역사는 그 계획을 신실하게 성취해가는 능력의 과정으로 볼 수 있다. 하나님의 사랑과 신실함을 계시하는 과정이다. 아담을 창조하시면서 복을 주시고(사랑을 보이시는 것) 생육하고 번성해서 하나님의 가족을 많이 만들고 하나님 대리자로서 세상을 잘 다스리라는 창세기 1:28의 내용은 하나님의 그런 마음을 잘 보여준다.

아담 이후 인간의 역사는 하나님께 호의적이지 않았다. 늘 부정적 상호 작용 모습만 보여주었고, 그로 인해 인간은 하나님으로부터 부정적 결과를 경험할 수밖에 없었다. 그럼에도 불구하고 창조 전에 가지고 있었던 사람에 대한 하나님의 사랑과 온전한 관계를 이루어 가시는 그분의 신실함은 멈추지 않았다. 특별히 주목할 것은 인간의 반역을 심판하는 현장 가운데 나타나는 하나님의 사랑과 신실함이다. 구약 모든 역사 속에 공통적으로 나타난다. 첫 시작은 창세기 3:15에 나온다. "내가 너로 여자와 원수가 되게 하고 네 후손도 여자의 후손과 원수가 되게 하리니 여자의 후손은 네 머리를 상하게 할 것이요 너는 그의 발꿈치를 상하게 할 것이니라 하시고". 아담과 하와를 거짓으로 꾀어 하나님께 반역하도록 부추긴 뱀을 하나님이 여자의 후손, 곧 메시아를 통해 심판하시겠다는 말씀이다. 비록 죄의 영역 주관자에 대한 심판이지만 죄로 망가진 사람들의 상황을 돌이키고 회복시킬 하나님의 의지가 담겨 있는 표현이다. 사람들을 향한 하나님의 사랑과 신실함은 창세기 3:21에서도 나타난다. 아담과 하와를 에덴에서 쫓아 내면서도 그들에게 가죽 옷을 지어 입히신 것이다. 이 옷은 그들이 하나님을 거역하고 난 후 무화과 잎으로 자신을 가린 것과 대조된다. 무화과로 만든 것은 사람이 만든 임시 가리개이지만, 가죽 옷은 하나님께서 보호를 위해 주신 것이다. 심판의 현장에서도 아담과 하와를 생각하시는 하나님의 배려가 보인다.

심판 한복판에 나타나는 하나님의 사랑과 신실함은 노아 홍수 사건에서도 잘 드러난다. 아담 이후 인간은 하나님을 향한 부정적 상호 작용을 멈추지 않았고, 하나님은 호흡 있는 모든 사람들을 물로 심판하는 것으로 응답하셨다. 하지만 그것이 모든 것의 끝은 아니다. 심지어 하나님의 계획의 끝도 아니다. 하나님은 그 심판 현장에서 구원의 은혜 또한 허락하셨기 때문이다. 노아와 그 가족을 방주로 구원하신 것이다. 구원 과정을 담고 있는 긍정적 상호 작용으로서 새로운 인간 역사의 시작이기도 했다. 더 나아가 하나님은 노아에게 복을 주시면서 생육하고 번성해서 하나님의 가족을 많이 만들라는 명령도 주신다(창 9:1). 창조 후 아담에게 주셨던 것과 똑같은 복이며 명령이다(창 1:28). 이런 면에서 노아는 두 번째 아담으로 볼 수 있으며, 창세 전에 하나님이 의도했던 계획을 홍수 심판 이후 계속 지속해가는 통로였던 것이다. 이 모든 과정은 사람들을 향한 하나님의 사랑이 담겨 있으며, 완전한 언약 관계를 맺으려는 처음 계획을 중단 없이 이루어가는 그분의 신실함을 보여준다.

심판 속에 함께 하는 하나님의 사랑과 신실함은 아브라함을 부르시고 그를 통해 한 민족을 택하시는 과정에서도 잘 나타난다. 아브라함을 부르시는 것은 홍수 이후 사람들을 심판하시는 바벨탑 사건을 배경으로 시작된다. 홍수로 사람들을 심판하고 노아를 통해 새로운 시작을 열었지만 사람들은 여전히 하나님을 거역했다. 이에 대한 응답으로 하나님은 사람들의 언어를 다르게 하고 그들을 흩으시는 것으로 심판하셨다. 하지만 그 심판 역시 완전한 끝이 아니었다. 하나님은 심판의 끝자락과 연결해 사람들을 향한 자신의 사랑과 신실함을 보이셨다. 이번에도 한 사람을 택하셔서 그 일을 진행해 가신다. 갈대아 지역 우르라는 곳에 있던 아브라함이라는 사람이다. 창세기 12:1-3은 아브라함을 부르시는 장면이 나온다. 그 시작은 당연히 하나님이 하신다. 아브라함을 부르시어 고향과 친척과 아버지의 집을 떠나 하나님과 관계를 맺을 곳으로 가라고 하신다. 아브라함을 통해 그의 자손들이 큰 민족을 이루어 하나님의 사랑과 신실함을 드러내는 복의 통로가 되게 하기 위해서이다. 아담과 노아를 향해 생육하고 번성하고 땅에 충만하여 하나님의 참 가족을 만들라고 명령한 것과 맥을 같이 하는 내용이다. 이런 면에서 아브라함은 세 번째 아담이다. 첫 번째 아담 이후 죄로 망가진 세상을 심판하시는 과정에서 두 번째 아담인 노아가 회복의 통로로 부름을 받은 것처럼, 노아 이후 하나님을 거역한 세상을 심판하는 과정에서 세 번째 아담인 아브라함이 부름을 받은 것이다. 하지만 아브라함 사건에는 이전의 두 사건들과 구별되는 독특한 것이 있다. 창세기 15장과 17장에서 하나님과 맺은 언약이다. 피조물인 사람과 완전한 사랑의 관계를 맺으려는 하나님의 계획이 아브라함과 그의 후손이라는 특정한 민족과의 언약 관계를 통해 구체적으로 표현되기 시작한 것이다. 물론 이 관계는 완전한 것은 아니다. 하지만 완전함의 모형으로서 세상으로 하여금 완전한 관계가 있다는 것과 그 관계를 위해 일하시는 하나님의 사랑과 신실함과 능력을 드러내는 통로가 되기에 충분했다. 이 모든 것은 온 인류를 향한 하나님의 열심이며 사랑의 표현이다.

한편, 하나님의 사랑과 신실함은 이스라엘을 이집트에서 구원하고 시내 산에서 언약을 맺는 과정에서도 나타난다. 창세기의 야곱 자녀들이 이집트로 이주한 후 한참의 시간이 흘렀다. 이스라엘 민족의 인구가 늘어가자 두려움을 느낀 이집트 본토 사람들이 이스라엘 민족을 노예로 삼아 괴롭히기 시작했다. 하나님은 이런 상황에 간섭하여 모세를 통해 그들을 구원하셨다. 성경은 하나님이 이스라엘 민족의 고통하는 소리를 들으시고 아브라함과 이삭과 야곱과 맺은 언약을 기억하신 것을 그 구원 과정의 시작으로 말한다(출 2:23-25). 구체적으로 아브라함과 처음 언약을 맺는 과정에서 말씀하신 창 15:13-21의 내용을 의미한다. 아브라함의 자손들이 이집트에서 나그네로 고통 당하게 될 것이지만, 때가 되면 그들을 이끌고 가나안에 들어가게 하시겠다는 약속이다. 이런 면에서 이스라엘 민족을 구원한 것은 사람과 맺은 언약 관계를 성실하게 이행하시는 하나님의 신실함의 표현이다.

언약 관계를 중심으로 한 그분의 신실함은 이스라엘 민족을 이집트에서 해방시키는 목적에서도 잘 나타난다. 하나님이 능력으로 이집트에서 해방시킨 것은 단순히 이스라엘 민족의 고통을 제거하기 위한 것이 아니다. 하나님과 특별한 언약 관계를 맺는 백성으로 부르시기 위함이다(출 6:7-8;* 참고, 신 29:13*). 이집트에서 해방되어 하나님이 허락하신 땅에서 하나님을 섬기는 백성, 그들은 하나님의 백성이 되고 하나님은 그들의 하나님이 되는 관계를 누리게 된다. 이 역시 아브라함과 맺은 언약과 관련이 있다. 창세기 17:6-8에서 아브라함과 언약을 맺을 때 하나님은 아브라함과 그의 자손들에게 하나님이 되고 그들은 하나님의 백성이 되어 가나안 땅에서 살게 하겠다고 약속하셨기 때문이다. 창세기에서 아브라함과 맺은 언약의 의미를 고려한다면, 이스라엘을 해방시켜 하나님과 언약 관계를 맺는다는 것은 하나님의 창조 이전 계획이 아브라함을 통해 이스라엘이라는 상대적으로 작은

---

* 출애굽기 6:7-8 "너희를 내 백성으로 삼고 나는 너희의 하나님이 되리니 나는 애굽 사람의 무거운 짐 밑에서 너희를 빼낸 너희의 하나님 여호와인 줄 너희가 알지라 내가 아브라함과 이삭과 야곱에게 주기로 맹세한 땅으로 너희를 인도하고 그 땅을 너희에게 주어 기업을 삼게 하리라 나는 여호와라 하였다 하라."
* 신명기 29:13: "여호와께서 네게 말씀하신 대로 또 네 조상 아브라함과 이삭과 야곱에게 맹세하신 대로 오늘 너를 세워 자기 백성을 삼으시고 그는 친히 네 하나님이 되시려 함이니라."

단위에서 이루어진다는 것을 의미한다. 언약 관계에 대한 하나님의 신실함을 반영하는 것이다.

이뿐 아니다. 하나님은 이런 언약 관계로 이스라엘 민족을 부르실 때 그들을 향한 독특한 기대가 있었다. 출애굽기 19:5-6은* 이집트에서 해방하여 언약 관계를 맺은 것은 이스라엘을 하나님이 소유한 특별한 백성과 거룩한 백성이 되어 제사장 나라가 되게 하기 위해서라고 말한다. 제사장은 사람들을 거룩한 하나님과 연결하는 역할을 한다. 마찬가지로 이스라엘 민족을 선택하여 언약 관계를 허락하고 하나님의 뜻이 드러나는 율법을 주신 것은 창조주를 드러내는 통로로 만들기 위해서이다(참고, 신 4:6-7). 제사장처럼 창조주 하나님의 사랑과 신실함을 드러내어 사람을 하나님과 연결해 주는 통로 말이다. 이 역시 창조 전 계획을 완성하기 위해 아담과 하와를 만드시고 그들에게 첫 명령으로 주신 것과 동일한 개념이다(창 1:28). 또한 두 번째 아담 격인 노아나 세 번째 아담 격인 아브라함에게 주신 명령과도 맥을 같이 한다. 한마디로 창조 이전 계획을 드러내고 완성하는 통로로써 이스라엘을 택하시고 언약 관계를 맺으셨다는 것이다. 이 모든 과정 역시 하나님의 사랑과 창조주로서의 신실함을 반영하는 것이다.

하지만 이스라엘의 이후 모습은 아담이나 노아 이후 역사를 그대로 보여준다. 즉 하나님과 부정적 상호 작용을 하는 모습을 똑같이 보여준다. 아담의 후손이나 노아의 후손에게 진노와 심판을 통해 창조 질서를 유지하는 것을 보이신 것처럼, 하나님은 이스라엘에게도 동일한

---

* 출애굽기 19:5-6: "세계가 다 내게 속하였나니 너희가 내 말을 잘 듣고 내 언약을 지키면 너희는 모든 민족 중에서 내 소유가 되겠고 너희가 내게 대하여 제사장 나라가 되며 거룩한 백성이 되리라 너는 이 말을 이스라엘 자손에게 전할지니라."

반응을 하셨다. 이스라엘에 대한 심판은 주로 주변 나라를 통해 어려움을 겪게 하시는 것이었다(참고, 신 32:21).* 하나님을 왕으로 섬기기를 거절한 사사 시대에는 모압이나 미디안, 블레셋 등의 이웃 나라들이 하나님 심판의 통로로 사용되었고, 이후 등장한 북 왕국 이스라엘과 남 왕국 유다도 아람이나 모압, 암몬 등의 나라들을 통해 어려움을 겪었다. 하나님은 여러 번 이스라엘 민족에게 경고하셨지만 그들은 하나님 대신 다른 우상 섬기는 것을 끝까지 포기하지 않았다. 결국 하나님은 북 이스라엘은 앗시리아를 통해서 남 유다는 바벨론에 통해 멸망시키고 수많은 사람들을 온 땅으로 흩으셨다. 역사 속에 나타난 부정적 상호 작용의 결과 모습이다.

하지만 하나님은 신실하시다. 이스라엘의 계속된 반역과 그로 인해 징계와 심판 과정에서도 회복의 약속을 주셨기 때문이다. 주된 통로는 선지자들을 보내시는 것이었다. 그들의 선포는 이스라엘 백성의 죄악을 드러내고 회개를 촉구하는 것이 대부분이었다. 회개를 거절하면 재앙이 임할 것을 두려움 없이 선포했다. 하지만 선포의 궁극적 목적은 이스라엘 민족의 완전한 멸망이 아니었다. 만일 회개하고 돌아오면 그들을 회복시키려는 마음을 선지자를 통해 드러내셨기 때문이다. 그렇기 때문에 선지자의 선포에는 회복의 약속도 들어 있다. 대표적인 것 중 하나는 예레미야 31:31-34와 에스겔 36:24-28에서 약속한 새 언약이다. 이전에 모세를 통해서 맺은 언약과 완전히 다른 형태의 언약 관계를 허락하시겠다는 것이다. 죄를 용서하는 것과 성령과 새 마

---

* 신명기 32:2: "그들이 하나님이 아닌 것으로 내 질투를 일으키며 허무한 것으로 내 진노를 일으켰으니 나도 백성이 아닌 자로 그들에게 시기가 나게 하며 어리석은 민족으로 그들의 분노를 일으키리로다."

음을 주어 내면에서부터 하나님의 말씀을 지킬 수 있게 하시겠다는 것이 담겨 있다. 심판 한 가운데 드러난 구원을 향한 하나님의 약속이며, 창조 이전에 계획한 것을 온전하게 이루시려는 하나님의 사랑과 신실함의 절정이다.

이와 함께 주목할 것은 메시아에 대한 약속이다. 하나님의 사랑과 신실함을 온전하게 드러내고 이행하는 존재이다. 하나님은 죄악의 진흙탕 속에 고통 당하는 자기 백성들을 향해 메시아를 보내시겠다고 말씀하신다.[48] 성경 여러 부분이 이 약속을 보여주지만, 하나님의 마음을 잘 표현한 본문 중 하나가 에스겔 34장이다. 하나님의 선포는 이스라엘 목자들, 즉 다스리는 위치에 있는 사람들의 죄악을 고발하는 것으로 시작한다. 사람들을 사랑하거나 보호하지 않고, 오히려 학대하고 괴롭게 한다는 것이다. 그래서 하나님께서 친히 목자가 되어 학대하는 악한 자들을 심판하시고 고통 당하는 사람들을 회복시키며 돌보시겠다고 약속하신다(겔 34:15). 그 약속은 목자를 보내는 것을 통해 이루어 질 것이다. "내가 한 목자를 그들 위에 세워 먹이게 하리니 그는 내 종 다윗이라 그가 그들을 먹이고 그들의 목자가 될지라"(겔 34:23). 메시아를 통해 사람들을 향한 사랑을 드러내며 죄로 망가진 세상을 회복하고 창조 전에 세운 계획을 신실하게 이루어 가실 것이라는 말씀이다. 그렇기 때문에 메시아의 출현은 하나님 사랑의 온전한 표현이며 구원 계획을 완전히 성취하기 위한 중요한 단계, 곧 망가진 창조 질서를 회복시키는 창조주의 다스림과 '아버지-자녀'라는 완전한 언약 관계를 실현하시는 하나님의 신실함이 드러난 사건이다. 하나님을 향한 부정적 상호 작용과 그 결과로 인한 심판 한 가운데 나타날 긍정적 상호 작용, 곧 구원을 향한 결정적 반전의 시작이다. 바울은 구원을 향한 하나님의 이런 모습을 '의'라고 표현한다(롬 1:17; 3:21).

2) 하나님과 예수의 사역 1: 메시아를 보내심

메시아와 관련한 하나님의 구원 계획은 예수를 이 땅에 보내는 사역을 통해 본격적으로 시작된다. 보냈다는 말은 단순히 한 인간으로 태어나게 했다는 말이 아니다. 특별한 임무를 위해 파송 혹은 파견했다는 것으로 하나님이 특별한 임무를 위해 예수를 이 땅에 보내셨다는 말이다. 요한복음은 이 모습을 상당히 잘 보여준다. 다른 복음서와 달리 예수와 관련해 '보내다'라는 표현이 많이 나타나는데, '펨포'(πέμπω)와 '아포스텔로'(ἀποστέλλω)라는 단어를 통해 42번 언급된다. 주로 예수가 제자들이나 다른 사람들에게 자신의 정체성과 사역의 의미를 설명할 때 사용된다. 주목할 것은 예수가 이 표현을 통해 하나님과 자신과의 관계성을 설명하고 있다는 점이다.[49] 두 가지 관계성이 들어 있다. 하나는 아버지와 아들의 관계이다. 예수는 일관성 있게 자신을 아들로 하나님을 아버지로 묘사한다. 또 다른 관계성은 보내는 자와 보냄 받은 자의 관계이다. 보내는 과정과 관련해 하나님은 그 과정의 주체, 즉 보내는 자로 묘사되고 예수는 보냄 받은 자로 표현된다. 결국 예수의 표현에 의하면 하나님은 아버지로서 예수를 이 땅에 보낸 존재이며 예수는 하나님의 아들로서 아버지에게서 보냄 받은 존재이다(예, 요 5:23, 37; 6:44, 57; 8:18, 42; 10:36; 12:49; 14:26 등 등). 이런 정체성 표현은 예수의 사역을 이해하는 열쇠가 된다. 요한복음은 하나님의 구원과 관련해 예수의 역할을 크게 두 가지로 소개한다.

첫째, 계시자이다.[50] 보냄 받은 자는 보낸 자의 권위를 그대로 갖고 있으며 보낸 자의 어떠함을 사람들에게 드러낼 의무를 가진 자이다. 다른 나라에 보내는 사신의 경우를 생각하면 된다. 사신은 왕이 아니지만 왕의 대리자 혹은 보냄 받은 곳에서 왕을 가시적으로 드러내 주는 위치와 역할을 한다. 마찬가지다. 예수는 아버지 하나님이 보낸 자이다. 보이지 않는 하나님의 어떠하심을 가시적인 형태로 세상에 보여주는 통로이다. 요한복음 1:18은 이런 역할을 "본래 하나님을 본 사람이 없으되 아버지 품 속에 있는 독생하신 하나님이 나타내셨느니라"고 묘사한다. 더 중요한 것은 예수가 계시하는 내용이다. 요한복음 1:14와 17은 그 내용을 하나님의 은혜와 진리라고 말한다. 은혜라는 것은 그리스어로 '카리스'(χάρις)라는 단어인데 피조물을 대하시는 하나님의 선한 태도를 의미한다. 비록 히브리어 '헤세드'와 정확히 일치하지 않지만 그 의미 영역에 상응하는 표현으로 이해할 수 있다(참고, 에스더 2:9).[51] 진리('알레떼이아'[ἀλήθεια])라는 단어는 헬라 세계에서는 인지할 수 있는 어떤 지식을 의미한다. 하지만 요한복음은 또 다른 의미로 사용하기도 한다. 단순한 지식이 아닌 하나님의 속성과 연관된 것이다. 히브리어 성경을 그리스어로 번역한 칠십인역(LXX)은 언약에 대한 하나님의 신실함을 표현하는 '에메트'(אמת) 혹은 '어무나'(אמונה)라는 히브리어 단어를 자주 진리로 번역한다(예, 시 26:4; 사 11:5). 요한복음 1:14와 17의 진리 개념은 이런 칠십인역 용법과 맥을 같이 한다(참고, 요 4:23-24; 14:6). 결국 예수는 하나님을 계시하는 분인데, 특별히 그 내용은 언약 백성을 향한 하나님의 사랑과 신실함이다. 창조 전에 사랑으로 세운 계획을 신실하게 이행하시는 하나님의 모습이다. 구약 역사 속에서 계속 보여주었고 장차 메시아를 통해 완전하게 드러내겠다고 약속한 것이 예수의 존재와 사역을 통해 온전히 나타났다는 것이다. 이런 면에서 예수는 하나님의 아들로서 창조주가 누구이고 사람들을 어떻게 대하고 계심을 보여주는 유일하고도 완전한 통로이다.[52]

둘째, 구원자이다. 보냄 받은 자는 보낸 자에게서 특별한 일을 위탁 받은 사람이다. 그 일은 보낸 자가 직접 행하고 싶은 것이며 반드시 성취하고 싶은 것이기도 하다. 그렇기 때문에 보냄 받은 자가 행하는 일은 보낸 자의 뜻과 계획, 그리고 그 일을 이루려는 의지가 반영된 것이다. 마찬가지다. 하나님이 예수를 이 땅에 보낸 것은 그분이 이루기 원하시는 간절한 염원과 의지가 있기 때문이다. 더 나아가 보냄 받은 아들은 아버지의 사랑과 신실함을 계시하는 존재이기에 그 아들을 통해 이루시려는 것은 아버지가 가장 소중히 여기는 일이라고 할 수 있다. 요한복음 3:16은 이 내용을 잘 표현한다. "하나님이 세상을 이처럼 사랑하사 독생자를 주셨으니 이는 그를 믿는 자마다 멸망하지 않고 영생을 얻게 하려 하심이라." 세상을 사랑했다는 것은 망가진 세상 속에 살고 있는 사람들을 사랑했다는 말이다.[53] 사람들을 향한 창조주의 사랑, '헤세드'의 사랑이다. 한편, 영생을 얻는다는 것은 막연히 오래 사는 것이 아닌, 창조주와 그분의 아들과 관계를 맺고 산다는 것을 의미한다(요 17:3). 따라서 요한복음 3:16은 사람을 만들어 영원한 사랑의 언약 관계 안에서 살게 하고픈 창조 전의 계획을 성취하려는 하나님의 뜻과 의지가 담겨 있을 뿐 아니라 그것을 이루기 위해 아들을 세상을 보낸 하나님의 일하심이 들어 있다. 아들을 보낸 하나님의 동일한 뜻이 요한복음 6:40에서도 나온다. 자기의 배고픔을 해결할 빵의 기적을 요구하는 사람들을 향해 예수는 하나님 아버지의 뜻은 "아들을 보고 믿는 자마다 영생을 얻는 이것"이라고 말한 장면이다. 단순히 먹고 사는 문제가 아닌 영생, 곧 창조주 하나님과의 온전한 관계 안으로 들어가는 것이 아들을 보내신 하나님의 뜻이다. 보낸 자의 뜻이 이런 것이라면, 보냄 받은 예수의 역할은 그것을 성취하는 것이다. 아버지 하나님이 계획하신 구원을 이루는 구원자이며, 자신의 삶과 사역을 통해 사람들이 하나님의 사랑을 알고 하나님께로 가도록 이끄는 것이다. 이런 면에서 예수는 구원의 문이고(요 10:7, 9) 아버지께로 갈 수 있는 유일한 길이다(요 14:6).

지금까지의 설명은 보낸 자와 보냄 받은 자와의 관계성 안에서 창조주 하나님의 뜻을 이루기 위해 이 땅에 보냄 받은 예수에 대한 설명이다. 다분히 하나님을 중심으로 한 설명이다. 그렇다면 이 과정에서 예수의 주도적 역할은 없었을까? 성경은 예수의 자발적 참여와 그로 인한 구원 과정의 온전함 또한 분명히 제시한다. 먼저 에베소서 1:4-6은 창조 이전에 세운 하나님의 계획이 메시아 예수와 관련이 있다고 말한다. 하나님은 메시아 예수 안에서 신자들을 택하시고 메시아를 통해 사람들을 자신의 자녀들로 만드는 계획을 세우셨다. 그 모든 것은 하나님이 사랑하시는 자인 메시아 예수 안에서 신자들에게 주는 은혜이다. 비록 어떤 일을 했다는 것이 구체적으로 언급되지는 않았지만, 처음부터 예수는 하나님이 창조 이전에 계획을 세우고 이행하는데 핵심 위치에 있었다.

이뿐 아니다. 예수는 하나님의 창조 사역에도 관여했다. 골로새서

1:15-17은* 창조와 관련한 예수의 위치와 역할을 설명한다. 그는 보이지 않는 하나님의 형상이자 창조 이전에 계신 분이다. 예수가 하나님의 형상이기에 아담과 하와를 하나님의 형상으로 창조했다는 것은 예수를 완전한 모델로 하여 그들을 창조한 것으로 이해할 수 있다(참고, 창 1:27). 이와 함께 예수는 또한 장차 신자가 온전하게 닮아야 할 모델이기도 하다(참고, 고후 3:18). 이런 점에서 하나님의 형상으로서 예수는 첫 사람의 모델이며 역사의 마지막에 모든 신자가 닮아야 할 모델이다. 이와 더불어, 예수는 하나님과 함께 창조에 참여한 분이다. 하늘과 땅에 보이는 것들과 보이지 않는 것들이 그로 말미암아 창조되었다고 말한다. 앞서 설명했듯이 창조 전 하나님의 계획을 성취하는 첫 단계가 창조 과정이라면, 예수 역시 창조주의 뜻을 이루는 첫 과정에서도 중요한 역할을 했음을 짐작할 수 있다.

한편, 하나님이 '보냄'의 과정을 통해 구원의 뜻을 이루는 단계에서도 예수는 능동적으로 자신의 역할을 담당한다. 빌립보서 2:6-8은 그 과정에서 보인 예수의 역할을 잘 보여준다. 원래부터 계신 아들 하나님이시지만 아버지의 뜻을 위해 자발적으로 자기의 신성을 비워 사람의 모습으로 이 땅에 오셨다. 자신을 낮춘 순종과 겸손의 모습이다. 이뿐 아니다. 예수는 죽음에 이르기까지 아버지께 자발적인 순종을 했다. 십자가에서 죽으신 것이다. 주목할 것은 이 과정에 예수를 동사의 주어로 표현한 점이다. 죽임을 당한 것이 아니라 예수 스스로 죽음의 길로 간 것이다. 십자가와 관련한 예수의 주도성과 자발성을 강조

---

* 골로새서 1:15-17: "그는 보이지 아니하는 하나님의 형상이시요 모든 피조물보다 먼저 나신 이시니 만물이 그에게서 창조되되 하늘과 땅에서 보이는 것들과 보이지 않는 것들과 혹은 왕권들이나 주권들이나 통치자들이나 권세들이나 만물이 다 그로 말미암고 그를 위하여 창조되었고 또한 그가 만물보다 먼저 계시고 만물이 그 안에 함께 섰느니라."

한다.[54] 로마서는 예수의 이런 모습을 경건치 않은 자와 죄인을 위해 죽은 것으로 말하고(롬 5:6, 8), 요한복음은 양을 위해서 자신의 목숨을 헌신적으로 내던진 것으로 표현한다(요 10:11, 15, 17). 심지어 요한복음 10:18에서 예수는 양을 위해 자신의 생명을 버리는 것을 아들의 권세라고까지 말한다. 모두 하나님의 구원 과정에 능동적으로 참여하여 아버지의 뜻을 이루는 메시아의 적극적 모습을 보여준다. 결론적으로 하나님의 구원 사역은 처음부터 메시아 예수와 함께 했고, 특별히 보냄의 과정을 통해 창조 전 계획을 완성하는 결정적 사건, 곧 구원을 향한 긍정적 상호 작용의 시작은 하나님과 예수가 주도적으로 함께 행한 것이다.

3) 하나님과 예수의 사역 2: 십자가와 부활

구원을 향한 긍정적 상호 작용 과정의 시작은 메시아 예수를 보내는 것이고 그 절정의 사건은 예수의 십자가와 부활이다. 표면적으로 볼 때 예수의 십자가는 긍정적 요소가 하나도 없다. 십자가에서 죽었다는 것 자체가 예수를 대단한 존재로 인식하게 만드는 것도 아니다. 오히려 반대다. 예수가 죽었다는 것은 그의 사역이 실패했다는 것을 의미할 수 있다. 또한 십자가는 로마에 반기를 든 저항자 혹은 반역자를 처형하는 장소였기에 그곳에서 죽었다는 것은 당시 그레코-로만 사회에서는 상당히 불명예스러운 죽음으로 비쳐질 수도 있다. 더 나아가 예수의 십자가 죽음을 독특한 것으로 볼만한 근거도 사실은 없다. 예수만 십자가에 못 박힌 것이 아니기 때문이다. 당시 예수의 십자가는 수많은 십자가 처형 중 하나였고, 실제로 예수와 함께 십자가에 못

박힌 또 다른 두 사람도 있었기 때문이다. 이런 면에서 예수가 십자가에서 죽은 것 자체는 인간적인 관점에서 볼 때 특별한 의미를 두고 기억할 만한 요소가 전혀 없다. 단지 끔찍한 범죄를 지은 한 죄인의 죽음, 많이 봐준다면 로마에 저항하다가 죽은 한 사람의 처형 그 이상도 이하도 아니다.

이뿐 아니라 하나님이란 요소가 담긴 유대인의 관점에서도 예수의 죽음은 기억할 만한 긍정적 요소가 없다. 오히려 끔찍하게 혐오스러운 요소를 가진 죽음이다. 나무 십자가에서 죽었기 때문이다. 구약의 율법 신명기 21:22-23에 의하면 죄가 있어 나무에 달아 죽인 자는 하나님의 저주를 받은 자로 인식하라는 표현이 있다. 그런데 예수가 나무 십자가에서 죽었다. 하나님의 저주를 받고 죽은 것으로 볼 수 있다는 말이다.[55] 이렇듯 예수의 십자가는 인간적인 관점에서나 하나님의 관점에서나 긍정적인 요소가 전혀 없다. 표적을 구하는 유대인에게 십자가는 하나님의 저주 대상으로 인식되기에 거리끼는 것이고 지혜를 구하는 헬라인에게는 실패의 상징으로 이해되고 있다고 말한 바울의 평가가 동의된다(고전 1:22-23). 그런데 바울은 바로 뒤 고린도전서 1:24-25에서 십자가에 못 박힌 메시아는 하나님의 능력이고 하나님의 지혜라고 긍정적으로 평가한다. 아니, 그 십자가만이 구원에 대해 모든 인간의 평가를 무색하게 하는 하나님의 최고의 방법이라고 말한다. 바울만 그렇게 이해하는 것이 아니다. 신약의 모든 저자들이 공유하고 있는 이해이다. 왜일까? 왜 실패와 저주의 상징이 구원 능력의 상징이 되었을까? 이제 예수의 십자가를 통해 일하신 하나님의 구원 과정을 살펴보자.

예수 십자가의 이면적 의미를 이해하는 열쇠는 부활이다. 당시 예수의 처형 현장에는 세 개의 십자가와 그 위에서 죽은 사람들이 있었다. 그런데 오직 가운데 있었던 예수만 부활했다. 단순히 소생이나 깨어남이 아닌 완전히 다른 몸으로 부활하고 변화한 것이다. 이런 부활은 예수의 정체성과 사역에 대한 이해의 틀을 통째로 바꾸어 놓았다. 정체성과 관련해 예수의 부활은 이전에 알고 있던 랍비 혹은 어떤 정치적 의미를 지닌 다윗의 자손이라는 메시아 개념을 뛰어 넘게 했다. 예수를 신성(神性)을 지닌 하나님의 아들과 하나님을 의미하는 '주(主)님'으로 인식하게 한 것이다(예, 요 20:28; 행 2:36; 롬 1:4). 부활이전에 예수가 말했던 자기 정체성에 대해 제자들이 또렷하게 이해한 것이다.[56] 부활은 예수 사역에 대한 이해에서도 중요한 열쇠를 제공한다. 하지만 사역에 대한 것은 정체성만큼 간단하지는 않다. 정체성이야 부활의 예수를 만나서 이해하면 되지만 사역의 의미는 더 많은 추론을 요구하기 때문이다. 비록 모든 것이 다 이해되는 것은 아니지만, 예수의 십자가 이전 사역은 고개를 끄덕이게 하는 면이 있다. 하나님의 나라 혹은 역사의 마지막에 있을 하나님의 종말적 구원을 선포한 메시아 사역으로 보면 된다. 하지만 십자가의 죽음은 다르다. 위에서 말했듯이 예수 사역의 실패 혹은 미완의 종결로 볼 여지가 많기 때문이다. 부활을 통해 단순한 인간이 아닌 신성을 가진 메시아와 주님이라는 정체성을 드러내신 분이 왜 십자가에서 돌아가셔야 했을까? 예수는 죽음 이전에 여러 곳에서 십자가와 부활을 자기 사역의 절정이자 종착점으로 소개했고(막 8:31; 9:31; 10:33과 병행 구절들) 심지어 부활한 예수는 제자들에게 십자가에서의 죽음과 부활을 사역의 핵심으로 설명했는데(눅 24:45-47), 도대체 어떤 면에서 그것이 중요했을까? 이 질문에 대한 대답 역시 부활의 의미에서부터 시작해야 한다.

기본적으로 부활이 가지고 있는 의미는 종말, 즉 역사의 마지막에 있을 하나님의 일하심과 관련이 있다. 예를 들어 다니엘 12:2는 "땅의 티끌 가운데에서 자는 자 중에서 많은 사람이 깨어나 영생을 받는 자도 있겠고 수치를 당하여서 영원히 부끄러움을 당할 자도 있을 것이며"라고 말한다. 부활을 종말에 있을 사건으로 인식한 것이다. 신약시대 사람들도 같은 개념을 공유하고 있었다. 예수도 그랬다. 요한복음 5:28-29에 의하면 무덤 속에 있는 자가 예수의 음성을 들을 때가 올 것인데, 선한 일을 한 자는 생명의 부활로 악한 일을 한 자는 심판의 부활을 맞게 된다고 가르친다. 다니엘서의 내용과 맥을 같이 하는 표현이다. 뿐만 아니라 일반 사람들도 이런 이해를 갖고 있었다. 요한복음 11:24에 나오는 마르다의 고백이 좋은 예이다. 나사로를 다시 살리는 기적을 행하기 전, 예수가 마르다에게 나사로가 다시 살 것이라고 말하자 마르다는 마지막 날 부활의 때에 그렇게 될 것이라고 응답한다(요 11:24). 비록 나사로가 지금 소생할 수 있을 것으로 이해하지는 못했지만 마르다의 대답은 다니엘서처럼 부활을 종말의 때에 나타나게 될 현상으로 이해하고 있음을 말해 준다. 이뿐 아니다. 비록 사두개인들은 부활을 인정하지 않았지만(막 12:8; 행 23:8), 당시 유대교의 주요 그룹 중 하나인 바리새파 사람들은 부활을 종말에 있을 상황으로 인식했다(행 23:8). 당연히 바리새파 출신인 바울 역시 죽은 자의 부활 곧 의인과 악의의 부활을 인정했다(행 24:15; 고전 15장). 가장 분명한 묘사는 요한계시록 20:11-15에 언급된 마지막 심판 장면이다. 역사의 마지막에 모든 죽은 자들이 다시 살아나서 행위대로 판단하시는 분 앞에 서게 되고(계 20:13), 그 결과 하나님의 생명 책에 기록되지 못한 자는 불못에 던져진다고 말한다(계 20:15). 비록 이미 부활과 종말을 믿고 있는 신자에게 가르치는 것이지만, 그 둘의 연결을 가장 분명히 보여주는 부분이다. 이렇듯 성경은 부활을 종말에 있을 하나님의 심판과 연결시키고, 많은 유대인들도 그렇게 이해하고 있었다. 그런데 예수가 부활했고 사람들에게 부활의 몸을 친히 드러낸 것이다. 그 예수를 만난 사람들은 자연스럽게 부활과 연결된 종말 개념을 예수의 사역과 죽음에 연결시켰을 것이다. 다시 말해, 예수의 사역과 죽음은 단순히 한 인간의 삶과 죽음의 차원이 아닌 역사의 마지막에 있을 하나님의 일하심과 연결해서 이해할 수 있게 된 것이다.

종말과 연결된 예수의 부활은 크게 두 가지 중요한 함의가 있다. 하나는 십자가에서 예수의 죽음이 하나님과 사람 사이의 관계 문제에 대한 완전한 해결책이라는 것이고, 다른 하나는 하나님과 그분의 창조 질서에 반역하는 모든 것들에 대한 창조주의 승리를 의미한다는 것이다. 후자는 두 영역 설명 틀과 관련된 것이기에 나중에 다루기로 하고 여기에서는 상호 작용 설명 틀과 관련한 전자의 경우만 설명하겠다.

표면적으로 보면 예수의 죽음은 한 인간의 비참한 종말이다. 나무 십자가에 죽었다는 것은 더 끔찍한 것이다. 하나님의 저주를 받고 죽은 것이기 때문이다. 하지만 그는 부활했고 하나님의 아들로서 그리고 신성을 가진 하나님으로서의 '주'라는 정체를 드러냈다. 그러면 왜 그런 메시아가 하나님의 저주를 받아 죽었을까? 성경은 그 해답을 이사야 53장과의 연결을 통해 제공한다. 이사야 본문에 의하면 하나님의 특별한 일을 위해 보냄 받은 종은 고난을 받는 자이다. 멸시를 많이 받고 많은 슬픔과 어려움을 경험하고 찔리고 채찍에 맞고 종국에는 죽임을 당하게 된다(사 53:3-5). 사람들은 그의 고난과 죽음을 하나님의 징계이자 그가 잘못한 것이 있어 저주 받은 것이라고 여겼다. 하지만 실상은 전혀 달랐다. 실제로 저주를 받고 죽어야 할 대상은 고난 받는 종이 아니라 사람들이다. 마치 목자를 버리고 그릇 행하고 자기 길로만 간 양처럼 사람들은 창조주 하나님을 거절했다(사 53:6). 그런데 하나님은 사람들의 그 모든 죄에 대한 심판을 고난 받는 종에게 쏟아 부은 것이다(사 53:8, 10, 12). 하나님의 계획이었고 뜻이었다(사 53:10). 이사야 53장은 메시아 예수의 죽음의 성격을 잘 예언했다. 나무에 달려 죽은 예수의 죽음은 하나님의 저주였다. 하지만 그가 저주 받을 일을 한 것이 아니다. 창조주를 거절한 근원적인 죄와 그것을 삶으로 표현하는 죄악들로 살아가는 사람들. 율법을 통해 보여준 하나님을 사랑하고 사람을 사랑하라는 창조주의 뜻을 거절하고 살아가는 모든 사람들이 율법의 저주를 받아야 했다(갈 3:13). 그런데 하나님이 그 모든 저주와 심판을 메시아 예수, 자신의 아들에게 쏟아 부었다. 모든 사람을 향한 창조주의 심판이 예수에게 내려진 것이다. 그리고 예수는 죽었다. 하나님과의 관계를 거절한 아담에게 내려진 마지막 벌, 죽음의 심판을 받은 것이다. 또한 아담 이후 모든 사람의 죄의 결과인 죽음의 심판을 당한 것이기도 하다(참고, 롬 6:23).

그런데 예수의 이 죽음은 단순히 한 생명이 죽은 것이 아니다. 부활하실 메시아가 죽은 것이기 때문이다. 부활이 역사의 마지막에 있을 심판과 관련된 하나님의 일이기에 그 메시아가 죽은 일 역시 종말의 개념을 담고 있다. 다시 말해, 예수의 죽음은 시간적으로는 2천 년 전의 사건이지만 요한계시록 20:11-15에 언급된 역사의 마지막에 있을 최후 심판을 미리 당겨서 받은 것이다. 특별히 창조주 하나님을 거절한 죄인에게 임할 영원한 심판, 곧 둘째 사망과 불못에 던져질 사람들의 형벌을 예수가 대신 받은 것이다. 그렇기 때문에 나무 십자가 위에서 예수가 죽은 것은 시간적으로 종말에 있을 영원한 형벌을 받은 것이며 창조 때부터 마지막 때까지 살았던 모든 사람의 죄를 대신 안고 심판을 받은 것이다. 생명의 주가 죽은 것이며 창조주 하나님과의 영원한 단절을 경험한 것이다. 영원하신 하나님의 영원한 형벌이다.

그런데 예수가 부활했다. 아니, 정확히는 하나님이 예수를 부활시키셨다. 역사의 마지막에 있을 심판과 관련된 하나님의 일하심이 나타난 것이다. 하나님 편에서 보면 모든 죄인에 대한 심판을 완전히 끝냈다는 증거이다. 예수의 부활은 삼 일이 안 되는 시간 안에 벌어진 일이다. 인간의 시간으로 보면 그 기간 안에 영원하신 하나님의 영원한 심판이 끝날 리 없다. 하지만 메시아 예수의 죽음은 하나님의 영원한 심판을 다 받은 것이다. 비록 인간적 시간으로 측정할 수는 없지만 그 끝없는 죄 값을 다 치른 것이다. 예수의 생명이 그 증거이다. 죽음이 하나님 심판의 모습이라면, 그와 반대되는 새로운 생명은 그 심판이 끝났음을 의미하기 때문이다. 한편, 사람 편에서 보면 예수의 부활은 죄인의 신분을 벗을 수 있는 길이 모든 사람들에게 열렸음을 의미한다. 사람은 창조주를 거절한 죄의 결과, 즉 부정적 상호 작용의 결과를 해결할 방법이나 능력이 없다. 행위대로 심판하시는 창조주의 판단에 의롭다 평가 받을 수 있는 행위를 하지도 않고 할 수도 없고 하기도 싫어하기 때문이다. 오직 그분의 공평한 판단 결과로 부정적 심판을 당할 운명 밖에 없다. 그런데 예수의 죽음이 죄인들이 받을 그 심판을 대신했고 그의 부활이 그 죄값을 다 치러서 하나님의 심판이 끝났음을 말해주는 것이라면, 예수의 죽음과 부활은 사람들이 무엇을 하지 않아도 자신의 문제를 해결할 방법이 있음을 알려주는 것이다. 자기가 하나님의 심판을 받지 않아도 될 뿐 아니라 그 영원한 심판과 진노를 걱정하지 않아도 된다는 것이다. 이미 그 과정을 다 처리 해결한 것이 있기 때문이다. 더 나아가 예수의 십자가 죽음과 부활이 사람들의 죄 문제를 다 해결한 것이라면, 이는 하나님 앞에서 사람들의 상태가 바뀔 수 있는 가능성이 열렸음을 의미하는 것이다. 더 이상 심판 받을 죄인의 상태가 아닐 가능성이다. 창조주와 적대 관계 혹은 '심판자-죄인'의 관계를 청산할 수 있는 길이 열린 것이고 창조주와 새로운 관계를 맺을 수 있는 기회가 생길 수 있다.[57]

이상의 내용은 십자가와 부활 속에 담긴 함의이다. 십자가는 시간적으로 역사의 마지막에 있을 심판과 그 결과인 영원한 진노를 사람들 대신 미리 받은 것이며, 부활은 하나님의 그 심판이 끝났음을 알려 사람들의 죄 값이 다 치러졌다는 것과 죄인 신분이 아닌 새로운 관계가 맺어질 수 있는 길이 열렸음을 말해주는 것이다. 바울은 이 두 과정의 의미를 "예수는 우리가 범죄한 것 때문에 내줌이 되고 또한 우리를 의롭다 하시기 위하여 살아나셨느니라"라고 요약한다(롬 4:25). 이 과정의 핵심은 부활이다. 만일 예수가 부활하지 않았다면 예수가 사람들의 죄를 대신 받았는지도 알 수 없을뿐더러, 설사 하나님의 진노를 대신 받았다고 해도 부활이 없다면 사람들의 죄 문제가 해결되었는지 알 수 있는 방법이 없기 때문이다(참고, 고전 15:17). 그렇기 때문에 구원을 위해 메시아 예수를 보낸 하나님의 일하심은 예수의 십자가를 거쳐 부활을 통해 완성되었다고 말할 수 있다. 구원의 긍정적 상호 작용의 첫 단계가 이루어진 것이다.

4) 하나님과 예수의 사역 3: 십자가와 부활, 그리고 하나님

창조 전에 세운 구원 계획을 이루기 위해 하나님은 메시아 예수를 이 땅에 보내시고 십자가와 부활을 통해 사람들이 구원을 경험할 수 있는 첫 단계를 완성하셨다. 그렇다면 하나님은 왜 이런 방식으로 일하셨을까? 이것을 통해 나타날 결과는 무엇일까? 앞선 설명이 십자가와 부활의 의미, 즉 구원 방식에 대한 것이라면, 이 부분에서 살펴볼 것은 그런 방식으로 구원 과정을 행하신 이유와 목적이다.

로마서 3:21-26은 예수의 십자가와 부활을 통해 구원 과정을 이행하신 하나님의 의도를 추론할 좋은 단서를 제공한다. 이 부분은 르마서 1:18-3:20에서 설명한 하나님과 사람 사이의 부정적 상호 작용 과정과 그 결과에 대한 반전의 시작이다. 전체 내용은 긍정적 상호 작용의 요소들, 곧 예수를 통한 하나님의 선행 활동과 그에 대한 인간 믿음의 반응, 그리고 그 반응에 대한 하나님의 응답 과정으로 구원을 설명하는 것이다. 이 과정에서 바울은 구원을 향한 하나님의 행하심과 그 의도를 짐작케 할 요소들을 언급한다. 그 요소들에 대해 몇 가지 살펴보자.

첫째, 하나님의 의라는 표현이다. '의'에 해당되는 그리스어('디카이오쉬네'[δικαιοσύνη])는 히브리어 '짜디크'(צדיק)나 '쩨다카'(צדקה)에 상응하는 표현이다. 다양한 문맥에서 사용되는데, 하나님과 관련해 다스림이나 심판을 통해 인간을 비롯한 모든 피조 세계의 창조 질서를 유지하는 하나님의 속성으로 표현되기도 하고(예, 시 9:4; 50:6; 96:13; 99:4; 사 49:13; 51:4-11 등등) 사람 사이의 관계, 특별히 언약 관계 의무를 신실하게 이행하는 것을 의미하기도 한다(예, 출 9:27; 신 6:25;

삼상 12:7; 시 103; 17-18; 111:1-10; 단 9:16; 미 6:5 등등). 이 두 개념을 서로 배타적으로 볼 필요는 없다. 이스라엘과 언약 관계를 맺은 분은 창조 질서를 유지하고 다스리는 창조주이기 때문이다. 창조주의 원래 계획은 사람을 만들어 그분과 '아버지-자녀'의 관계, 곧 완전한 언약 관계를 만드는 것이기에 창조주의 다스림과 언약 관계에 대한 신실함은 별개가 아니다. 하나님의 나라와 언약 관계 개념이 서로 분리가 될 수 없는 것처럼 말이다. 그렇기 때문에 로마서 3:21에 언급된 하나님의 의는 궁극적으로 창조 전에 세운 계획을 신실하게 이행하시는 하나님의 속성을 의미한다 하겠다. 하나님의 의를 "율법과 선지자들에게 증거를 받은 것"이라고 부연 설명한 것에서도 확인할 수 있다(롬 3:21). 어느 날 갑자기 생긴 것이 아니라는 것이다. 이미 오래 전부터 하나님 자신이 이스라엘 역사 속에 드러냈던 것이고, 또 장차 메시아를 통해 구원을 위한 온전한 방법이 있을 것을 친히 약속했던 것이기 때문이다. 이런 면에서 예수를 통한 하나님의 일하심은 창조 이전의 계획을 아담 이후 인간 역사 속에서 이행하여 완성해가는 하나님의 신실함의 결정체이다.

둘째, 하나님의 의와 죄와의 관계이다. 로마서 3:21-22에서 하나님의 의를 통한 구원 과정을 설명한 후, 로마서 3:23-24에서는 사람을 중심으로 그 과정을 다시 설명한다. "모든 사람이 죄를 범하였으매 하나님의 영광에 이르지 못하더니 그리스도 예수 안에 있는 속량으로 말미암아 하나님의 은혜로 값 없이 의롭다 하심을 얻은 자 되었느니라." 이 설명에 의하면 하나님의 의는 인간의 죄를 해결하는 것과 관련이 있다. 여기서 말하는 죄는 단순히 행위나 태도 차원을 의미하는 것이 아니다. 로마서 1:28에서 언급한 것처럼 창조주를 자기 지식 체계 속에 두지 않으려는 인간의 관계 거절 또는 배반을 의미하는 근원적인 죄와 그로 인해 표현되는 모든 영역의 악함을 의미한다. 사람을 창조해 '아버지-자녀' 관계를 만들고자 한 계획은 하나님을 계속해서 거절하는 인간에 의해 틀어지고 온전히 성취되지 못해 왔다. 그렇기 때문에 인간의 죄 문제 해결 없이는 하나님의 창조 전 계획의 완성은 없다. 인간보다 하나님 편에서 반드시 이 문제를 해결해야 했다.

셋째, 하나님의 의와 죄를 심판하는 것 사이의 관계이다. 창조주 하나님의 의는 다스림과 보호를 통해 창조 질서를 유지하는 긍정적 차원만 있는 것이 아니다. 거역하는 것에 대해 평가와 심판을 통해 유지하는 것도 있다. 언약 관계도 마찬가지이다. 관계에 불충실한 쪽을 심판하는 것은 언약 관계에 충실한 것이다. 서로 그렇게 계약을 맺었기 때문이다. 하나님이 자신을 거절한 죄인을 심판하는 것은 하나님의 의, 곧 신실함의 표현이다. 하나님은 행위대로 사람들을 평가하시는 분이며 그에 따라 구원과 영생을 주시는 심판자이시다(롬 2:6-11). 그렇기 때문에 창조주와의 관계를 거절한 모든 사람은 하나님으로부터 부정적 심판 결과를 받고 진노와 죽음을 경험할 수밖에 없다. 여기에는 그 누구도 예외가 없다. 공평하고 일관성 있게 자신의 심판 기준으로 모든 사람을 대하시는 분이기 때문이다.

넷째, 심판 결과와 하나님의 처음 계획과의 관계이다. 하나님의 처음 계획은 사람을 창조하여 특별한 사랑의 관계 안으로 들어오게 하는 것이다. 그런데 로마서 3:23에서 말한 것처럼 모든 사람은 죄를 범했다. 하나님의 영광과 연결되지 못했고 그분의 마지막 심판을 통과하지 못하여 영원한 형벌을 받게 될 것이다. 그 심판은 공정해서 아무도 피할 수 없을 것이다. 그런데 그렇게 되면 문제가 하나 생긴다. '아버지-자녀' 관계 안으로 들어 올 사람이 아무도 없게 된다는 점이다. 하나님의 처음 계획 자체가 이루어지지 않음을 의미할 수 있다. 창조의 의미가 없어지는 것이다. 창조를 통해 역사를 만든 그 모든 수고가 무위로 돌아가는 것이다. 하나님은 헛수고한 실패자가 된다. 뿐만 아니라 하나님 스스로도 그 상황을 용납할 수 없을 것이다. 인간을 만들어 자신과의 관계 안으로 이끌려는 계획을 세우시고 이행하는 모든 동기는 하나님의 사랑이다. 에베소서 1:4-5는 이 모습을 "사랑 안에서" 기쁘신 뜻대로 예정하사 자신의 아들들이 되게 하려고 했다고 말한다. 구약 내내 이스라엘의 역사를 통해 표현된 그 사랑. 때로는 부부 사이 사랑의 모습으로 혹은 자녀를 향한 부모의 사랑으로 표현된 하나님의 그 사랑이 사람과의 관계가 완전히 실패하는 것을 용납하지 못할 것이다. 이것은 하나님의 고민일 지 모른다. 자신과의 관계를 거절한 죄인들을 향한 창조주의 신실한 심판과 그들을 언약 관계 안으로 들이고자 한 사랑의 계획 사이의 고민이다. 하지만 하나님은 인간의 죄를 그냥 두시지는 않는다. 일관성 있고 공평하신 분이시기 때문이다.

다섯째, 십자가와 부활의 예수 사역과 하나님 고민과의 관계이다. 로마서 3:24는 사람의 죄 문제가 메시아 예수로 말미암은 속량으로 해결되었다고 말하고, 로마서 3:25에서는 하나님이 예수를 '힐라스테리온'($\iota\lambda\alpha\sigma\tau\acute{\eta}\rho\iota o\nu$; 화목제물[개역개정] 혹은 속죄제물[새번역])으로 세워 그 문제를 해결했다고 한다. 로마서 3:23-24가 사람의 상태 변화를 중심으로 하나님의 구원 과정을 설명했다면, 로마서 3:25-26은 하나님을 문장의 주어로 사용하여 그분이 행한 과정에 초점 맞추어 설명한다. 하나님 일하심의 핵심은 피로써 표현되는 예수의 십자가 죽음과 뒤따라 나오는 부활이다. 비록 로마서 3:25-26은 부활에 대한 언급은 없지만 이후 로마서 4장에서는 이 둘을 구원 과정에서 함께 언급하기 때문에 부활도 같이 생각하는 것이 좋다.

바울은 예수의 십자가 사건을 '힐라스테리온' 개념으로 이해했다. 이 표현은 모세가 세운 성막 가장 안쪽 지성소 안에 있는 언약궤 뚜껑을 말한다. 구약에서는 속죄소(개역개정) 혹은 속죄판(새번역)이라고 번역한다. '힐라스테리온'의 기능은 하나님과 사람 사이에 연결점 역할을 하는 것이다. 두 부분을 통해 알 수 있다. 한 부분은 출애굽기 25:22와 민수기 7:89이다.* '힐라스테리온' 위에는 그룹 천사 둘이 서로 날개를 잇대고 있는 조각이 있는데, 하나님이 '힐라스테리온' 위 두 그룹 사이에서 이스라엘 자손을 위해 모세에게 명령할 것을 전달하겠다는 내용이다. 여기서 '힐라스테리온'은 하나님이 이스라엘 백성을 단나고 소통하는 통로 역할이다. 또 다른 부분은 레위기 16장이다. 일년에 한 번씩 대제사장을 통해 이스라엘 모든 백성의 죄를 용서 받는 의식을 다룬다. 대제사장이 수송아지로 자신의 죄를 위한 제사를 드리고 그 피를 받아 '힐라스테리온' 동쪽과 앞에 뿌리고(레 16:11-14) 숫염소를 잡아 그 피를 가지고 지성소 안으로 들어가 백성들의 죄를 위해 '힐라스테리온' 위와 앞에 뿌린다(레 16:15-16). 이때, '힐라스테리온'은 죄 용서의 통로가 된다. 이렇게 보면, '힐라스테리온'의 역할은 하나님이 사람들과 교통하는 통로이며 죄 문제를 해결하는 통로이다.

그런데 로마서 3:25의 '힐라스테리온'과 관련해 약간 어려운 점이 있

---

* 출애굽기 25:22: "거기서 내가 너와 만나고 속죄소 위 곧 증거궤 위에 있는 두 그룹 사이에서 내가 이스라엘 자손을 위하여 네게 명령할 모든 일을 네게 이르리라."; 민수기 7:89: "모세가 회막에 들어가서 여호와께 말하려 할 때에 증거궤 위 속죄소 위의 두 그룹 사이에서 자기에게 말씀하시는 목소리를 들었으니 여호와께서 그에게 말씀하심이었더라."

다. 어떻게 번역해야 할 것인가의 문제다. 정황상 로마서 3:25의 표현은 아마도 레위기 16장 상황을 더 염두에 둔 것으로 보인다. 죽음을 의미하는 피와 '힐라스테리온'이 함께 나오기 때문이다.[58] 과거 구약 시대에 짐승의 피와 '힐라스테리온'을 통해 백성들의 죄 문제를 처리 했듯이, 하나님이 예수를 많은 사람들의 죄 문제를 처리하기 위한 '힐라스테리온'으로 삼고 예수의 피를 그 위에 뿌렸다는 이야기이다. 얼핏 보기에는 피를 통해 죄 문제를 해결하는 것에 방점이 있는 것 같다. 그런 까닭에 하나님 앞에서 죄 용서받는 것에 초점을 둔 '속죄제물'이 더 적절한 듯 보인다. 하지만 레위기 16장을 비롯한 제사에 대한 율법의 가르침은 죄 사함 혹은 죄 씻음과 관련되어 있지만, 그것을 통해 하나님과의 관계를 회복시키는 것이 최종 목적이다.[59] 이런 면에서 '힐라스테리온'과 관련해 죄로 인한 하나님의 진노를 누그러뜨리고 화목의 관계를 만드는 것과 연결시키는 것도 무리한 시도는 아니다. 관계 회복을 위한 '화목제물'도 가능한 번역이란 것이다. 사실, 이 두 개념은 서로 배타적이지는 않다. 번역을 위해서 어느 한쪽을 택하라고 하면 '속죄제물'을 택하고 싶지만, 죄 사함의 문제와 관계 회복의 문제를 함께 담고 있는 것으로 보아야 한다.[60] 논리적 순서에 의하면 죄 사함을 통해 관계가 회복된다. 그렇기 때문에 로마서 3:25에서 십자가 위에서의 희생적 죽음을 '힐라스테리온'으로 이해했다는 것은 백성들의 죄를 대신해 죽음으로써 죄 문제를 해결했다는 것과 함께 그 결과로 하나님과의 관계가 연결될 수 있는 길이 열려졌음을 의미하는 것으로 보아야 한다. 이런 면에서 예수의 죽음은 하나님이 구약을 통해 오래 전에 약속한 새 언약(렘 31:31-34)을 성취한 사건이다(참고, 히 9:15). 죄 용서의 요소와 그로 인해 하나님과 맺게 되는 새로운 관계 요소가 같이 있기 때문이다. 예수 스스로도 자신의 죽음을 이 두 요소를 함께 담고 있는 하나님의 일하심의 통로로 이해했고 많은 사람을 위해서 흘리는 언약의 피의 개념으로 제자들에게 가르쳤다(마 26:28; 막 14:24). 더 나아가 사역의 최종 단계를 많은 사람을 위해 자기 목숨을 대속물로 내어주는 것이라고 말했다(막 10:45).

여전히 궁금한 것은 하나님이 왜 이런 방식으로 죄 문제를 처리했는가 하는 것이다. 그 단서는 로마서 3:25하반-26에 있다. "이는 하나님께서 길이 참으시는 중에 전에 지은 죄를 간과하심으로 자기의 의로우심을 나타내려 하심이니 곧 이때에 자기의 의로우심을 나타내사 자기도 의로우시며 또한 예수 믿는 자를 의롭다 하려 하심이라". "이는"(왜냐하면)이라는 접속사를 통해 하나님이 예수의 피를 많은 사람들의 죄를 용서하는 통로로 세우신 이유를 소개한다. 하나님이 길이 참으시는 중에 전에 지은 죄를 간과하심으로 자신의 의로우심을 나타내고 자신뿐 아니라 예수 믿는 자를 의롭다 하기 위해서이다. 조금 어려운 표현이지만 이해를 위해서 몇 가지 논리적 질문이 필요하다.

첫째 질문은 공평하게 심판하시는 하나님이 죄인을 용서해주시는 것이 가능한가이다. 앞서 언급했듯이, 로마서 2:6-11에 의하면 하나님은 행위대로 심판하시는 분이다. 여기에는 어떠한 예외도 없다. 로마서 2:11은 사람을 외모로 판단하지 않으신다는 말을 첨가해서 하나님은 공평하고 정의롭게 심판하시는 분임을 강조한다. 그런데 자기가 사랑한다고 해서 창조주인 자신과의 관계를 거절한 자를 용서하고 받아 주는 것이 합당한가? 만일 받아 주면 하나님은 공정한 심판자가 아닌 것이 되고, 심판 하면 창조 전 계획이 무위로 돌아간다. 위에서 말한 하나님의 고민이다. 하나님은 이에 대해 심판과 사랑의 용서를 동시에 추구함으로써 해결하시려는 듯하다. 이미 구약 역사 속에서 진노 한 가운데 구원을 드러내는 방법을 사용하셨기 때문이다. 또한 율법을 통해 제사 제도를 허락하셨기 때문이다. 비록 짐승이기는 하지만 그것의 죽음(피)을 통해 죄 문제에 대한 해결을 허락하셨다. 짐승이 사람 대신 죽음의 심판을 받게 하셨다. 그래서 사람들은 그 짐승이 죽었기에 죽음의 심판을 당하지 않는 것이다. 마찬가지로 하나님은 사람들 대신 예수를 심판함으로써 진노와 사랑을 동시에 추구하신다.

하지만 여기서 두 번째 질문이 파생된다. 행위대로 심판하시는 분이 다른 짐승을 대신 심판해서 사람들의 죄를 용서하는 것이 과연 공정한가? 더 나아가 짐승의 피로 사람들의 죄 문제 해결이 가능한가? 정말 백번을 양보해서, 심판을 행한다는 차원에서 다른 사람 죄를 대신해 형벌을 받는 것도 가능하다고 여겨보자. 심판이라는 것을 행하기는 하니까. 하지만 이 과정에는 심판 당하는 대상의 경중 문제가 있을 수 있다. 사람은 짐승이 아니다. 그런데 단순히 짐승의 피로 사람들이 창조주를 거절한 그 죄가 해결 받을 수 있을까? 이는 마치 어떤 사람이 살인을 했는데 그 사람 대신 바퀴벌레를 죽이는 것으로 살인죄를 용서하는 것과 비슷하다고 할 것이다. 사실 이런 예도 부족하다. 창조주와 피조물인 사람의 차이는 사람과 벌레 차이보다 더 크기 때문이다. 그런데 짐승의 피로 사람의 죄를 용서하는 것이 가능한가? 만일 그것이 실제로 가능하면 하나님은 공평한 심판관이 아니다.

바울은 로마서 3:25 하반절에서 이에 대한 중요한 단서를 제공한다. 하나님이 오래 참으시는 중에 '간과'했다는 것이다. 죄를 용서했다는 것이 아니다. 그냥 눈 감아주고 넘어 갔다는 말이다. 구약의 사람들,

예수 이전 모든 사람들의 죄를 알면서도, 그리고 짐승의 생명으로 대신한다는 것이 부족하다는 것을 알고도 오래 참고 그러려니 하고 넘어 갔다는 말이다. 그렇다고 죄에 대한 공정한 심판을 포기한 것이 아니다. 그러려니 하던 모든 죄에 대한 심판을 다른 곳에 쏟아 부었기 때문이다. 짐승에게도 아니고 죄를 범한 사람에게도 아니다. 영원하신 하나님의 아들 메시아 예수에게 부었다.

   이 과정을 통해 1) 하나님은 행한 대로 판단하시는 자신의 원리를 깨지 않으셨다. 창조 질서를 신실하게 유지하시는 하나님의 속성을 보이신 것이다. 또한 2) 하나님이 자신의 아들에게 영원한 형벌을 내리셨기에 심판 대상의 경중 문제도 해결하셨다. 벌레나 짐승, 심지어 사람이 사람의 생명을 대신해 심판 당한 것과는 비교할 수 없는 상황이 전개된 것이다. 히브리서의 표현처럼 천사보다도 훨씬 뛰어난 위치에 계신 분, 하나님의 영광의 광채시고 본체의 형상이신 하나님의 아들(히 1:2-3)에게 사람들을 대신해서 심판을 내리신 것이다. 심지어 이 사건은 피조물인 사람들의 죄를 대신해서 창조 전의 계획에 함께 하시고 창조 과정에도 함께 하셨던 아들 하나님(골 1:15-17; 참고, 요 1:3; 고전 8:6; 히 1:2)에게 심판을 쏟은 것이다. 창조주가 피조물을 위해 심판을 당한 것이기에 사람의 죄를 대신해 다른 이가 심판을 당하는 과정에 불공평하다거나 부족함이 있다고 말할 수 없다. 오히려 이것은 하나님 편에서 더 많은 희생과 손해가 있는 불공평한 방법이다(참고, 롬 8:32). 그렇기 때문에 예수를 통해 사람들의 죄값을 대신 치르시는 과정은 하나님 자신의 심판 원리를 깨지 않은 것일 뿐 아니라 어느 누구도 감히 불공평하다거나 정의롭지 못하다고 말할 수 없게 만드신 것이다. 한편, 3) 하나님은 사람들 죄에 대한 심판을 예수에게 행하셨기에 사람들에게 또 다시 심판을 행하면 안 된다. 이 역시 공정한 심판 원리에 어긋나기 때문이다. 앞서 설명했듯이 부활은 그 심판이 끝났음을 알리는 증거이다. 그런 까닭에 사람들이 하나님의 심판을 받지 않아도 되는 길이 열린 것이고, 그 길을 통해 사람들을 향한 사랑의 계획이 성취될 수 있는 문이 열려진 것이다. 자신의 심판 원리도 깨지 않을 뿐더러 사람들의 죄 문제를 해결해서 창조 전에 세운 사랑의 계획 속으로 죄인들이 들어갈 수 있게 만든 것이다.

이런 면에서 예수의 십자가와 부활은 하나님과 사람 모두에게 중요한 의미가 있다. 하나님과 관련해서는 공의와 사랑이라는 고민거리에 대한 해결이다. 창조주를 거절하는 죄 문제를 처리하는 창조주의 신실함과 의로움을 드러낸 것이며, 인간의 죄 문제를 해결함으로써 창조 전의 계획이 실패로 돌아가지 않게 만든 것이다. 더 나아가 사람의 죄를 대신해 심판하는 과정에서 생기는 불평등과 불공정 문제를 해결하고 오히려 하나님 편에서의 희생과 사랑을 보이는 계기로 만들었다. 사람과 관련해서는 죄에 대한 심판과 함께 창조주와의 끊어진 관계가 다시 연결될 수 있는 기회를 제공한 사건이다. 로마서 3:26에서 말한 것처럼 하나님이 자신의 의를 드러내고 믿음으로 반응한 사람들을 의롭게 하실 수 있는 길을 연 것이다. 그렇기 때문에 예수의 십자가는 구약에서 약속한 새 언약을 성취한 사건이며, 부활과 함께 창조주 하나님의 모든 구원 계획이 성취되게 하는 핵심 과정이다.

예수를 통한 하나님의 사역은 구원의 긍정적 상호 작용의 첫 과정이다. 하지만 그 결과를 진정으로 경험하기 위해서는 두 번째 과정인 인간의 긍정적 반응이 필요하다. 회개를 수반한 믿음의 과정이다. 이제 두 번째 과정 설명으로 넘어가기 전에 예수의 십자가와 부활과 관련한 하나님의 일하심에 대해 두 가지 추가적 질문을 해야 하겠다.

하나는 하나님은 처음부터 이런 형태의 구원 계획을 갖고 있었을까 하는 것이다. 여기에는 인간이 하나님을 거절하는 죄와 그것과 관련한 창조주의 공의와 사랑의 고민도 담고 있다. 정확하게 가부를 단정하기는 어렵다. 하지만 조심스럽게 그럴 가능성이 많다고 생각한다. 왜냐하면 이스라엘 백성과 언약 관계를 맺으면서 그들 대신 짐승을 심판하여 죄를 간과했던 제사 제도를 말씀하셨기 때문이다. 히브리서 기자가 구약의 성막을 영원한 것의 모형이라고 말했던 것처럼(히 9:9, 11), 아마도 장차 있을 메시아 예수를 통한 완전한 해결 방법을 처음부터 갖고 계셨던 것 같다. 에베소서 1:3-11도 창조 전에도 하나님은 예수를 중심으로 한 계획을 세우셨고 실제로 아들을 이 땅에 보내심으로 성취하신 것으로 말하고 있기 때문이다.

또 다른 하나는 왜 이런 식으로 사람들을 대신해 자신의 아들 예수를 희생시키는 방법을 택했을까 하는 것이다. 하나님의 고민을 해결하는 방법이라는 것은 이해하겠지만 여전히 납득하기 어려운 것은 하나님의 아들을 대신 심판하는 방법을 쓸 정도로 사람들이 귀한 존재인가라는 것이다. 단순히 피조물인데 말이다. 위에서 언급한 예로 다시 말하면 벌레를 위해서 사람이 죽어야 하는가? 이건 말도 안 되는 것이다. 마찬가지이다. 피조물인 흙덩어리 인간을 위해 하나님이 아들을 대신 심판하는 것도 말이 안 되지만, 메시아 예수가 그것에 순종해서 실제로 심판 현장으로 간 것도 말이 안 된다. 뭐라고 설명허도 말이 안 된다. 다만 한 가지, 은혜와 사랑이라는 표현 밖에는 없다(롬 5:6-9; 히 2:9; 요일 4:10). 그 뜻을 무엇이라고 정의해도 그분의 깊은 의도를 다 헤아릴 수 없다. 그냥 은혜와 사랑이라고 말할 수밖에 없다.

그리고 그 은혜와 사랑에 어떻게 반응하는 가는 철저하게 사람의 몫이다.

2. 인간의 회개와 믿음의 반응: 긍정적 상호 작용의 두 번째 과정

하나님이 예수를 통해 구원을 위한 상호 작용의 첫 과정을 완성했다면, 남은 것은 그에 대한 사람들의 반응이다. 그 모습은 메시아 예수의 첫 선포 내용 속에 담겨 있다. "이때부터 예수께서 비로소 전파하여 이르시되 회개하라 천국이 가까이 왔느니라 하시더라"(마 4:17). 마가복음의 표현에는 예수가 전파하는 하나님의 복음을 믿으라는 것도 함께 있다(막 1:15). 예수를 통해 드러날 하나님의 사랑과 구원 계획을 이행하시는 창조주의 신실함에 회개와 믿음으로 반응하라는 것이다. 결국 사람이 하나님의 구원을 경험하는 유일한 방법은 회개와 믿음의 응답이다. 이제 이 두 요소를 하나씩 살펴보자.

1) 회개: 하나님을 향한 인간의 참 반응 1

회개는 기본적으로 사람들이 잘못을 범한 상황을 전제로 하여 그 상태에서 돌이키는 것을 의미한다. 상호 작용 설명 틀에 의하면 하나님을 향한 인간의 반응을 부정적 형태에서 긍정적인 것으로 바꾸는 과정이다. 그렇기 때문에 회개의 참 모습을 이해하기 위해서는 부정적 상호 작용 과정과 그 안에 나타난 사람들의 반응 모습에 집중해야 한다. 부정적 상호 작용을 가장 잘 설명하고 있는 로마서 1:18-3:20의 모습, 특별히 로마서 1:18-32의 내용을 다시 기억하는 것에서 시작하는 것이 좋겠다.

로마서 1:18은 불의로 진리를 막는 모든 사람들에게 하나님의 진노가 하늘에서부터 임했다고 말한다. 하나님과 사람 사이에 벌어지는 부정적 상호 작용의 전체적 모습이다. 진리란 창조 이후 모든 피조물을 통해 계시된 하나님의 어떠하심이며(롬 1:19), 불의로 진리를 막는 것은 그 하나님을 향한 인간의 거절이다. 특별히 바울은 인간의 거절 반응을 내적 인지 상황과 외적 행위와 태도 차원으로 구분해 창조주를 향한 전인격적인 반역임을 설명한다(롬 1:21-23). 하나님의 진노는 인간의 거절에 대한 응답이다. 바울은 하나님의 심판을 인간의 내적 인지 영역 차원과 외적 행위와 태도의 차원에 대한 것으로 구분하여 설명한다. 먼저 행위와 태도 차원을 동성애를 예로 들어 설명하고(롬 1:24-27), 이후 인지 영역 차원에 대한 것을 다룬다(롬 1:28-32). 전체적으로는 하나님의 선행 활동 → 인간의 거절 → 하나님의 응답으로서의 심판 과정을 보여준다. 바울의 이런 설명은 회개가 무엇인지를 이해하는 몇 가지 단서를 준다.

첫째, 회개는 자신이 부정적 상호 작용 속에 있다는 것을 철저하게 인식하는 것에서 출발한다. 바울이 복음을 설명하는 방식에서 추론할 수 있다. 바울은 서신의 서론과 본문을 연결하는 로마서 1:16-17에서 자신이 왜 복음을 부끄러워하지 않고 로마 교인들에게 전하고 싶어 하는 지 그 이유를 언급한다. 구원의 전체 계획을 이행하시는 창조주의 신실함이 그 안에 나타나 있기 때문이다. 또한 그 하나님 의를 드러내 보인 메시아 예수, 그분을 믿는 모든 자들에게 구원을 주는 하나님의 능력이 복음 안에 들어 있기 때문이다. 그런데 주목할 것은 바울이 복음을 설명할 때 하나님과 사람 사이에 벌어지는 긍정적 상호작용 형태로 시작하지 않는다는 점이다. 로마서 1:18에서 시작하여 로마서 3:20까지 상당히 긴 분량을 할애해서 하나님 진노 아래 있는 인간의 문제와 그 문제를 해결할 수 없는 인간의 무능력함을 상세하게 설명한다. 바울이 이런 구조로 복음에 대한 설명을 진행한 것은 부정적 인간 상태를 충분히 인식하게 해서 긍정적 구원이 왜 필요한 지를 스스로 인식하게 하기 위해서일 것이다.

비슷한 모습은 구약 예언자들을 통해 전달되는 메시지 형태에서도 확인할 수 있다. 대부분의 예언서는 하나님을 거절하는 인간 상태를 고발하는 것에서 시작한다. 예를 들어 이사야서는 아모스의 아들 이사야가 유다와 예루살렘에 대한 계시라고 언급한 이후(사 1:1) 예언의 본격적인 시작을 이스라엘 백성의 죄악을 지적하고 온 하늘과 땅에 선포하는 것으로 시작한다(사 1:2-3). 자기를 양육해준 부모를 거절한 패륜아처럼 이스라엘은 하나님을 버렸다. 심지어 나귀나 소 같은 짐승도 자기 주인을 알아보는데 이스라엘은 그렇지 않다는 것이다. 언약 관계를 철저하게 무시하는 죄의 모습이다. 계속해서 이사야는 이스라엘 백성들이 하나님을 거절함으로 얼마나 많은 고통을 당하고 있는지 묘사해 간다. 마치 온 몸에 매를 맞고 병들어 상한 곳이 하나도 없는 상황처럼 하나님의 징계로 인해 개인의 삶과 함께 땅과 성읍을 비롯한 공동체의 모든 것이 황폐하게 되었다(사 1:4-9). 심지어 그들이 행하는 종교적 일들은 그들에게 하나도 도움이 안 되며, 오히려 그들의 위선적인 악함을 고발하는 것이라고 말한다(사 1:10-15). 이런 부정적 상황을 전제로 하나님은 이스라엘 백성을 향해 회개를 촉구한다(사 1:16-17). 만일 그 상황을 인식하고 돌이키면 살게 되지만 계속 거절하면 전쟁의 칼로 심판하시겠다는 것이다(사 1:18-20). 이처럼 하나님을 향한 긍정적 반응의 시작이 회개라면 그 회개의 시작은 하나님 앞에서 사람들이 처한 부정적 상황을 인식하는 것이다. 그 안에는 하나님의 심판의 엄중함과 그것을 초래한 사람들의 잘못이 무엇인지에 대한 정보가 들어 있어야 한다. 그 실제 상황을 어떤 방식으로 어느 정도의 진지함으로 인식하는가에 따라 상황이 바뀔 가능성의 정도가 결정된다. 상대적으로 깊이 인식하는 사람일수록 회개의 가능성이 많아진다. 물론, 단순히 부정적 현실을 인식했다는 것 자체가 자동적으로 사람들의 회개로 연결되는 것은 아니다. 실제로 회개하고 돌이키는 과정이 필요하지만 자신이 처한 현실을 분명히 직시하는 것이 시작이라는 것은 분명하다.

둘째, 회개에는 자신의 잘못을 정직하게 시인하고 인정하는 요소가 있다. 하나님의 심판을 당하는 사람들에게는 흥미로운 공통점이 있다. 하나님 앞에서 자신들이 행한 것에 대한 인정과 잘못했음에 대한 시인이 없다는 점이다. 예를 들어 로마서 1:32에서는 하나님을 향한 많은 죄악들을 행한 사람들의 또 다른 모습을 설명한다. "그들이 이같은 일을 행하는 자는 사형에 해당한다고 하나님께서 정하심을 알고도 자기들만 행할 뿐 아니라 또한 그런 일을 행하는 자들을 옳다 하느니라." 그들은 모든 불의, 추악, 탐욕으로 시작하는 로마서 1:29-31의 많은 악한 일들을 행할 뿐 아니라, 그런 일들이 하나님의 진노를 야기시켜 죽음에 이르게 한다는 것을 알고 있다. 그럼에도 불구하고 그들에게는 자신이 행한 것이 잘못되었음을 하나님 앞에서 시인하는 것이 없다. 바울의 표현에 의하면, 그들은 "자기들만 행할 뿐 아니라 또한 그런 일을 행하는 자들을 옳다"고 한다. 비록 하나님의 진노와 심판이 있더라도 자신들의 악함을 포기할 수 없다는 것이다. 그뿐 아니다. 자기들과 동일한 잘못을 행하는 사람들을 두둔하여 자기 합리화를 하고 있다. 공범을 만들어 자기만 잘못하고 있는 것이 아님을 강변하고 싶은 것이다. 더 나아가 자신의 행동에 문제가 없다는 것을 소위 사람들의 관행 혹은 보편성이라는 것을 통해 주장하고 싶은 것이다. 이런 모습에는 자신이 행했던 것이나 행하고 있는 것에 대해 '죄송합니다'나 '잘못했습니다'라는 표현이 없다. 오직 '나는 여전히 괜찮아, 잘못한 것이 없어!'라는 외침만 있을 뿐이다. 상황을 알고 그에 대한 심각함도 인지하고 있지만 여전히 자신을 그 상황과 분리시켜 자기 의를 내세우는 모습이다. 이런 모습에도 하나님의 심판이 비켜가기를 기대하는 것은 어리석은 자기 최면일 것이다.

똑같은 모습이 인류 최초의 범죄와 그 결과를 다룬 창세기 3장에도 나온다. 뱀의 유혹으로 여자가 먼저 선악을 알게 하는 나무 열매를 먹고 남편인 아담 역시 동일하게 먹었다. 이후 하나님은 그들의 죄에 대해 질문과 심판을 내리신다. 먹지 말라고 명한 그 나무 열매를 먹었느냐는 하나님의 질문에 아담은 자신의 잘못을 다른 사람으로 돌린다. 그런데 그 표현이 가관이다. 아담은 "하나님이 주셔서 나와 함께 있게 한" 여자가 주어서 먹었다고 말한다(창 3:12). 자신의 잘못을 일차적으로 자신의 아내 하와에게 돌린 것이지만, 궁극적 원인은 그 여자를 만든 하나님이라는 것이다. 자신이 잘못했음에도 적반하장(賊反荷杖)으로 그 모든 것이 하나님의 책임이라고 항변한다. 여기에는 자기 잘못을 인정하는 시인이 없다. 여자도 마찬가지이다. 하나님이 왜 그런 일을 했냐고 물었을 때 뱀이 꾀어서 그랬다고 말한다(창 3:13). 부창부수(夫唱婦隨)다. 남편과 동일하게 시인하는 말은 없고 뱀에게 책임을 전가한다. 아담과 하와 모두는 하나님 앞에서 죄를 범한 상황이 심각하다는 것을 알고 있지만 그 상황을 만든 것이 자신이라는 것을 인정하지 않은 것이다. 이런 면에서 부정적 상호 작용의 결과인 하나님 진노의 심각성을 인식하는 것과 그것이 자기 잘못에 대한 응답이라는 것을 인정하는 것은 다르다. 회개란 하나님의 진노 아래 있다는 자신의 상황을 인식함으로 시작하지만 하나님 앞에서 자신의 잘못을 인정하고 자신의 책임을 시인하는 요소가 반드시 수반되어야 한다.

셋째, 회개란 죄에 대한 돌이킴을 의미하지만 반드시 근원적인 죄(the sin)와 그로 인해 파생된 죄악들(sins)을 구분해서 접근해야 한다. 앞서 부정적 상호 작용을 설명할 때 언급했듯이, 로마서 1:28은 사람들의 죄의 모습을 근원적인 죄와 파생된 죄악들로 구분해서 설명한다. 근원적인 죄란 사람들이 자신의 지식과 사고 체계 혹은 가치관 속에 하나님이란 변수를 두지 않는 것이다. 한마디로 자신을 중심으로 모든 것을 사고하고 판단하고 행하는 것을 택한다는 것이다. 인지와 사고의 내적 영역에서 벌어지는 것이다. 파생된 죄악들은 하나님 없는 가치 체계 속에 살아가는 모든 삶의 모습을 의미한다. 설사 사람들이 보기에 선하다고 해도 하나님이란 변수가 없으니까 모든 것이 창조주와 상관없는 것이기에 죄인 것이다. 문제는 회개를 이야기할 때 이 두 구분을 생각하지 않는다는 점이다. 보통은 파생된 죄악들을 의식하고 그것을 하지 않으려는 것을 회개라고 생각한다. 틀린 것은 아니다. 하지만 그런 것들을 하지 않는다고 구원 받는 것이 아니다. 구원은 초(超)한 사람을 만드는 것이 아니라 하나님과의 관계가 연결되는 것을 의미하기 때문이다. 정말 중요한 것은 창조주와의 관계를 거절하는 근원적인 죄에 대한 태도이다. 따라서 구원과 연결된 회개는 기본적으로 창조주 하나님을 거절했던 것에 대한 돌이킴과 그에 근거해 삶의 태도와 언어, 행위의 제반 영역에 대해 돌이키는 것이 함께 수반되어야 한다. 물론 시작은 안에 있는 인지와 사고의 중심을 바꾸는 것이다. 창조주를 지식과 사고 체계에서 가장 중요한 요소로 인정하고 그 안에서 자신과 세상의 모든 영역을 재정립하는 것이다. 삶의 주인을 바꾸는 일이며, 나만을 중심으로 한 것에서 창조주를 중심으로 한 관계로 다시 살겠다는 것이다. 그렇기 때문에 진정한 의미에서의 회개는 사고와 가치관을 하나님 중심으로 맞추는 것이라고 할 수 있다. 중심에서부터 시작한 이런 바꿈의 결정이 행위와 태도를 통해 밖으로 드러나게 하려는 것이 온전한 회개이다.

이런 회개의 예는 많지만 삭개오의 경우가 좋은 모범이다. 누가복음 19장에 나오는 삭개오는 세리장이다. 당시 세리는 사회로부터 좋지 않은 평을 받는 사람이었다. 로마의 식민통치를 받고 있는 상황 하에서 동족의 돈을 거두어 로마에 바치는 매국노이자 정해진 세율 이상을 걷어 자신의 배만을 불리는 못된 사람이었기 때문이다. 삭개오가 세리가 된 것은 동족 유대인들과의 관계나 친분보다 돈을 더 중요시 했기 때문이다. 모든 것을 잃더라도 돈만 벌면 된다는 가치를 가지고 있는 사람이라고 할 수 있다. 그런데 세리의 장이 되었으니 얼마나 그 가치를 열심히 추구했겠는가. 이런 사람들은 당시 유대인의 관점에서는 구원과 상관없는 죄인이었다. 그런 그가 예수를 만나 새로운 관계를 맺고는 예수에게 자신 소유의 반을 가난한 자들에게 주고 만일 누구의 것을 속여 빼앗은 일이 있으면 네 갑절로 갚겠다고 말한다(눅 19:8). 이 일은 행동을 수반하는 것이지만, 그 이면에 자신이 평생 중요시하던 돈이라는 가치관을 버리고 예수를 중심으로 한 새로운 가치관으로 살겠다는 결정이 담겨 있다. 자신을 지금까지 유지시키고 지탱했던 가장 밑바닥의 근간을 바꾸겠다는 것이다. 이것이 회개다. 행위 영역도 중요하지만 더 중요한 것은 속에 있는 가치관을 바꾸는 것에서 시작하는 것이다. 예수는 삭개오의 이 말에 "오늘 구원이 이 집에 이르렀다"라는 표현으로 그의 변화를 구원의 증거로 인정해 주었고, "이 사람도 아브라함의 자손이다"라는 표현으로 하나님과의 언약 관계 속에 들어간 사람임을 선포했다(눅 19:9). 사실 삭개오의 구원은 예수를 믿어서 된 것이지만, 그 구원의 믿음은 회개를 통해 표현되었고 그 회개는 삶을 이끌어 가는 가치관과 사고 체계의 돌이킴을 밖으로 드러내는 모습으로 나타났다. 뒤집어서 보면, 마음 깊은 곳에서 사고와 가치관의 돌이킴이 없는 회개는 가짜이고, 사고의 돌이킴을 삶으로 표현하려는 것이 없는 것 역시 가짜이다. 완전함을 말하는 것이 아니다. 분명한 돌이킴이 있는가 없는가를 말하는 것이다. 이런 면에서 회개는 믿음으로 인한 구원의 전제 조건이다. 하나님을 향해 마음의 중심을 바꾸는 것이기 때문이다.

지금까지의 설명을 정리하면 하나님을 향한 긍정적 반응, 곧 참다운 회개는 다음처럼 정리할 수 있다.

(1) 회개는 사람이 하나님 앞에서 심각한 문제 상황에 속해 있음을 인식하는 것에서 시작한다.
(2) 회개는 그 문제 상황이 자신 때문에 벌어진 것임을 정직하게 직면하고 자기의 책임을 인정하는 것이다.
(3) 회개는 근원적인 죄를 돌이키는 것이다. 창조주 하나님을 인정하

고 자기를 중심으로 한 사고와 가치 체계를 하나님을 중심으로 한 것으로 바꾸는 결정이다.

(4) 회개는 속에서부터 시작한 인지와 사고 영역의 돌이킴을 삶의 모든 요소에서 드러내고자 하는 몸짓이 들어 있다.

비록 완벽한 새로움은 아닐지라도 여전히 이 요소들이 중요하다는 것을 놓치지 않고 늘 그 안에서 자신의 삶을 확인하려는 것은 하나님 앞에서 참다운 회개를 한 사람들의 증거이다.

2) 믿음: 하나님을 향한 인간의 참 반응 2

회개가 하나님을 향한 긍정적 반응의 시작이라면 구원을 실제로 경험하게 하는 중요한 단계는 믿음이다. 믿음이 필요한 이유는 기본적으로 구원을 행하시는 하나님이 보이지 않는 존재이기 때문이다. 창조주가 누구이고 무엇을 행하셨는지 또 무엇을 이루시려는 것인지 그 뜻이 무엇인지 알 수 있는 방법이 없다. 그래서 계시가 필요하고, 하나님이 자신의 어떠함을 창조를 통해, 그리고 구약 역사를 통해 드러내시고 때가 되어 아들을 계시의 결정체로 이 땅에 보내신 것이다. 그렇기 때문에 구원과 관련한 인간의 믿음은 기본적으로 예수의 정체성과 사역에 대해 인식하고 동의하는 것과 관련이 있다. 예수의 정체성과 사역에 대해서는 긍정적 상호 작용의 첫 단계적 의미로 앞에서 설명했다. 여기서는 그 예수를 통해 하나님의 계시와 일하심을 받아들이는 것이 어떤 의미인지에 대해 집중하겠다.

상호 작용 설명 틀 안에서 믿음을 인간의 긍정적 반응으로 잘 설명한 부분은 로마서 4장이다. 아브라함이라는 새로운 등장인물을 통해 설명한다. 여러모로 아브라함은 예수를 믿는 사람과 연결점이 많다. 먼저 생각할 것은 언약이라는 배경이다. 아브라함은 하나님과 본격적으로 언약 관계를 맺은 사람이다. 물론 그 이전에 아담과 노아도 하나님과 관계를 맺고 있는 사람이었지만 언약이라는 단어를 사용하여 그 관계를 규정한 것은 아브라함이 처음이다. 창조 이전 계획이 아담과 노아를 거쳐 아브라함에 이르러 구체적인 관계 모습을 띠기 시작한 것으로 볼 수 있다. 예수는 하나님께서 이루시고자 하는 새 언약을 위해 이 땅에 왔고 십자가의 피로 그것을 위한 길을 놓았다. 하나님과의 본격적 언약 관계가 이스라엘 민족을 통해 계시되는 시작점이 아브라함이라면, 예수는 그에 대한 완결점이다. 신자는 그 예수를 믿는 자들이다. 두 번째 연결점은 하나님과 언약을 맺는 대상의 상태이다. 아브라함은 언약과 관련해 두 가지 정체성을 가지고 있는 사람이다. 그는 이스라엘 민족의 조상이라는 점에서 혈통적으로는 유대인이다. 하지만 하나님과 언약을 맺은 후 그 증거로 할례를 행했다. 할례가 유대인과 비유대인을 구분하는 표지인 점을 고려한다면(참고, 롬 2:22), 아브라함은 마치 유대인이 아니었을 때 하나님과 언약 관계를 맺은 것이 된다. 이렇듯 아브라함은 하나님과의 언약이라는 주제를 놓고 보면 유대인과 비유대인이라는 두 가지 정체성을 함께 경험했던 사람이다. 한편, 예수를 통해 새 언약 관계 안으로 들어가는 사람들은 유대인도 있고 비유대인도 있다. 이들 모두는 새 언약을 경험하는 대상이기에 아브라함의 두 정체성은 신자와의 연결점을 제공한다. 세 번째 연결점은 믿음이다. 아브라함이 하나님과의 언약 관계 안으로 들어갈 수 있는 요소가 믿음이라면(창 12:6) 그리스도인 역시 마찬가지다. 예수를 믿는 것을 통해 하나님 의의 실재를 경험하게 된다(롬 3:22). 특별히 이 믿음은 아브라함이든 그리스도인이든 하나님과 사람 사이에 벌어지는 상호 작용 형태 안에서 설명된다. 즉 하나님의 선행 활동에 대한 인간의 반응 차원에서 믿음을 소개하고 있다. 바울이 아브라함을 그리스도인의 믿음과 연결시킨 것은 이 요소들을 공유하고 있기 때문일 지 모른다. 이제 그리스도인의 믿음이 아브라함이 가진 믿음의 요소와 연결된다는 것을 전제로 바울이 로마서 본문을 통해 설명하는 믿음을 생각해 보자.

 로마서 4장은 내용상 크게 로마서 4:1-8, 9-12, 13-25로 구분할 수 있다.[61] 각각의 내용은 위에서 언급한 아브라함과 신자와의 연결점을 배경으로 믿음의 여러 요소에 대한 설명을 제공한다.

 첫 번째 부분(롬 4:1-8)은 믿음과 행위와의 관련성이다. 아브라함은 하나님께 의롭다 하심을 받은 자이다. 의롭다 함이란 창조주이자 언약의 주인이신 하나님이 인정한 합당한 상태를 말한다. 아래 믿음의 결과 부분에서 조금 더 자세히 설명하겠지만, 일차적으로 창조주를 거절하는 죄 문제가 해결 받는 것을 의미하지만 그것을 통한 하나님과의 관계 해결을 궁극 목적으로 한다. 본문에서는 불법이 사함을 받거나 죄가 가리어짐 받는 것의 의미로 표현된다(롬 4:7-8). 아브라함이 의롭다 하심은 받은 것은 그가 행한 어떤 것 때문이 아니다. 물론 아브라함에게 선한 행위가 전혀 없었던 것은 아닐 것이다. 하지만 그것으로는 안 된다. 기본적으로 아브라함은 여느 사람들처럼 행위대로 판단하시는 하나님의 심판 기준을 넘어갈 수 없다. 실제로 창세기에 나오는 그의 삶을 보면 창조주 하나님이 기대하시는 완전함과는 거리가 먼 사람이었다. 그런 그가 의에 대해 긍정적 결과를 받은 것은 하나님이 일을 하지 않은 불경건한 자를 의롭다고 해주시는 은혜를 베푸셨기 때문이다(롬 4:5). 나중에 모든 사람의 죄를 예수에게 쏟아 붓기로 하고(롬 3:25) 아브라함의 죄를 간과하여 그 대가를 직접 묻지 않으셨다는 것이다. 그런데 하나님이 그렇게 하신 것은 아브라함이 그분을 믿었기 때문이다. 결국 아브라함은 하나님을 믿었기 때문에 의롭다 하심을 받았다.

이런 내용은 구원과 관련한 믿음에 대해 적어도 두 가지 관찰을 가능케 한다. 하나는 믿음은 행함이 아니라는 것이다. 외적으로 표현되는 어떤 행위나 그 결과의 모습이 아니라는 것이다. 기본적으로 사람은 행함으로 구원을 얻을 수 없다. 창조주의 온전한 뜻을 추구하고 싶지도 않고 완전하게 행할 능력도 없다. 그래서 하나님은 예수를 메시아로 보내어 인간 무능력에 대한 해결책을 제시하신 것이다(롬 8:3: "율법이 육신으로 말미암아 연약하여 할 수 없는 그것을 하나님은 하시나니 곧 죄로 말미암아 자기 아들을 죄 있는 육신의 모양으로 보내어 육신에 죄를 정하사"). 만일 행함으로 가능했다면 그렇게 하지 않으셨을 것이다. 그렇기 때문에 구원을 경험케 하는 믿음은 절대로 구원을 향한 인간 행위와 관련 있을 수 없다. 아브라함도 행함이 아니라 믿음으로 의롭다 함을 얻었다고 말한다. 믿음은 인간이 무엇을 하고 안 하고와 전혀 상관없다. 당연히 무엇을 성취하는 것과는 더더욱 거리가 멀다.[62]

또 다른 관찰점은 믿음의 핵심은 하나님을 향한 초점 맞추기와 관련 있다는 것이다. 만일 사람이 행할 수 있는 능력이 있어서 하나님의 구원을 받을 수 있다면 어떻게 될까? 본문은 그것을 가정한 표현들이 있다. 로마서 4:2는 "만일 아브라함이 행위로써 의롭다 하심을 받았으면 자랑할 것이 있으려니와 하나님 앞에서는 없느니라"라고 말한다. 또한 로마서 4:4는 "일하는 자에게는 그 삯이 은혜로 여겨지지 아니하고 보수로 여겨지거니와"라고 말한다. 일하는 자에게는 그 보상이 은혜가 아니라 당연히 받아야 하는 권리이다. 이 두 구절 모두 하나님을 향한 방향성의 문제가 있다는 공통점이 있다. 만일 사람이 행위로 구원을 얻을 능력이 있으면 하나님을 의지하거나 하나님께 초점을 맞추지 않는다는 것이다. 당연하다. 능력이 있기에 하나님이 필요 없는 것이다. 하지만 아브라함은 그렇지 않았다. 행함이 아니라 하나님을 향해 초점을 맞추고 의지하는 것을 택했다. 그분의 은혜를 구한 것이다. 이런 면에서 믿음은 기본적으로 삶의 방향성과 관련이 있다. 자신을 향해 초점을 맞출 것인지 하나님을 향해 시선을 둘 것인지의 문제다. 이것은 하나님을 자기 지식과 사고 체계의 중심에 둘 것인지 말 것인지의 문제와 연결된다. 그렇기 때문에 믿음은 자기를 향해 있는 시선과 창조주 외에 다른 것을 의지하는 마음을 창조주 하나님을 향해 돌리고 그분에게 초점을 맞추어 의지하는 것이라 할 수 있다.

로마서 4장의 두 번째 부분(롬 4:9-12)은 믿음과 구원 얻는 대상과의 관련성이다. 앞서 아브라함과 예수 믿는 신자와의 연결점에서 서술했듯이, 아브라함은 언약과 관련해 유대인의 특성과 비유대인의 특성을 공유하고 있다. 혈통적으로 유대인의 조상이지만 할례를 받기 전 믿음의 반응을 통해 언약 관계를 맺었기 때문에 믿음과 관련해서는 비유대인의 조상이 될 수도 있다. 그가 믿음으로 의롭다 하심을 받은 것은 유대인이든 비유대인이든 상관없이 동일하게 믿음이라는 조건을 통해 하나님의 구원을 경험할 수 있다는 말이다. 더 나아가 이 믿음은 인종이나 민족 차이뿐 아니라 나이나 성별, 신분 등 사람이 만들어 놓은 모든 제약이나 구별과도 아무런 상관없다. 심지어 사람이 보기에 더 심각한 죄인이냐 그렇지 않느냐와도 상관없다. 모두 다 하나님 앞에서 은혜 아니면 구원을 얻을 수 없는 존재이기 때문이다. 오직 믿음이다. 누구나 믿음을 통해 창조주 하나님과의 새 언약 관계 안으로 들어 갈 수 있다.

로마서 4장의 세 번째 부분(롬 4:13-25)은 믿음의 내용에 대한 것이다. 아브라함의 믿음을 소개하고(롬 4:13-22) 신자의 믿음의 상황(롬 4:23-25)과 연결시킨다. 아브라함과 그의 후손에게 제시한 하나님의 약속과 그에 대한 믿음과의 관계를 언급하며 시작한다. 아브라함을 통해 땅의 모든 민족이 복을 얻게 할 것이라는 창세기 12:3의 약속은 시간이 흘러 아브라함이 하나님과 언약 관계를 맺으면서 그와 그의 후손을 복의 통로로 삼겠다는 약속으로 이어진다(창 17:7; 참고, 창 22:17-18). 이 과정에서 아브라함이 기여한 것은 없다. 모세를 통해 율법이 전해지기 이전 상황이므로 그 약속은 율법을 행하는 것과 전혀 상관없다. 또한 그 약속이 성취되는 것 역시 아브라함의 행위와는 무관하다. 시간적으로 아브라함과 그에 자손에 대한 약속의 성취는 미래 사건이기에 아브라함이 생전에 행한 일들은 그것에 직접적인 영향을 미치지 못한다. 더 나아가 약속을 주신 분도 하나님이고 그것을 이룰 분도 하나님이기에 아브라함의 행위는 약속 성취에 결정적 요소가 아니다. 단지 아브라함은 믿음을 통해 하나님의 약속을 받았고 그분이 약속을 성취할 것을 기대했을 뿐이다. 이런 면에서 아브라함에게 허락된 하나님과의 언약 관계와 그 안에 있는 복은 순전히 하나님의 은혜이다. 아브라함은 믿음이라는 통로를 통해 수혜를 입은 것뿐이다. 그렇다면 아브라함이 가졌던 믿음의 내용은 무엇일까? 바울은 로마서 4:17-22에서 그 내용을 설명한다.

로마서 4:17-22에서 아브라함이 믿은 것은 하나님이다. 보다 구체적으로 죽은 자를 살리시며 없는 것을 있는 것으로 부르시는 하나님(롬 4:17)과 약속하신 것을 신실하게 이루시는 하나님을 믿었다(롬 4:21). 전능하신 하나님과 신실하신 하나님이다. 어찌 보면 그가 하나님을 믿었다는 것은 당연한 것처럼 보인다. 하지만 하나님의 약속과 그가 처한 환경을 고려하면 이야기가 달라진다. 그는 백 세나 된 나이였다. 생명을 잉태하기에는 나이가 너무 많았다. 더 큰 문제는 그의 아내 사라이다. 이미 폐경이 훨씬 지나 구십이 된 나이였다(참고, 창 17:17; 18:11). 바울의 표현으로 하면 둘 다 생명을 만드는 것과 상관없는, 마치 죽은 몸과 같은 상태였다. 그런데 하나님이 그들에게 생명을 약속하신 것이다(창 17:16; 18:10). 아브라함은 하나님의 약속과 인간적으로 불가능한 자신과 아내의 상황 사이에서 선택해야 했다. 죽음의 상태 같은 자신과 아내의 상황을 실재로 볼 것인지, 아니면 아무 것도 없음에도 아들을 주시겠다는 하나님의 약속을 실재로 여길 것인지에 대한 선택이다. 아브라함은 하나님의 약속을 '현실'로 인정하고 선택했다. 지나온 시간 동안 하나님께서 이런 저런 모습으로 함께 하신 것을 알고 있었기 때문이다. 적어도 하란을 떠나 이삭에 대한 구체적 약속을 받기까지 약 24-25년 동안 자신에게 먼저 다가와 동행하시고 은혜를 주신 하나님을 경험하면서 알았기 때문이다. 이것을 근거로 아브라함은 자신이 처한 환경보다 보이지 않는 하나님의 간섭과 일하심의 약속을 더 생생한 삶의 실재로 여긴 것이다. 이런 내용에 의하면 아브라함의 믿음은 몇 가지 요소를 갖고 있다.

첫째, 그의 믿음은 하나님과의 상호 작용 과정에서 먼저 행하신 하나님에 대한 응답이다. 하나님은 긴 시간 동안 자신의 신실함과 능력을 아브라함에게 드러내셨고, 아브라함은 그것을 근거로 하나님께 응답했던 것이다. 사람이 먼저 믿는 것은 없다. 반드시 하나님이 선행 활동으로 먼저 보이시고 그에 대해 반응하는 과정을 갖는다. 그런데 하나님이 먼저 시작하시는 과정은 언제나 은혜이다. 그러므로 믿음이란 하나님의 은혜에 대한 합당한 반응으로 이해할 수 있다.

둘째, 아브라함의 믿음은 선택 과정을 수반한다. 믿음은 자연스럽게 되는 것이 아니다. 죽음의 상태 같은 자신의 상황과 생명을 주시겠다는 창조주의 약속 중 어떤 것이 더 진짜 현실일까를 선택하는 것이다. 아브라함은 자신보다 창조주를 택했다. 의지적 사고 과정을 거친 결정 작업이다. 이런 점에서 믿음은 행위가 아니다. 또한 단순히 그렇다고 고개를 끄덕이는 동의가 아니다. 누구를 중심으로 자기 삶을 보고 누구를 중심으로 살아갈 것인가를 결정하는 전인격적인 선택이다. 마치 누구와 평생 함께 살 것인가의 문제가 담겨 있는 결혼 요청에 '예'나 '아니오'의 결정을 하는 것과 비슷하다. 만일 긍정의 대답을 하면 결혼 관계가 성립되어 평생 부부로 함께 살아가는 것이고, 부정의 대답을 하면 그 관계는 이루어지지 않는다. 마찬가지이다. 구원을 경험하는 믿음은 누구와 관계를 맺고 살아갈 것인지를 선택하는 결정에서 하나님을 선택하는 것이다.

셋째, 믿음의 내용은 능력을 행하실 수 있고 약속한 것을 신실하게 이행하시는 하나님이다. 그분의 능력과 신실한 사랑에 전인격적 동의를 하고 자신의 삶의 실재로 여기고 살아가는 것이다.

한편, 로마서 4:23-25는 이런 아브라함의 믿음을 예수 믿는 믿음과 연결시켜 공통 요소를 가지고 있는 것으로 소개한다. 앞서 설명한 배경적 유사성 외에도 이 둘 사이에는 적어도 세 가지 연결점이 있다. 첫 번째는 아브라함이나 신자의 구원 과정은 하나님이 먼저 행하심을 전제로 한다는 것이다. 상호 작용 첫 단계의 시작이다. 아브라함의 경우는 이미 긴 시간 동안 은혜로운 동행을 먼저 보이셨고, 신자의 경우는 예수를 통해 구원의 길을 먼저 열어 놓으셨다. 두 번째는 아브라함이나 신자나 스스로 극복할 수 없는 비참한 상황을 가지고 있다는 점이다. 아브라함은 생명을 만들 수 있는 능력이 없고 신자는 하나님의 심판과 진노를 벗어날 능력이 없다. 두 그룹 모두 마치 '죽음'의 상태에 있는 것과 같다. 세 번째는 두 그룹 모두 불가능을 가능으로 바꿀 수 있는 하나님을 믿음의 최종 대상으로 여겼다는 것이다. 아브라함의 경우는 무에서 유를 창조하시고 죽은 자를 살리실 수 있는 능력의 하나님과 약속한 것을 이행하시는 신실하신 하나님을 믿었다. 마찬가지로 신자도 예수를 죽은 자 가운데서 살리신 전능하신 하나님을 믿는다(롬 4:24). 그분이 사람들의 죄를 대신하여 예수를 심판하셨고, 그 심판이 끝나 죄값에 대한 계산이 완전히 끝났음을 부활로 선포하셨다(롬 4:25). 오랫동안 품었던 창조 이전 계획을 완성하는 신실하신 하나님이다. 신자는 그 하나님을 믿는다. 마치 죽은 자를 다시 살리신 것처럼 죄로 심판받을 사람을 용서할 수 있는 전능자라는 것과 자신의 구원의 뜻을 이행하시는 신실한 분이라는 것을 인정하는 것이다. 또한 그분이 예수를 통해 열어 놓으신 죄 사함과 관계 회복의 길이 완전한 실재라고 믿고 선택하여 결정하는 것이다. 그러면 아브라함이 의롭다 함을 얻고 하나님과의 언약 관계 안으로 들어감을 얻었던 것처럼, 신자 역시 죄 사함과 관련한 의롭다 함을 얻어 새 언약 안에서 완전한 관계를 누릴 수 있게 된다. 신자와 아브라함과의 연결은 아래처럼 묘사할 수 있다.

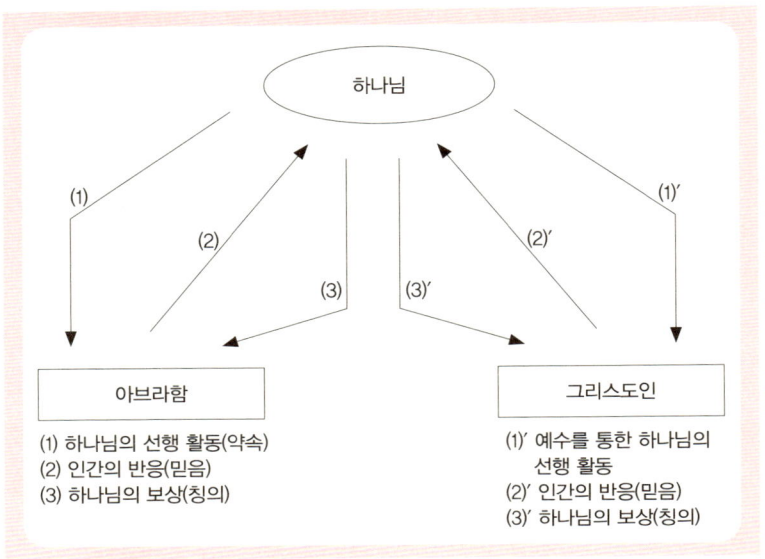

지금까지 설명한 예수를 통해 구원 과정을 시작한 하나님에 대한 긍정적 응답, 곧 '예수를 믿는다'는 것의 함의들은 아래처럼 정리할 수 있다.

(1) 예수를 믿는다는 것은 자신의 죄인됨과 그로 인한 하나님 진노를 인식하는 것을 포함한다.
(2) 예수를 믿는다는 것은 행위를 포함해 스스로의 힘으로는 하나님의 심판과 진노를 피할 수 없다는 인식을 포함한다.
(3) 예수를 믿는다는 것은 자신을 중심으로 한 세계관과 가치관을 바꾸고 그 중심에 하나님과의 관계를 우선적 가치로 놓는 결정을 포함한다.
(4) 예수를 믿는다는 것은 하나님이 인간 문제의 유일한 해결책임을

인정하는 것이다.
(5) 예수를 믿는다는 것은 하나님이 예수를 통해서 죄인들을 향한 구원 과정을 시작했다는 것을 인정하는 것이다.
(6) 예수를 믿는다는 것은 하나님이 우리 죄에 대해 우리 대신 예수를 죽여 심판하셨다는 것을 인정하는 것이다(롬 3:25; 4:24).
(7) 예수를 믿는다는 것은 예수의 부활이 우리 죄에 대한 심판이 끝났다는 것과 우리 죄가 용서 받는 길이 열렸음과 하나님과 새로운 관계를 맺을 수 있음을 인정하는 것이다(롬 4:25).
(8) 예수를 믿는다는 것은 하나님이 이 모든 과정을 우리를 사랑하시기 때문에 이행한 것이며 우리로 하여금 '아버지-자녀'의 영원한 언약 관계 안에 살게 하기 위한 은혜임을 인정하는 것이다.

3. 칭의와 화목: 긍정적 상호 작용의 세 번째 과정

긍정적 상호 작용 형태에 의하면 예수를 통한 하나님의 선행 활동에 인간이 회개와 믿음으로 반응하면 하나님은 그에 대한 긍정적 응답을 하신다. 그 결과는 크게 두 가지이다. 하나는 죄 사함과 관련 있는 의롭다 여김을 받는 것이고, 다른 하나는 그것을 바탕으로 하나님과의 관계 회복을 의미하는 화목이다. 이 둘은 동시에 벌어지는 것이지만 논리 순서로 보면 의롭다 여김을 받는 것이 먼저이고 화목은 그 다음 과정이다(참고, 롬 5:1). 이에 대해 하나씩 살펴보자.

1) 칭의 [63]

칭의란 의롭다 칭(稱)함을 받는 것 혹은 여겨지는 것을 말한다. 문제는 의롭다는 것의 의미이다. 추상적인 개념을 갖고 있기에 설명이 더 필요하다. 구약은 의에 해당되는 말을 여러 영역에서 사용한다. 정의로움 같은 윤리적 차원을 의미하기도 하고, 공정한 판단 혹은 심판을 의미하기도 한다. 창조주 하나님이 창조 질서를 유지하고 심판하는 것을 의미하기도 하고, 하나님과 사람 사이에 맺은 언약 관계에 충실한 것을 의미하기도 한다. 신약 역시 명사('의')와 형용사('의로운')와 동사('의롭게 하다') 형태로 여러 가지 의미로 사용된다.[64] 그렇다면 칭의의 의미를 어떻게 이해해야 할까? 이 질문에 답을 하기 위해 두 가지 접근이 필요하다.

첫 번째는 문맥이다. 신약에서 의롭다는 개념을 담고 있는 문맥은 죄와의 연결점을 갖고 있는 경우가 많다. 특별히 바울 서신은 사람의 구원과 관련해 그 연결이 뚜렷하다. 예를 들어 로마서 3:20은 "그러므로 율법의 행위로 그의 앞에 의롭다 하심을 얻을 육체가 없나니 율법으로는 죄를 깨달음이니라"고 말한다. 율법과 관련해 죄를 실제로 처리하는 것과 의롭게 되는 것과의 연결을 보여준다. 로마서 3:23-24이 말한 "모든 사람이 죄를 범하였으매 하나님의 영광에 이르지 못하더니 그리스도 예수 안에 있는 속량으로 말미암아 하나님의 은혜로 값없이 의롭다 하심을 얻은 자 되었느니라"는 내용은 사람이 죄를 지은 것과 의롭게 되는 것을 서로 대조되는 것으로 묘사한다. 아브라함의 경우를 말하는 로마서 4:1-8도 마찬가지이다. 창세기 문맥에서는 아브라함의 믿음과 죄 문제에 대한 직접적인 연결은 없다. 하지만 로마서는 의롭게 됨과 죄 문제를 연결한다. 몇 가지 증거가 있다. 그 하나는 아브라함의 이야기가 로마서 3:21-26과 연결된다는 점이다. 특별히 예수를 통한 하나님의 일하심에 대한 믿음의 반응을 아브라함의 믿음과 연결시키는 과정에서 로마서 3:23-24가 보여주는 죄와 의롭다 함의 연결을 로마서 4:1-8 역시 공유하고 있다. 또 다른 증거는 아브라함의 믿음과 그로 인해 얻은 의로움을 불법과 죄 용서의 내용을 가진 시편 32:1-2와 연결했다는 점이다(롬 4:6-8). 더 나아가 아브라함의 믿음과 그로 인한 결과를 예수 믿는 신자 상황과 연결한 로마서 4:24-25에서도 의롭다 인정 받는 것을 죄 문제와 연결시킨다. 이런 설명들은 아브라함이 의롭다 하심을 받은 것은 하나님 앞에서의 죄 문제 해결과 연결되어 있음을 추론하게 한다. 이뿐 아니다. 죄 문제와 의로움을 연결시킨 문맥들은 갈라디아서(갈 2:17-18; 3:11-12)나 고린도후서(고후 3:9; 5:21)에서도 나타난다. 이런 예들에 의하면 의롭다 함을 받는 것은 구원 과정에서 죄 문제 해결을 의미하는 것으로 볼 수 있다. 그렇다면 죄 문제 해결은 구체적으로 무엇을 의미하는가? 이것을 위해서는 두 번째 접근 방법을 따라 살펴보는 것이 필요하다.

의롭다는 개념을 이해하기 위한 두 번째 접근법은 상호 작용 과정 설명 틀이다. 이 설명 틀에 의하면 칭의는 하나님과 사람 사이에 나타나는 상호 작용 중 맨 마지막 과정에 속한다. 인간이 하나님께 얻거나 받는 어떤 것이다. 칭의는 또한 긍정적 상호 작용의 한 요소이기에 부정적 상호 작용의 두 번째와 세 번째 모습, 곧 인간의 죄와 그로 인한 하나님의 심판과 정반대 상태를 의미한다. 인간 죄 문제에 대한 해결이며 심판을 벗어난 모습이다. 뿐만 아니라 하나님의 심판을 벗어난다는 세 번째 과정은 긍정적 상호 작용의 첫 과정, 곧 하나님이 예수를 통해 먼저 행하신 의도와 목적을 성취했다는 의미이기도 하다. 결국 의롭다는 것은 긍정적 상호 작용의 첫 번째 과정에 나온 하나님의 의도와 부정적 상호 작용의 두 번째 과정인 인간의 죄가 무엇인가에 대한 이해와 연결되어 있다.

앞서 설명한 대로 창조주 하나님의 원래 계획은 인간을 창조해 자신과 '아버지-자녀' 관계 안으로 들어오게 하는 것이다. 완전한 언약 관계를 맺고 사랑 가운데 영원히 함께 교제하는 것이다. 창조는 그에 대한 시작이다. 하지만 사람은 하나님의 그 창조 계획을 틀어지게 했다. 죄를 범한 것이다. 이 죄는 자신의 사고와 지식 체계 안에서 하나님이란 변수를 의도적으로 지워버리고 자신을 중심으로 세상을 만든 것이다. 그 세상 안에서 자신을 충족시키려는 모든 행동은 창조주와 상관없기에 하나님이 가장 싫어하는 것이다(참고, 요일 2:16). 이런 면에서 죄란 창조주 하나님과의 관계를 거절한 것이고 창조주의 계획을 막아 창조 질서를 어지럽힌 반역으로 볼 수 있다. 더 나아가 사람들은 율법을 통해 드러난 하나님의 뜻을 지킬 능력도 없다. 그렇기 때문에 그들은 율법을 통해 드러난 창조주의 뜻을 따라 행한 대로 판단하시는 하나님의 심판을 받을 수밖에 없다. 하나님이 예수를 보내 죄 문제를 해결한다는 것은 그 죄를 범한 사람들을 심판하고 원래의 계획을 이루어 간다는 것이다. 창조 질서를 회복할 뿐 아니라 사람들을 향한 사랑의 완전한 언약 관계를 성취하는 것이다. 이를 위해 사람 대신 예수에게 심판을 쏟아 부음으로써 창조주의 공의와 심판의 공정성을 만족시키고 부활을 통해 사람들의 죄 값이 다 계산되었음을 선포하셨다. 사람들이 더 이상 하나님의 심판을 받지 않아도 되는 길이 열린 것이다. 이것은 또한 사람들이 창조주 하나님과 완전한 언약 관계 안으로 들어갈 자격을 얻게 되었음을 의미하는 것이기도 하다. 마치 죄를 지어 사회와 격리되었던 사람이 자기의 형량과 형기를 다 마치면 더 이상 감옥에서 죄 값을 받지 않아도 되고 다시 사회의 일원이 될 수 있는 자격을 얻게 되는 것과 같다.

상호 작용 과정 속에 담긴 이런 의미들을 고려하면, 의롭다 여김 받는다는 것은 하나님이 인정한 합당한 상태가 되는 것을 말한다. 완전한 언약 관계를 이루고자 하는 창조주의 뜻을 기반으로 그 관계를 끊어지게 했던 죄에 대한 심판이 완전하게 끝났음을 인정받았다는 것이다.

비록 예수는 2천 년 전에 돌아가셨지만, 역사의 마지막에 있을 완전한 심판을 대신 받은 것이기에 그 예수를 믿어 의롭다 함을 받았다는 것은 미래에 있을 최후 심판 진노를 피해갈 수 있다는 의미이기도 하다(롬 5:9). 더 나아가 하나님과의 관계에 대한 반역죄를 처리 받았기에, 의롭게 된다는 것은 새 언약 백성이 되는 자격을 얻었다는 것을 의미하며 창조주의 원래 계획인 '아버지-자녀'의 언약 관계 완성을 경험할 수 있다는 의미이다. 여기에 자신을 중심으로 한 모든 세계관을 돌이키고 창조주 하나님을 가장 소중한 관계로 삼겠다는 회개와 믿음의 고백이 있으면 의롭다 여김을 받게 된다. 이것은 하나님이 계획하신 온전한 언약 관계, 사랑의 관계 안으로 들어가게 되었다는 말이기도 하다. 이런 면에서 사람이 의롭다 함을 받았다는 것은 창조 질서를 유지하고 심판하며 영원한 언약 관계를 완전하게 하려는 창조주의 신실함, 곧 하나님의 의가 열매 맺었다는 것으로 이해할 수 있다. 구원의 긍정적 상호 작용 과정의 첫 단계와 끝 단계가 연결된 것이다.

이런 이해에 의하면 칭의를 법정적으로만 이해하거나 또는 관계적으로만 이해하는 것은 무익한 이분법이다.[65] 하나님과의 관계를 중심으로 그에 대한 거절을 법적 심판으로 해결하여 온전한 관계 연결의 토대를 이룬 것으로 보아야 한다. 또한 칭의는 단순히 유대인의 언약에 한정되는 개념이 아니다. 창조주의 원래 계획을 성취하는 과정이기에 유대인과 비유대인의 구분을 넘어 모든 사람들을 대상으로 한다.[66] 바울이 복음을 모든 사람에게 구원을 주시는 하나님의 의가 나타난 것으로 소개한 것이 이런 이유에서이다.

2) 화목

긍정적 상호 작용 형태에서 예수를 통한 하나님의 일하심을 회개와 믿음으로 반응해서 얻는 두 번째 결과는 화목이다. 망가진 관계가 회복되는 과정이다. 죄 사함을 통해 하나님과의 관계 안으로 들어가는 자격을 얻고 새 언약 안으로 들어가는 것이 칭의라면, 화목은 그 과정에서 그분과의 관계를 회복하는 것을 말한다(롬 5:1, 10-11; 고후 5:19-20). 칭의와 화목은 동전의 양면 같은 관계이다. 둘 다 하나님과의 관계를 기반으로 하고 있고 예수의 사역을 통해 하나님이 주시는 결과일 뿐 아니라 둘이 동시에 나타나는 것이기 때문이다. 하지만 둘의 초점이 다르다. 칭의는 상대적으로 죄 문제를 해결하는 법정적 측면이 강하다면, 화목은 그것으로 인한 하나님과의 관계 회복 차원이 강하다.

화목과 관련한 일련의 과정은 두 그룹이 서로 불편한 관계나 더 나아가 적대 관계를 전제로 한다. 두 그룹의 사이가 그냥 나빠지는 것은 없다. 어떤 이유든 한 쪽이 가해자가 되어 손해를 입히면 그로 인해 피해를 입은 쪽과 안 좋은 관계가 생기게 된다. 화목 과정은 가해자가 먼저 사과와 함께 합당한 배상을 피해자에게 줌으로써 시작된다. 가해자의 제안을 피해자가 받아들이면 서로 화목 관계가 형성된다. 이것이 당시 일반적으로 받아들여지고 있는 화목의 과정이다.

성경에서 말하는 화목의 과정도 유사점을 가지고 있다. 일단 하나님과 사람 사이가 좋은 관계가 아니라는 것이 동일하다. 물론 하나님이 처음 인간을 창조했을 때는 안 그랬다. 하지만 아담과 하와 이후 모든 인간 역사 속에서 창조주와의 관계는 처음 의도했던 '아버지-자녀'는 커녕 '창조주-피조물'의 관계도 제대로 유지되지 못했다. 줄곧 '창조주 하나님-가짜 창조주(사람)' 관계만 있어 왔기 때문이다. 하나님은 우상 숭배를 하는 이런 사람들과 계속해서 사랑과 평화의 관계를 맺으며 살 수 없었다. 마치 본 남편이 있음에도 자기를 만족시키기 위해 다른 남자를 집으로 데리고 와 함께 사는 사람과 계속 얼굴을 맞대고 살아갈 수 없듯이 말이다(참고, 렘 31:32; 호 2:5). 그래서 하나님은 아담과 하와를 에덴에서 내쫓았고 이스라엘 백성도 팔레스틴 땅에서 쫓아 내셨다. 이스라엘과 하나님의 이런 관계는 다른 모든 사람들이 하나님과 관계하는 것의 축소판이다. 모든 사람은 죄를 지어 하나님의 영광에 이르지 못했다는 표현처럼 모든 사람은 하나님과의 관계를 계속 거절하고 싫어했고, 하나님은 그런 모든 사람들을 심판하신다. '아버지-자녀'라는 이상적 관계가 아닌 '심판자 창조주-죄인 피조물' 혹은 '왕 하나님-반역자 죄인'의 관계가 된 것이다.

또 다른 유사점은 가해자와 피해자가 있다는 점이다. 가해자는 자신을 신으로 섬기는 인간이고 피해자는 사랑으로 창조했지만 배신당한 하나님이다. 그런데 당시 일반적 화목 과정과 성경 이야기가 결정적으로 다른 것이 있다. 보통은 가해자가 화목 과정을 시작하는데 반해, 성경은 피해자가 그 과정을 시작한다는 것이다. 하나님이 분명히 피해자인데, 관계 회복 과정을 먼저 시작하셨다. 그것도 자신이 가장 사랑하는 아들의 생명을 통해 가해자의 죄를 용서하는 길을 열어 주신 것이다. 정작 가해자인 사람은 화목을 필요로 하지 않는다. 오히려 귀찮아 하고 미워하지만 그럼에도 불구하고 피해자인 하나님이 먼저 화목을 요청한 것이다. 만일 하나님의 이 요청에 가해자가 회개와 믿음으로 반응하면 관계 회복이 만들어진다. 이것이 성경에서 말하는 화목 과정의 특징이다.[67]

하나님이 화목의 길을 열었다면, 그 과정에 들어가 실제로 화목 관계를 누리는 몫은 사람에게 있다. 칭의 과정을 통해 인간은 회개와 믿음으로 하나님과의 관계가 연결되었다. 하지만 칭의를 받았다고 해서 관계가 바로 좋아지는 것은 아니다. 마치 이제 막 입양한 아이가 곧바로 새로운 부모와 깊은 친밀감을 갖게 되는 것이 아닌 것처럼 말이다. 하나님을 고려하지 않고 살았던 불편한 관계가 하루 아침에 완전하게 바뀌는 것은 아니다. 그렇기 때문에 로마서 5:2에서 바울은 "그러므로 우리가 믿음으로 의롭다 하심을 받았으니 우리 주 예수 그리스도로 말미암아 하나님과 화평을 누리자"라고 권면한다.[68] 마찬가지로 히브리서 기자 역시 예수의 피를 힘입어 지성소에 들어가 하나님을 뵐 수 있는 길이 열렸기에 참 마음과 온전한 믿음으로 하나님께 나아가자고 권한다(히 10:22). 이 화목의 과정은 끝이 없다. 사랑의 관계이기 때문이다. 이점에서 칭의의 미래 상태와 화목의 미래 상태는 다르다. 로마서 5:9-11은 칭의와 화목의 미래 상태를 언급한다.* 예수로 인해 의롭다 함을 받은 칭의의 현재 상태는 하나님 진노에서 완전히 벗어나게 하는 구원의 미래와 바로 연결된다. 하지만 화목은 구체적인 미래의 모습이 없다. 화목의 현재 과정을 가능케 한 예수로 인해 더욱 깊은 하나님과의 관계가 있을 뿐이다(롬 5:10-11). 칭의가 미래에 있을 완전한 죄 사람을 현재 누리고 사는 것이라면, 화목은 칭의로 만들어진 하나님과의 현재 관계를 영원까지 계속 누리고 살아가는 것이다. 이런 면에서 창조 전에 세운 하나님의 계획은 예수를 통한 죄 사함으로 사람들이 새 언약 안에 들어 가게 하고(칭의) 그 안에서 영원히 하나님과 '아버지-자녀' 관계를 만들고 누리는 것(화목)을 통해 온전히 실현된다고 말할 수 있다.

지금까지 설명했던 긍정적 상호 작용 형태를 도식화 하면 아래와 같다.

---

* 로마서 5:9-11: "그러면 이제 우리가 그의 피로 말미암아 의롭다 하심을 받았으니 더욱 그로 말미암아 진노하심에서 구원을 받을 것이니 곧 우리가 원수 되었을 때에 그의 아들의 죽으심으로 말미암아 하나님과 화목하게 되었은즉 화목하게 된 자로서는 더욱 그의 살아나심으로 말미암아 구원을 받을 것이니라 그뿐 아니라 이제 우리로 화목하게 하신 우리 주 예수 그리스도로 말미암아 하나님 안에서 또한 즐거워하느니라."

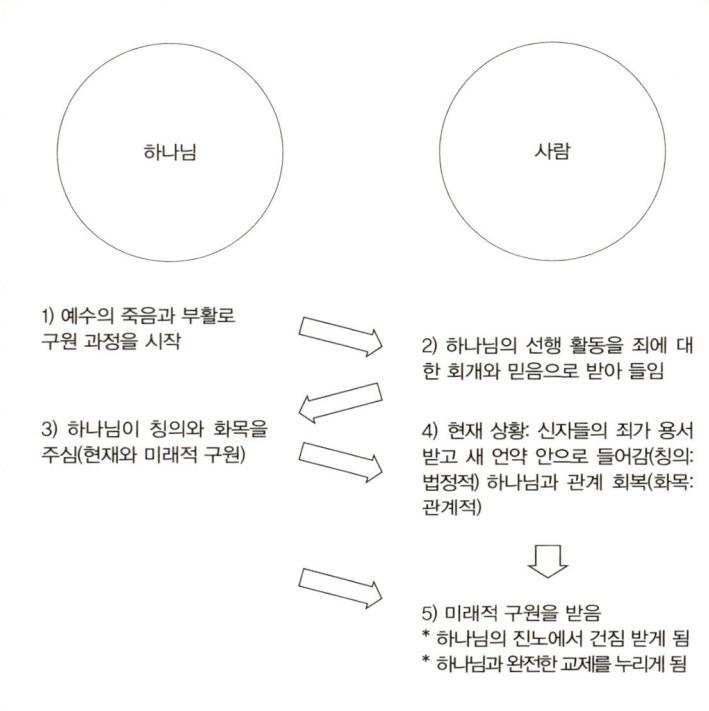

02 두 영역 설명 틀에 의한 설명

　하나님의 진노 아래 있는 인간 상황을 설명할 때와 마찬가지로 성경은 하나님의 구원을 설명할 때도 두 가지 설명 틀을 사용하여 전달한다. 긍정적 상호 작용 과정이 한 개인이 하나님의 진노를 벗어나 새 언약 관계를 맺는 것에 대해 설명한 것이라면, 두 영역 설명 틀은 어둠의 영역에서 해방되어 하나님의 빛의 영역으로 옮겨 가는 것과 그 안에서의 삶의 모습을 보여준다. 상대적으로 두 영역 설명 틀로 인한 구원 묘사는 긍정적 상호 작용 과정 설명보다 포괄적 요소를 가지고 있다. 일단 하나님의 구원 과정 자체가 인간 문제 상황을 해결하고 그분이 계획했던 뜻을 이루는 것이기 때문에 자연적으로 구원 이전의 상태를 근거로 할 수밖에 없다. 그런데 두 영역 설명 틀에 의하면 아담이 죄를 범해서 어둠의 통치가 시작되었고 그 결과가 그 안에 있는 모든 사람에게 미쳤다고 묘사한다. 상호 작용의 요소와 두 영역 요소가 함께 있다. 따라서 두 영역을 통한 구원 설명은 예수를 통해 인간의 문제를 해결하는 긍정적 상호 작용 과정을 근거로 어둠에서 빛으로 이동하는 구원 경험과 그 빛 안에서 사는 모습을 담을 수밖에 없다. 이런 점에서 두 영역으로 구원을 설명하는 것은 앞서 설명한 모든 요소, 즉 부정적 상호 작용 과정과 구원 이전 어둠의 영역에 속한 모습, 그리고 긍정적 상호 작용 과정과 그 결과를 다 고려한 종합적인 모습을 갖고 있다.

1. 어둠에서 빛으로: 인간의 문제 상황 뒤집기

구원 설명의 전제가 되는 어둠의 영역 속에 있는 인간 상황은 크게 세 가지 모습으로 정리할 수 있다. 첫째, 죄와 죽음의 노예 상황이다. 아담의 불순종으로 죄가 오고 죄로 인해 죽음이 와서 사람들 위에 왕 노릇 하고 있다. 더 나아가 아담 이후 어둠의 영역에 속한 모든 사람은 하나님의 관계를 버리고 죄를 선택하여 스스로 어둠에 속해 있다는 것을 계속 드러내고 그로 인해 죄와 죽음의 노예로서의 삶을 더욱 견고하게 만드는 악순환을 반복한다. 둘째, 율법의 저주 아래 있는 상황이다. 창조주의 뜻을 담아 드러내는 율법은 사람들에게 죄가 무엇인지를 알게 해준다. 또한 이것은 그 뜻을 거역하는 자에게는 창조주의 심판이 있다는 것을 알려주는 역할도 한다. 율법을 통한 저주이다. 단순히 유대인과 비유대인의 문제가 아니라 창조주와 피조물의 문제이기에 율법의 저주는 모든 피조물을 향한 하나님의 심판과 그것을 벗어날 수 없는 인간의 한계를 말한다. 셋째, 사탄의 노예로 살아가는 상황이다. 거짓을 통해 창조주를 거역하는 반역의 통치를 넓혀가고 유지하는 존재이다. 인간은 이 세 가지 상황 속에 하나님의 현재적 진노를 받으며 미래 진노를 기다리며 살아가는 존재이다. 두 영역을 통한 구원 설명은 이런 요소들에 대한 해결책을 담고 있다. 반전의 시작은 메시아 예수의 오심이다. 어떤 면에서 아담 이후 망가진 인간의 역사는 예수가 오시기 이전과 이후로 구분할 수 있다. 하나님을 거절한 어둠의 영역에 빛의 영역이 본격적으로 시작된 시점이기 때문이다. 이제 예수의 사역을 중심으로 하나님이 어둠의 영역 속에 있는 인간 문제를 어떻게 해결해 가셨는지 하나씩 살펴보자.

1) 예수를 통해 어둠의 영역을 깨는 하나님: 인간 문제 상황 뒤집기 1

어둠의 영역에 속한 인간의 상황을 해결하는 첫 번째 모습은 사탄의 영향력으로부터 해방시키는 것이다. 비록 예수의 십자가가 결정적 사건이지만 사탄의 통치를 깨고 사람들을 해방시키는 것은 십자가 이전 사역부터 이미 진행되었다. 시작은 하나님 나라의 도래를 담고 있는 예수의 첫 선포이다. "하나님의 나라가 가까이 왔으니 회개하고 복음을 믿으라"(막 1:15; 막 4:17). 창조주를 거절하는 반역의 통치 가운데 진정한 왕이신 창조주의 회복의 통치가 임했다는 선포이다. 고대하던 왕의 귀환이며 어둠에 묶여 있던 자에게 해방을 선포하는 외침이다. 예수가 이렇게 외칠 수 있던 것은 이미 광야에서 사탄의 시험에서 승리했기 때문이다.

광야 시험 사건(마 4:1-11)은 예수와 사탄 사이에 몇 가지 충돌 요소를 담고 있다. 첫째는 예수가 광야에서 시험을 받았다는 것 자체가 두 영역의 충돌을 의미한다. 예수는 광야에 오기 이전에 요단 강에서 세례/침례를 받았고 성령의 임하심과 하나님의 아들이라는 증거를 받았다(마 3:17). 세상의 영역이 아닌 하나님의 영역에 속한 존재이며 종말에 임한 메시아라는 확증이다. 이런 예수가 광야에서 사탄과 부딪힌 것은 어둠의 영역과 예수를 통해 시작된 하나님의 빛의 영역과의 충돌이다. 특별히 예수가 시험 받을 때 들짐승과 함께 있었고 천사가 수종 들었다는 마가복음의 표현(막 1:13)은 '예수-천사' 그룹과 '사탄-들짐승' 그룹이 서로 대조되는 것처럼 묘사되는데, 마치 역사의 마지막에 있을 예수와 어둠의 세력(사탄과 짐승) 간의 대결을 연상케 한다(참고, 계 19-20장).[69] 어둠의 영역에 맞서는 능력 있는 자 예수의 모습을 보여준다(참고, 막 1:7).*

둘째는 사역의 주도권과 관련한 충돌이다. 사십 일 동안 금식한 예수에게 돌로 빵을 만들어 먹으라는 것을 시작으로 사탄은 예수에게 일련의 유혹을 한다. 성전 꼭대기에서 뛰어내려 천사가 보호하는 것을 사람들에게 알게 하라는 것과 세상 모든 영광을 줄 테니 자신에게 경배하라는 것이다. 만일 예수가 이 중 어느 하나라도 따른다면 그의 사역 주도권은 사탄에게 넘어가게 된다. 왜냐하면 아직 공적인 사역을 행하기 이전이기 때문에 만일 사탄의 제안을 따른다면 예수는 하나님이 아닌 사탄의 뜻을 따라 시작한 것이 되기 때문이다. 그렇게 되면 이후 모든 사역은 사탄의 주도권 하에 진행되는 것이 될 수 있다. 그래서 예수는 단호하게 그 제안들을 거절한다. 보내신 하나님의 뜻을 따라 모든 사역의 주도권을 하나님께 맞추겠다는 것이다.

셋째는 죄를 향한 유혹에서의 승리이다. 사탄의 유혹들에는 공통점이 있다. 모든 초점을 자신에게로 향하게 하라는 것이다. 돌로 빵을 만들라는 것은 사십 일 동안 금식한 예수에게 하나님 아들로서의 능력을 육신의 필요를 채우는데 먼저 사용하라는 것이다. 성전 꼭대기에서 뛰어내리라는 것은 십자가가 아닌 쉬운 길을 택하라는 유혹이다. 만일 성전 높은 곳에서 떨어졌는데 천사가 다치지 않게 보호한다

---

* 마가복음 1:7:"그가 전파하여 이르되 나보다 능력 많으신 이가 내 뒤에 오시나니 나는 굽혀 그의 신발끈을 풀기도 감당하지 못하겠노라."

는 것을 사람들이 본다면, 그들은 그 예수를 메시아로 인정하고 환호성을 지를 것이다. 굳이 십자가의 죽음의 길을 갈 필요 없이 모든 사람이 예수를 메시아로 믿게 될 것이고, 그러면 되지 않겠냐는 유혹이다. 사실 이 유혹은 예수가 십자가 위에 달렸을 때 주변에 있던 사람들에게서 실제로 나왔던 조롱이자 유혹이었다. 사람들은 예수를 향해 십자가에서 내려오면 믿어주겠다고 거듭 말했다(마 27:39-44). 광야에서 사탄이 제시했던 것과 동일하다. 초점은 하나님의 뜻이냐 자신의 편안함이냐이다. 마찬가지로 사탄에게 절하면 세상 모든 영광을 주겠다고 유혹하는 것 역시 초점을 자기 자신에게 맞추라는 것이다. 이 모든 유혹은 오래 전 선악을 알게 하는 나무 열매와 관련해 삶의 모든 기준을 하나님에게서 자신에게로 돌리라고 제안한 뱀의 소리와 똑같다(참고, 창 3:5). 만일 예수가 사탄의 이런 제안들을 수용한다면 그는 과거 아담과 하와가 했던 근원적인 죄를 동일하게 범하는 것이 된다. 그러면 예수 역시 아담과 그 후예들처럼 사탄의 노예가 된다. 사람들의 죄를 대신해서 죽을 사역에 합당하지 않은 존재가 되는 것이다. 그러나 예수는 죄를 향한 유혹에서 승리한다. 무엇을 하고 안하고가 아닌, 삶과 사역의 초점을 하나님께 두는 것을 놓치지 않았다는 것이다. 죄에 대한 사탄의 유혹이 아담과 하와에게는 승리했지만 예수에게는 진 것이다. 사탄은 물러가고 예수는 본격적으로 사탄의 진을 흔들어 깨는 사역을 한다.

사탄의 영역을 향한 예수의 공격적 사역은 귀신을 내쫓는 것과 병을 고치는 것에서 잘 나타난다(참고, 행 10:38).[*] 이런 기적들은 단순

---

[*] 사도행전 10:38: "하나님이 나사렛 예수에게 성령과 능력을 기름 붓듯 하셨으매 그가 두루 다니시며 선한 일을 행하시고 마귀에게 눌린 모든 사람을 고치셨으니 이는 하나님이 함께 하셨음이라."

한 능력 사역이 아니다. 마가복음 3:27에서 말했던 강한 자를 결박하고 그의 집에 들어가 세간을 강탈하는 예수의 비유처럼 사탄의 통치 영역으로 들어가 사탄을 결박하고 그 아래 신음하던 사람들을 해방시키는, 하나님 나라가 실재하고 있음을 드러내는 가시적 증거이다(참고, 마 12:28; 눅 11:20). 또한 이런 사역은 예수가 단순히 사탄의 유혹을 거절해 이기는 수동적 승리자가 아님을 보여주는 것이다. 비록 육신을 입고 있지만 예수는 하나님으로부터 보냄 받은 메시아이며 하나님의 아들이다. 어둠의 영역에 속한 세력들이 감히 어쩔 수 없는 능력자이기에 귀신들과 병은 그분의 명령에 굴복할 수밖에 없다. 더 나아가 예수의 이런 권위는 그를 보내신 하나님의 권위이다. 반역의 통치는 하나님의 권위를 인정하지 않지만, 창조주 하나님은 어둠의 영역의 평가와 상관없이 최고 권위자이며 왕이시다. 그렇기 때문에 귀신을 축출하고 병을 고치는 예수의 사역은 망가진 창조 질서를 회복하려는 하나님의 뜻을 따라 반역의 세력을 심판하고 그 통치 영역을 부수는 상징적 의미를 담고 있다. 더욱이 그것을 통해 세상의 참 주인이 누구인가를 공표하는 것이다. 예수를 보내신 하나님이 창조주이고 세상의 주인이다. "여호와의 영광이 나타나고 모든 육체가 그것을 함께 보리라"라고 예언했던 이사야 40:4절 약속의 성취이다.

   이 땅에서 행한 예수의 사역은 사탄의 일을 멸하려는 것이지만(요일 3:8), 완전히 멸망시키는 것이 목표가 아니다. 그 일은 미래 어느 날 행해질 것이다(계 21:10), 그의 지상 사역은 사탄의 노예로 살아가는 사람들에게 창조주 하나님의 통치와 회복을 드러내고, 그들을 하나님 통치 안으로 이끄는 것이다. 어둠의 영역 속에서 고통 당하는 가난한 자들과 포로된 자들, 눈 먼 자들, 눌린 자들을 능력으로 해방시키고

(참고, 눅 4:18-19) 하나님의 사랑과 희락과 정의와 화평의 통치를 경험케 하는 것이다(참고, 사 11:3-4; 롬 14:17). 그 사역의 절정은 십자가와 부활이다.

2) 십자가/부활과 해방: 인간 문제 상황 뒤집기 2

사람은 거짓말로 공중 권세를 잡고 있는 사탄의 영향력 아래 사는 존재일 뿐 아니라 또 다른 실존은 그 거짓말을 진리 삼아 하나님과의 관계를 거절하고 있고, 그것으로 인해 죄와 죽음 아래 노예처럼 살고 있는 존재이다. 그렇기 때문에 상대적으로 소수의 사람을 향해 귀신을 쫓아내고 병을 고치는 상징적 사역을 행하는 것만으로는 부족하다. 모든 사람과 관련한 죄의 핵심 문제를 해결하는 것 없이는 죄와 죽음의 통치 문제가 해결되지 않기 때문이다. 예수가 십자가로 가야만 했던 이면의 동기가 바로 여기에 있다.

예수의 십자가 사건은 기본적으로 모든 사람이 창조주를 거절한 근원적인 죄와 그로 인한 죄악들을 심판하는 것과 관련이 있다. 창조 질서를 유지하고 심판하며 언약 관계에 대한 신실함을 의미하는 하나님의 의는 인간의 죄를 용서할 수 없다. 하나님은 역사의 마지막에 행위대로 판단하시는 심판 원리를 적용해 모든 사람을 심판할 것이다. 그런데 하나님은 종말에 있을 그 심판을 2천 년 전에 이미 예수에게 행했다. 죄를 알지도 못하는 예수를 사람들을 대신하여 죄로 삼고 그 죄에 대해 대신 심판을 받게 한 것이다(고후 5:21). 예수의 부활은 사람들의 죄에 대한 심판이 완전히 끝났음을 말해주는 것이기에 더 이상 하나님의 심판을 받지 않을 새로운 길이 열린 것이다. 만일 사람들이 회개를 통해 하나님을 거절한 것을 돌이키고 예수를 통한 하나님의 능력과 사랑과 신실함을 믿음으로 받아들인다면 하나님이 열어 놓으신 길로 들어가 새로운 관계를 맺을 수 있다. 이것이 긍정적 상호 작용 과정의 첫 단계인 십자가와 부활에 대한 의미이며 죄 문제를 해결하는 하나님의 방법이다. 그런데 이 십자가와 부활은 어둠의 통치 영역에서 하나님과 아들의 나라 곧 빛의 통치 영역으로 사람들을 이동시키는 중요한 사건이기도 하다. 이와 관련해 두 가지 논리 연결이 있다.

첫째는 십자가와 부활 사건이 죄와 죽음의 통치 영역을 깨는 것이다. 로마서 5:12는 아담의 불순종으로 죄가 들어오고 죄로 인해 죽음이 지배하는 세상이 되었는데, 아담 이후 모든 사람들이 죄와 죽음의 연결에서 벗어나지 못하고 있다고 말한다. 이는 메시아가 오기 전 모든 사람이 경험하고 있는 실재이다. 그런데 역사의 어느 날 하나님이 십자가를 통해 메시아 예수를 정죄하고 심판을 내렸다. 사람들의 죄를 대신해 심판을 받고 영원한 하나님 앞에서 죽음을 경험하게 한 것이다. 역사의 마지막 날 모든 사람이 경험하게 될 운명과 동일한 과정을 2천 년 전에 대신 당한 것이다. 그런데 그 예수가 부활했다. 죄에 대한 하나님의 심판이 완전히 끝난 것이다. 죄라는 것이 더 이상 존재하지 않게 될 길이 열린 것이다. 죄 문제가 해결되었기에 사람들이 더 이상 죄와의 연결 속에 살아갈 필요가 없음을 의미하기도 한다. 죄가 왕노릇하는 영향력에서 해방되어 다른 영향력을 받으며 살 수 있다는 것이다(롬 6:6). 그 새로운 영향력을 은혜라고 말한다. "이는 죄가 사망 안에서 왕 노릇 한 것 같이 은혜도 또한 의로 말미암아 왕 노릇 하여 우리 주 예수 그리스도로 말미암아 영생에 이르게 하려 함이라"

(롬 5:21). 죄의 핵심이 창조주를 거절하고 자기를 중심으로 살아가려는 것이기 때문에 죄의 영향력은 자기를 중심으로 한 모든 이기적 욕망이라고 말할 수 있다. 반면, 죄에서 해방되어 경험하는 새로운 영향력은 창조주 하나님을 중심으로 한 새로운 관계 안에서 사람을 대하시는 하나님의 선하심이다. 예수의 십자가와 부활은 자기를 중심으로 한 죄의 통치가 아닌 하나님을 중심으로 한 은혜의 통치를 경험하게 하는 길을 제공했다. 죄가 지배하는 어둠의 영역에 은혜가 지배하는 빛의 영역의 문을 연 것이다. 죄의 영향력에 대한 완전한 심판은 역사의 마지막 날 이루어지지만 예수의 사역은 그 완전함을 현재라는 시점으로 이끌어 지금 경험할 수 있는 현실로 만들었다.

이뿐 아니다. 예수의 부활은 죽음으로 사람들을 심판하는 과정이 끝났음을 의미하기도 한다. 아담 이후 모든 사람에게 내려질 죽음의 심판이 끝났기에 더 이상 죽음을 경험하지 않을 수 있는 가능성이 열린 것이다. 사람들에게 드리워진 죽음의 그림자, 죽음의 통치가 없어질 수 있는 것이다. 더 나아가 죽음으로 사람들을 위협하는 사탄의 영향력에서 해방될 수 있음을 의미한다(히 2:14-15). 물론 죽음의 심판 역시 역사의 마지막 날에 완전히 끝나는 것이지만(고전 15:54-55; 계 20:14), 예수의 부활은 죽음의 지배가 끝나고 생명의 새로운 통치가 시작되었음을 선포한 것이다.

둘째는 율법의 저주에서의 해방이다. 율법은 창조주의 뜻을 드러내는 통로이다. 기본적으로 언약 관계를 맺고 있는 이스라엘 백성에게 준 것이지만 이스라엘은 완전한 언약 관계를 드러내는 통로 혹은 예시이기에 그들에게 준 율법은 모든 사람들이 들어야 할 내용으로 확장해도 된다. 특별히 십계명으로 표현된 하나님을 사랑하고 그가 창조한 사람들을 사랑하는 것은 모든 세대 모든 사람들이 지켜야 할 창조주의 뜻이다. 문제는 그 율법이 죄가 무엇임을 보여주는 통로이기도 하다는 것이다. 계시된 하나님의 뜻을 거절하는 자에게는 심판의 모습이 있음을 말해주는 증서 역할을 하기 때문이다(골 2:15). 이런 점에서 율법은 죄인들을 하나님의 심판으로 옭아매는 저주이기도 하다(갈 3:10). 그런데 예수가 십자가에서 죽었다. 나무에 달렸기 때문에 표면적으로는 율법에 담긴 하나님의 저주를 당한 것이지만(신 21:22-23), 실상은 많은 사람의 죄를 대신해 죽은 것이다. 이사야 53:6에 담긴 약속의 성취이다. 더 나아가 그 예수가 부활했다. 사람들을 향한 율법의 저주를 대신 받고 죽었기에 그의 부활은 모든 율법의 저주를 다 치르고 끝낸 것을 의미한다. 더 이상 그 저주를 생각하지 않아도 되는 새로운 길이 열린 것이다(갈 3:13). 또한 율법이 갖고 있는 심판의 저주가 끝났기에 율법 자체는 더 이상 사람들을 옥죄는 증서로서의 가치가 없어졌다(골 2:13-14). 그렇다고 율법 자체가 폐기된 것은 아니다. 부정적인 기능이 끝났기에 저주로 사람들을 붙잡을 수 없게 된 것뿐이다. 그 안에 있는 긍정적 기능, 즉 하나님을 사랑하고 사람을 사랑하라는 창조주의 긍정적 뜻은 여전히 유효하다. 죄와 죽음의 연결과 그로 인한 율법의 저주 상태가 아닌, 하나님과의 새로운 관계 안에서 율법의 긍정적 기능을 대하는 것이다. 또한 예수의 부활로 율법에 있는 하나님의 뜻이 전해지고 유지되는 방식도 바뀌었다. 단순히 율법이라는 법조문 형태를 통해 사람이 순종하는 방식이 아니다. 성령을 통해 사람들 속에서부터 하나님의 뜻을 따라 살며 그분과의 관계를 유지하게 하는 새로운 방식이 만들어졌다. 구약 예레미야 31:31-34에서 약속한 새로운 언약 관계 형태에 대한 성취이다. 물론 죄와 어둠의 영역이 완전히 없어지는 미래 그 날에 율법을 통한 하나님의 저주가 완전히 없어지겠지만, 예수의 십자가와 부활은 그 완전함의 시작을 하나님과의 새로운 관계 안에서 경험하게 하는 통로이다.

결론적으로 예수의 십자가와 부활은 인간 문제의 핵심인 죄 문제를 해결하고 그와 연결된 죽음의 사슬도 끊은 사건이다. 갈라디아서 1:4의 표현처럼 메시아께서 하나님 아버지의 뜻을 따라 이 악한 세대에서 사람들을 건지시려고 사람들의 죄를 대속하기 위하여 자기 몸을 주신 것이다. 또한 율법의 저주에서 사람들을 해방시켜 하나님과의 새로운 관계 안에서 성령을 통해 그분의 뜻을 이루어가는 길을 열었다(롬 8:3-4). 죄와 율법과 죽음의 견고한 카르텔을 가진 어둠의 영역(고전 15:56)을 완전히 깬 것이다. 이제 사람은 하나님께서 예수를 통해 행하신 선행 활동에 대해 회개와 믿음으로 반응하면 하나님을 거절한 죄의 영역에서 해방되어 그분과의 새로운 관계 안으로 들어가게 되고 율법의 저주와 죽음의 지배를 벗어나 생명이 다스리는 영역으로 이동하게 된다. 이 모든 것은 보냄 받은 메시아 예수가 하나님의 뜻에 순종함으로 대신 심판을 받았기 때문이다. 자기가 하나님이 되고자 했던 첫째 아담은 하나님을 거절해서 죄와 죽음이 지배하는 어둠의 영역을 만들었지만, 둘째 아담은 구원을 향한 하나님의 뜻에 순종함으로 죄와 죽음의 통치를 끝내고 생명의 하나님과 관계하는 새로운 영역의 문을 열었다.

3) 새 영역 안에서 새로운 정체성: 인간 문제 상황 뒤집기 3

긍정적 상호 작용 과정에 의하면 예수를 통한 하나님의 선행 활동에 사람이 회개와 믿음으로 반응하면 죄 사함의 칭의를 받고 하나님과의 새 언약 안으로 들어가게 되어 관계 회복인 화목을 경험할 수 있다. 이 설명은 두 영역 관점에서 보면 어둠의 영역에서 빛의 영역으로의 이동을 의미한다. 그렇다면 사탄의 통치에서 벗어나 죄와 죽음, 그리고 율법의 저주에서 하나님의 생명과 은혜의 다스림 속에 있는 모습은 무엇을 의미하는 것일까? 성경 여러 곳에서 말하는 정체성 변화 표현은 그 모습을 잘 보여준다.

첫 번째는 새로운 피조물이 된다는 표현이다(예, 고후 5:17; 갈 6:15; 엡 2:15; 4:24; 골 3:10). 어둠의 영역에서 빛의 영역으로의 이동을 새로운 창조로 표현한 것이다. 구원을 창조 질서를 회복시키는 창조주 활동과 연결시킨 것이다. 창세기에서 언급한 아담-노아-아브라함의 상황을 완전한 둘째 아담인 메시아 예수와 연결시켜 설명한 것이기도 하다. 아담은 하나님의 첫 창조에 해당하는 사람이다. 아담 이후 사람들은 창조주를 거절하고 죄악을 행하였기에 하나님은 홍수로 그들을 심판했다. 그러나 하나님은 심판 한 가운데서 노아와 그의 가족을 구원하셨고 그들을 통해 많은 사람들이 번성하도록 허락하셨다. 마치 두 번째 아담처럼 새로운 시작을 행하신 것이다. 하지만 이들 역시 죄악으로 타락했고 하나님은 언어를 혼잡하게 해서 사람들을 흩으시는 바벨탑 심판 이후 아브라함이라는 한 사람을 통해 또 다른 시작을 행하신다. 이런 면에서 아브라함은 셋째 아담 역할이다. 하나님은 그 끝자락에 메시아 예수를 아브라함의 후손으로 보내어 완전한 새로움을 시작하셨다. 마지막 아담이고 완전한 형태의 둘째 아담이다. 이 예수는 첫 아담이 불순종으로 불러들인 죄와 죽음의 영역을 완전히 뒤집었다. 순종으로 죄를 대신 담당하여 심판을 끝내고 죽음의 통치를 종식시켰다. 회개와 믿음을 통해 그 예수와 연합한 사람들은 죽음의 영역에서 해방되어 예수의 생명과 연합해 새로운 생명을 얻는다(고전 15:22). 완전한 둘째 아담은 생명을 주는 존재이기 때문이다(고전 15:45; 참고, 롬 5:12-21). 신약 여러 곳에서는 이런 과정을 다시 태어남 혹은 거듭남으로 표현한다(요 3:3, 7; 딛 3:5; 벧전 1:3, 23). 첫 언급은 니고데모와의 대화 가운데 예수의 가르침 속에 나온다(요 3:3). 사람이 거듭나지 않으면 하나님의 나라에 들어갈 수 없다는 것이다. 어둠의 영역을 벗어나 하나님의 통치 안으로 들어가는 것을 거듭남의 과정으로 설명한 것이다. 성경은 또한 이 과정을 물 속에 들어가 온 몸을 잠갔다가 다시 나오는 침례를 통해 설명한다. 물 속에 들어가는 것은 메시아 예수와 함께 죄에 대해 죽었음을 상징하고 다시 물 밖으로 나오는 것은 예수의 부활과 연합해서 새 생명으로 태어남을 의미한다(롬 6:3-5; 골 2:12). 결론적으로 메시아 예수의 십자가와 부활을 믿음으로 받아들이는 자는 사망에서 생명으로 옮김 받은 자이고(요 5:24) 하나님의 생명의 통치 안에서 새롭게 태어난 자들이다. 비록 살과 몸이 완전히 다시 태어난 것은 아니지만, 진짜 생명에 연결된 존재로서 미래의 어느 날 하나님이 새 하늘과 새 땅으로 역사를 완성시킬 때 진정한 몸의 부활, 곧 새 생명의 완전한 모습으로 그곳에 거할 수 있는 자격을 지금 누리고 살아갈 수 있는 사람들이다.

두 번째는 하나님의 백성이 된다는 표현이다(예, 고후 6:16; 히 4:9; 8:10; 벧전 2:9-10; 계 21:3). 새로운 피조물이라는 표현이 하나님의 창조와 관련 있는 것이었다면, 하나님의 백성이라는 것은 새로운 관계와 새로운 통치권과 관련이 있다. 먼저 새로운 관계와 관련해, 구원 받기 이전 상태는 죄와 죽음의 통제를 받고 사탄과 관계하며 살아가는 모습이었다. 악한 지배자 밑에서 고통 당하는 상황이었다. 그런데 예수를 통한 하나님의 구원 과정을 회개와 믿음으로 받아들이면 새 영역으로 옮겨와 이전과는 완전히 다른 관계 속으로 들어가게 된다. 이전에 왕노릇 하던 존재들과의 관계나 심지어 창조주를 거절하고 자신을 왕으로 섬기던 관계를 버리고 창조주 하나님을 진정한 왕으로 섬기는 관계이다. 그 관계 안에서 창조주 하나님은 신자들의 왕이 되고 신자는 그 하나님의 백성이 된다. 구약 언약 관계의 핵심 표현이다. 그렇기 때문에 구원의 새 영역으로 들어간다는 것은 예수로 인한 하나님과의 새 언약 관계 안으로 들어간다는 의미를 담고 있다. 하나님이 아끼는 특별한 백성이 되었기에 언약 관계 속에 들어 있는 그분의 은혜와 사랑과 신실한 보호를 경험할 수 있다.

한편, 새로운 통치권과 관련해 하나님의 백성이 된다는 것은 이 땅에 살면서 다른 나라 신분을 얻게 되었다는 것을 의미하기도 한다. 마치 한 나라에 사는 사람이 다른 나라의 국적을 얻는 것처럼 하나님 나라 백성의 신분을 얻은 것이다. 물론 신자가 새 영역으로 옮겨 갔다고 해서 이 땅과 세상을 떠나는 것은 아니다. 여전히 땅에 발을 붙이고 산다. 하지만 기본적인 신분과 충성의 대상이 바뀌었다. 어둠의 영역에 속해서 그 세력들에게 충성하는 것이 아니라, 하나님의 통치를 받는 자의 신분으로 하나님을 향하여 살아간다. 그렇기 때문에 새 영역에 속한 신자는 이중 정체성을 가진 자이다. 세상에 살고 있지만 그것에 속해 있지 않은 자이다(벧전 1:1, 17; 2:11). 바울은 신자의 이런 모습을 다른 시민권을 가진 것으로 설명한다. "그러나 우리의 시민권은 하늘에 있는지라 거기로부터 구원하는 자 곧 주 예수 그리스도를 기다리노니"(빌 3:20). 이런 이중 정체성은 일장일단이 있다. 단점은 이 세상에 속해 있지 않기에 세상 신분이 주는 이익을 얻을 수 없다는 것이다. 자기 사람이 아니기에 세상이 신자를 외면하고 배척할 수 있고 그로 인해 어려움 당할 수 있다. 성경에서 많이 말하고 있는 예수로 인한 핍박의 핵심이다(예, 마 5:10-12; 10:16-33; 요 15:18-20; 딤후 3:12 등등). 하지만 장점도 있다. 이 땅에서 하나님 나라의 백성으로서 그분의 사랑과 희락과 평강의 통치를 경험할 수 있을 뿐 아니라 장차 임할 완전한 회복의 나라에 들어가 영원한 기쁨으로 살아갈 수 있는 자격을 얻었기 때문이다(참고, 마 13:43; 빌 3:20-21; 딤전 2:12-12). 이처럼 하나님의 백성이 된다는 것은 죄와 죽음, 사탄과의 관계에서 벗어나 창조주와 새로운 언약 관계 안으로 들어갔다는 것이며 이 땅에서 시작된 하나님의 나라 속에 살아가는 존재가 되었다는 것이다. 사랑과 희락과 정의와 평화가 지배하는 영원한 하나님의 통치를 지금 경험할 수 있는 자가 되었고 영원을 잇대어 이 세상에서 다른 신분으로 살아가는 존재가 되었음을 의미한다.

한편, 하나님의 백성 개념 속에는 개인의 신분 변화와 함께 공동체의 구성원이 된다는 것도 들어 있다. 구약의 언약은 하나님 앞에서 개인이 맺지만, 그 결과는 개개인이 모인 공동체의 특성을 갖고 있다. 예를 들어 아담에게 생육하고 번성하라고 한 첫 명령(창 1:28)은 많은 가족 구성원을 염두에 둔 것이다. 공동체의 모습이다. 또한 창세기 17장에서 아브라함이 하나님과 언약 관계를 맺을 때 그 관계의 증거인 할례는 아브라함을 비롯해 그의 집 모든 남자와 그의 모든 남자 후손이 받아야 했다(창 17:10-14). 이 역시 언약 관계의 공동체성을 보여준다. 그리고 출애굽기 24장은 모세를 통해 이스라엘 백성 전체가 언약 맺은 것을 말한다. 물론 개개인이 하나님께 반응한 것이지만, 언약 관계는 '나'를 넘는 '우리'의 모습을 갖고 있음을 보여준다. 신약도 마찬가지이다. 예수를 통해 하나님의 백성이 된 사람들 역시 같은 하나님의 통치를 받고 있는 공동체로서의 모습이 있다. 이것을 교회라고 한다. 교회는 기본적으로 예수를 믿는 사람들의 모임이다. 바울은 고린도에 있는 신자들의 모임을 교회라고 불렀다.* 돌로 만든 건물이 아니라 사람이다. 그런데 흥미로운 것은 성경은 이 성도의 모임인 교회를 건축물로 많이 비유한다는 점이다. 하나님의 집(히 3:6; 벧전 2:5; 4:17)이나 성전(고전 3:16; 엡 2:20-22) 혹은 그냥 건물(고전 3:9)이라고 말하기도 한다. 구약의 성전 개념과 연결해서 그 건축물인 신자들의 모임 안에 하나님이 거하시는 것을 강조하거나(예, 고전 3:16; 벧전 2:5) 건물이 계속 지어져 완성해가듯이 신자 공동체를 통해 서로를 온전하게 세워 가는 과정을 강조하기 위해서 사용한다(예, 고전 3:9; 엡 2:20-22). 결국 새 영역에 옮김 받은 신자는 자기 혼자 살아가는 것은 없다. 하나님의 통치를 함께 받는 백성 중의 하나로서 다른 백성들과 새로운 관계를 맺으며 살아가게 된다. 이런 관계를 통해 거룩하신 하나님을 함께 모시고 사는 하나님의 집이 되며 서로를 세워감으로써 하나님이 온전하게 거하실 성전으로 만들어져 가는 것이다(참고, 엡 4:16).

세 번째는 하나님의 자녀가 된다는 표현이다(예, 요 1:12; 롬 8:15-16; 9:25; 고후 6:18; 갈 3:26; 4:4-7; 엡 2:19; 빌 2:15; 요일 3:2, 10; 5:2). 새 영역 안에서의 관계를 '아버지-자녀'라는 가족의 모습으로 표현

---

* 고린도전서 1:2: "고린도에 있는 하나님의 교회 곧 그리스도 예수 안에서 거룩하여지고 성도라 부르심을 받은 자들과 또 각처에서 우리의 주 곧 그들과 우리의 주 되신 예수 그리스도의 이름을 부르는 모든 자들에게."

한 것이다. '왕-백성' 관계보다 훨씬 깊은 친밀함을 담고 있다. 이 관계는 창조 전에 세운 하나님의 계획(엡 1:5)으로서 '하나님-백성'의 언약 관계를 '아버지-자녀'의 관계로 격상시켜 회복시키겠다는 구약 약속의 성취이기도 하다(호 1:10; 참고, 롬 9:25). 또한 이 관계는 역사의 마지막에 모든 것을 완성시킨 후 새 영역 안에 있는 신자와 하나님과의 관계이기도 하다(예, 계 21:7).* 이런 면에서 사람이 예수를 통해 하나님의 자녀가 된다는 것은 창조주 하나님의 모든 구원의 계획이 신실하게 이루어졌음을 의미한다. 특별히 현재 믿는 신자의 상태를 그렇게 표현한 것은 예수를 믿고 새 영역에 속해 있는 자들은 구원의 완전한 성취의 시작을 경험하고 있는 존재임을 말하는 것이다.

하나님의 자녀 혹은 가족이 된다는 것은 보통 생각하는 것보다 훨씬 깊은 사랑의 관계이다. 창조주 하나님이 아들 예수와 함께 누렸던 것이고 지금도 누리고 있는 관계이기 때문이다. 메시아 예수는 처음부터 하나님과 함께 있었고 사랑의 관계를 누리고 있었다(참고, 요 1:1-2). 이 땅에 보냄을 받은 후에도 그 관계는 깨지지 않았다. 아버지 하나님이 예수 안에 예수가 하나님 안에 서로 거하고 있었기 때문이다(요 17:21). 메시아 예수가 하나님을 '아빠' 혹은 '아버지'라고 부르는 호칭에서도 알 수 있다(예, 막 14:36). 비록 십자가에서 사람들 대신 영원한 형벌을 받았지만 부활을 통해 그 관계가 여전히 지속됨을 보이셨다. 영원한 하나님의 영원한 사랑의 관계이다. 그런데 문제는 사람은 원래 하나님의 자녀가 아니라는 점이다. 여러 피조물 중의 하나이다. 더 나아가 하나님과의 관계를 거절한 죄인이다. 절대로 하나님을

---

* 요한계시록 21:7: "이기는 자는 이것들을 상속으로 받으리라 나는 그의 하나님이 되고 그는 내 아들이 되리라."

아버지로 부를 수 없다. 물론 '창조주-피조물' 관계에서 자신을 있게 한 존재로서 아버지라 부를 수 있지만, 하나님과 예수 사이의 친밀한 관계 속에 들어가거나 그 안에서 하나님을 아버지라고 부를 수는 없다. 자격이 안 된다. 그런데 하나님이 예수를 통해 그 관계를 먼저 열어 주셨다. 창조주인 자신을 거절한 죄 문제를 먼저 해결해 주셔서 그 관계 안으로 이끌어 들이시고 가족으로 입양하신 것이다(요 17:21). 하나님을 '우리 아빠'라고 부를 수 있는 은혜를 주시고 영원한 사랑의 관계 안에 거할 수 있도록 허락하신 것이다(롬 8:15; 갈 4:5; 참고, 마 6:9). 그 관계를 가능케 하고 유지시키는 분이 성령이다. 성령을 통해 아버지가 예수 안에 예수가 아버지 안에 거하듯이, 신자 역시 성령을 통해 하나님/예수의 사람이 되어(롬 8:9, 14) 그분들 안에 거하고 그분들은 신자 안에 거하는 관계가 형성된다(요일 3:24). 요한복음은 이 친밀한 사랑의 관계를 영생이라고 부른다(요 17:3).* 이 모든 것은 하나님의 은혜이고 자비이며 이유가 없는 무조건적 사랑이다. 결국 사람이 예수를 믿어 하나님의 자녀가 되었다는 것은 어둠의 영역에서 자신만을 위해 사는 인생을 하나님이 지극히 사랑하셔서 예수를 통해 자신의 처음 계획을 완성하셨다는 것이다. 하나님과 예수와의 영원한 사랑의 관계 속으로 들어가 그 관계의 풍성함을 지금 누릴 수 있는 자격을 얻었다는 말이다. 현재는 그 완전함을 다 경험하지 못하지만 그 온전한 관계의 부분을 경험하기 시작했으며 장차 그 온전함을 온전히 누리게 될 사람임을 말한다.

네 번째는 메시아의 신부가 된다는 표현이다(예, 고후 11:2). 하나님

---

* 요한복음 17:3: "영생은 곧 유일하신 참 하나님과 그가 보내신 자 예수 그리스도를 아는 것이니이다."

과의 관계를 신랑과 신부의 결혼 관계로 표현한 것은 구약의 대표적 언약 관계 표현 중 하나이다. '하나님-자녀'의 경우처럼 '하나님-백성' 보다 훨씬 친밀한 관계를 말해준다. 언약이 단순한 계약이 아니라 친밀한 사랑의 관계임을 보여주는 것으로, 구약에서는 크게 두 가지 주제를 전달하기 위해 이런 상징을 사용한다. 하나는 사람의 죄의 모습이 얼마나 심각한 것인지를 설명하기 위해서이다. 예를 들어 예레미야 31:31-34는 하나님이 선지자를 통해 기존에 이스라엘과 맺고 있는 것과 완전히 다른 새로운 언약을 약속한다. 새 언약이 필요한 이유는 이스라엘 백성이 현재 맺고 있는 하나님과의 언약을 깨뜨렸기 때문이다. 그런데 하나님은 그들의 죄의 모습을 마치 결혼한 아내가 남편과의 언약 관계를 저버린 것으로 묘사한다(렘 31:32). 이는 간음이다. 율법에 의하면 돌로 침을 당해야 할 중죄이다. 이 모습은 또한 십계명의 두 번째 계명인 우상 숭배를 금지하는 것을 어긴 것이기도 하다. 사람들을 끔찍하게 사랑하시는 창조주(남편)를 저버리고 자신을 위해 다른 것을 사랑하는 것이다. 하나님을 거절하는 근원적인 죄의 모습이며 사랑을 거절당한 창조주의 심판 이유이기도 하다. 결혼의 관계로 설명하는 또 다른 주제는 관계의 회복이다. 자신의 사랑을 거절한 사람들을 심판하시지만, 하나님은 그 심판 한 가운데서도 자신의 사랑과 신실함을 거두지 않으시고 회복의 약속을 하신다. 흥미로운 것은 회복될 그 관계를 새로운 결혼의 모습으로 소개한다는 점이다. 예를 들어 이사야 62:4-5는 이렇게 말한다. "다시는 너를 버림 받은 자라 부르지 아니하며 다시는 네 땅을 황무지라 부르지 아니하고 오직 너를 헵시바라 하며 네 땅을 쁄라라 하리니 이는 여호와께서 너를 기뻐하실 것이며 네 땅이 결혼한 것처럼 될 것임이라 마치 청년이 처녀와 결혼함 같이 네 아들들이 너를 취하겠고 신랑이 신부를 기뻐함 같이 네 하나님이 너를 기뻐하시리라." 심판으로 버려진 예루살렘에 대한 회복을 청년이 처녀와 결혼하는 것처럼 신랑이 신부를 기뻐하는 것처럼 하겠다고 말한다(참고, 호 2:16).

결혼으로 하나님과의 관계를 설명하는 것은 신약에서도 나타난다. 특별히 메시아를 통한 약속 성취 차원에서 제시된다. 예수는 여러 번 자신의 정체성과 사역의 의미를 결혼이나 결혼 잔치에 빗대어 설명한다(예, 마 9:15[막 2:20; 눅 5:34-35]; 22:2-10; 25:1-13; 참고, 요 3:29[세례/침례 요한의 증거]). 이때, 예수는 신랑으로 예수 믿는 자는 신부의 모습으로 설명되며, 사람을 이런 결혼 관계로 연결시키는 것을 자신의 사역으로 묘사한다. 스스로를 새 언약을 성취하는 메시아로 소개하고 있을 뿐만 아니라 새 언약 안에서 사람들이 관계 맺고 살아갈 대상임을 설명한 것이다.

예수를 믿고 얻게 될 결혼 관계는 로마서 7:1-4에서 잘 보여준다. 어둠의 영역에서 율법의 저주 아래 있는 상태에서 해방되어 새 영역에 거하는 과정을 설명하는 부분이다. 바울은 이 과정을 결혼의 예를 들어 설명한다. 결혼한 사람은 남편과 아내의 관계를 붙잡고 있는 법 아래 있다. 만일 남편이든 아내든 배우자 외에 다른 사람과 관계를 맺는다면 간음한 자가 된다. 법이 그렇게 규정하고 있기 때문이다. 하지만 배우자가 죽으면 이야기가 달라진다. 결혼 관계가 더 이상 유지되지 않기 때문에 결혼에 대한 법이 사람을 통제할 수 없게 된다. 그 법에서 해방되는 것이다. 이제는 남아 있는 사람이 다른 사람과 결혼을 해도 법은 간음이라고 말하지 못한다(롬 7:1-3). 마찬가지이다. 어둠의 영역에 속한 사람들은 죄를 자신의 남편 삼아 관계를 유지하고 있고,

죄와 사람 사이의 관계를 규정하는 율법의 통제를 받고 살고 있다. 그런데 예수가 십자가에서 사람들의 죄를 대신해 죽었다. 신자도 예수를 믿음으로 그와 함께 십자가에서 죄에 대해 죽었다. 이 상황은 신자가 죄와의 결혼 관계에서 해방되었음을 의미한다. 전남편인 죄가 여전히 살아있지만, 그의 아내였던 신자가 죽어서 결혼 관계가 무효화되었기 때문이다.[70] 이제 신자는 죄와의 관계를 규정한 법에서 해방되었고, 다른 존재와 결혼 관계를 맺을 수 있게 되었다. 재혼이다. 대상은 자신의 생명으로 사랑을 보여준 예수이다(롬 7:4). 이제 신자는 그 예수의 신부로서 신혼 집 같은 새 영역에서 완전한 결혼 관계로 인해 하나님을 향한 새로운 삶을 경험할 수 있다. 이전 어둠의 영역에서 경험하는 것과는 완전히 다른 사랑의 관계이다. 부부의 관계는 결혼식으로 완성되는 것이 아니다. 오히려 결혼식은 그 시작이다. 마찬가지로 신자는 예수를 신랑으로 맞아 재혼했지만 그 관계는 시간이 지나면서 더 깊어지고 완전해질 것이다. 지금 이 땅에서 예수 믿고 새 영역에 속한 것은 그 시작의 작은 부분을 경험하는 것이다. 이후 새 하늘과 새 땅에서 온전한 관계를 영원히 경험하며 살게 될 것이다.

지금까지 설명에 의하면 어둠에서 빛으로 이동하여 얻게 된 신자의 모습은 하나님의 창조와 그 속에 담긴 언약 관계로 정리할 수 있다. 이전 첫 창조의 모습과 달리 하나님과의 온전한 관계를 맺을 수 있는 새로운 창조이고 새로운 언약 관계의 성립이다. 창조주 하나님이 사람을 향해 세웠던 창조 이전 계획을 성취한 것이다. 하나님을 주인과 왕으로 섬기는 백성이 되고, 그분을 아버지로 섬기는 자녀가 되고, 마치 부부처럼 사랑의 관계를 경험하게 된 것이다. 이런 면에서 하나님의 구원은 철저하게 관계를 핵심으로 한다. 이 모든 회복은 예수가 하나님 나라를 선포한 사역에서 시작하여 십자가와 부활을 통해 구체적인 문을 연 것에 오직 회개와 믿음으로 반응할 때만 경험할 수 있다.

2. 새 영역과 세상의 회복

아담의 불순종으로 인한 죄와 죽음의 통치는 단순히 사람들이 사는 삶과 사회에만 영향을 미치는 것이 아니다. 아담이 창조주의 대리 통치자였기에 그의 범죄는 하나님의 창조 질서 전체에 걸쳐 영향을 미쳤고, 세상 모든 것이 죽음의 지배를 벗어날 수 없게 되었다. 로마서 8:19-22는 모든 피조물이 죽음의 통치 아래 신음하고 있으며 하나님이 주시는 해방을 기대하고 있다고 말한다. 그 기대는 하나님의 자녀들이 나타나기를 소망하고 주목하는 것으로 표현된다(롬 8:21). 신자들이 환경 운동을 해서 회복시킬 것을 기대한다는 말이 아니다. 하나님의 자녀는 어둠의 영역에 속했던 사람들이었으나 빛의 영역으로 옮김 받은 자들이다. 그들이 나타난다는 것은 어둠의 시대를 끝낼 메시아가 왔다는 의미이고 그를 통한 하나님의 구원 과정이 실현되고 있다는 증거이다. 또한 역사의 마지막에 있는 완전한 구원을 기대할 수 있는 근거이기도 하다. 그렇기 때문에 하나님의 자녀가 나타나기를 고대한다는 것은 죄와 죽음이 지배하는 반역의 통치 속에 생명이 지배하는 구원 영역이 시작되는 증거를 기대한다는 말이다. 비록 지금은 아니지만 회복 과정을 시작하는 분이 기어이 완성하실 것을 기다릴 수 있다는 의미이다. 구약에서 약속했던 아담이 타락하기 전, 곧 죄와 죽음의 통치가 시작되기 이전으로 회복될 그 날이 곧 다가온다는 말이다(사 11:6-8; 35:5-10). 그런데 이 회복은 단순히 에덴으로의 회귀가 아니다. 에덴에서 아담이 하나님을 거절하고 죽음의 결과를 가져왔기 때문이다. 둘째 아담인 메시아 예수가 회복할 통치는 타락 이전 수준을 넘어 새 하늘과 새 땅이다(사 65:17; 66:22). 지금의 땅과 하늘 상태가 아닌 완전히 다른 세상이다(벧후 3:13; 계 21:1). 사탄이 완전히 심판을 받아 반역의 영향력이 전혀 없고 창조주를 거절하는 죄의 모습이 전혀 없는 곳이다. 새로운 피조물 된 신자가 하나님과의 관계를 온전히 누릴 수 있는 새로운 신혼 집이자 삶의 터전이며 하나님의 사랑과 희락과 평화가 있는 온전한 하나님 나라이다. 그 안에서 세상 모든 피조물은 하나님이 원래 계획했던 완전함으로 회복될 것이다. 예수는 그 회복을 시작했고 신자는 그 속에 거하기 시작했으며 피조물은 그 증거를 기쁨으로 지켜보며 미래를 기대하고 있다.

3. 새 영역 안에서의 삶

이제 사람은 예수를 믿음으로 죄와 죽음과 사탄이 지배하는 어둠의 영역에서 하나님의 생명의 통치 영역으로 옮겨지게 된다. 그분의 은혜이고 능력이다. 하지만 그 옮겨짐이 끝은 아니다. 새 영역으로의 이동은 새로운 관계를 의미하기 때문에 그 관계는 계속 지속되어야 한다. 그렇기 때문에 새 영역 안에 속한 신자는 반드시 관계 안에 살아가는 삶의 요소를 생각해야 한다. 그렇다면 구원 영역 안에 있는 사람들은 어떤 모습의 삶을 살아가야 할까? 이 질문에 답하기 위해 두 가지를 먼저 고려해야 한다. 하나는 어둠의 영역과 빛의 영역이라는 공간적 차원이다. 여기에는 각 영역에 속한 사람들의 상태 비교와 어둠에서 빛으로 옮겨오는 과정 요소가 담겨 있다. 비록 신자는 빛의 새 영역에 속해 있지만 어둠의 영역에 속해 있다가 빛으로 이동하는 과정을 거쳤기 때문에 그 요소들을 고려해서 생각해야 한다. 또 다른 하나는 '이미'와 '아직'이라는 시간적 차원이다. 신자는 어둠의 영역에서 빛으로 옮겨 왔지만 아직 완전한 상태를 경험하는 것이 아니다. 여전히 어둠의 영역인 세상이 존재하며 신자는 세상 속에 살면서 그 영향을 받고 있다. 이런 두 요소는 신자의 삶의 모습을 이해할 밑바탕이 된다.

1) 로마서 12:1-2: 새 영역 안에서의 삶의 전체 그림

새 영역에 속한 사람은 이전에는 어둠의 영역에 속했던 사람이었는데 예수를 통해 회개와 믿음으로 하나님과의 관계를 얻은 사람이다. 그렇기 때문에 새 영역에서의 삶은 기본적으로 어둠의 영역에 있을 때와 반대로 살아가는 것이다. 로마서 12:1-2는 이 모습을 잘 설명한다. "그러므로 형제들아 내가 하나님의 모든 자비하심으로 너희를 권하노니 너희 몸을 하나님이 기뻐하시는 거룩한 산 제물로 드리라 이는 너희가 드릴 영적 예배니라 너희는 이 세대를 본받지 말고 오직 마음을 새롭게 함으로 변화를 받아 하나님의 선하시고 기뻐하시고 온전하신 뜻이 무엇인지 분별하도록 하라." 로마서 1-11장까지 복음 안에 있는 구원의 전체 그림에 대해 설명한 바울은 로마서 12장부터 15장까지 신자의 삶에 대해 다룬다. 로마서 12:1-2는 시작 부분이자 이후 논의의 근거 부분이다. "그러므로"라는 인과접속사와 "형제들아"라는 표현을 통해 이전 부분 설명과 연결하여 새 영역에 속한 신자의 삶에 대한 권면을 시작한다. 내용은 신자의 몸을 하나님이 기뻐하시는 거룩한 산 제물로 드리라는 것이다. 그것이 합당한 예배이기 때문이다. 어둠의 영역에 있을 때와 비교하면 바울의 이 권면은 신자의 삶에 대해 몇 가지 중요한 원칙을 보여준다.

첫째는 하나님이라는 방향성이다. 어둠의 영역에서는 하나님을 거절하고 자신을 하나님으로 섬기고 사는 삶이었다(예, 롬 1:28). 삶의 모든 방향성이 자기에게로 향해 있었다. 하지만 새 영역에 속한 사람은 이전 삶의 방향성을 회개한 사람이다. 자신을 섬기는 우상을 버리고 창조주 하나님을 삶의 주인으로 모시고 그분을 향한 삶을 고백한 사람이다. 그렇기 때문에 새 영역 안에 있는 삶에서 가장 중요한 것은 하나님을 향한 방향성을 분명히 하고 사는 것이다.

둘째는 삶의 제반 영역을 담고 있는 포괄성이다. 몸이라는 표현에서 읽을 수 있다. 바울은 사람을 표현할 때 몇 가지 특정 단어들을 사용한다. 예를 들어 영이신 하나님과 관계할 수 있는 존재를 말할 때 영(spirit)을 사용하고 살아 있는 존재로서의 모습을 말할 때는 혼(soul)이라는 표현을, 그리고 죄에 쉽게 굴복하는 연약한 존재로서의 모습을 말할 때는 육체(flesh)라는 단어로 표현한다. 몸이란 단어는 그 모든 것을 담고 있는 포괄적 존재로서의 모습을 말할 때 사용된다. 그렇기 때문에 몸을 드리라는 것은 신체의 한 부분이나 기능이 아닌, 전인격적 관계를 명령하는 것이다. 더 나아가 이 몸의 의미는 사람이 살아가면서 관계하는 영역들을 포함하는 것으로 확대해도 무방하다.[71] 가정에서의 관계와 사회에서의 관계 등 사람의 몸이 존재하고 관계하는 모든 영역이다. 따라서 몸을 드리라는 것은 나누어지지 않은 온전함으로 삶의 모든 영역을 하나님 중심으로 살아야 함을 말하는 것이다. 행위와 생각이 분리되지 않는다. 말과 행위 역시 구분되지 않는다. 그 모든 것을 다 포함한 온전함이다. 또한 주일의 예배와 일상의 일도 구분되지 않으며 거룩함과 세속적인 것에 대한 인간적 구별이 아닌 모든 영역을 하나님 앞에서 사는 것을 의미한다.

셋째는 분별이다. 자신의 모든 영역을 하나님을 향해 맞추며 살아가는 삶을 합당한 예배라고 표현한다(롬 12:1). 그런데 문제는 어떻게 이런 삶을 살 수 있는가이다. 이를 위해 바울은 로마서 12:2에서 분별을 명령한다.[72] 이 세대를 본받지 말고 오직 마음을 새롭게 함으로 변화를 받아 하나님의 선하시고 기뻐하시고 온전하신 뜻이 무엇인지 분별함을 통해 그렇게 살라는 것이다. 이 표현은 기본적으로 '이 세대'라고 말하는 어둠의 영역과의 대조를 전제로 한다. 주목할 것은 마음을 새롭게 한다는 표현이다. 이 마음은 '누스(νοῦς)라는 단어인데, 인간의 인지적 사고 혹은 생각 차원을 의미하는 단어이다. 그렇기 때문에 로마서 12:2의 초점은 사람 행위의 변화가 아니라 내면적 사고 체계의 변화이다. 이것은 사람의 근원적인 죄(the sin)를 버리고 다르게 살라는 모습으로 이해할 수 있다. 왜냐하면 하나님을 향한 근원적인 죄는 자신의 지식 혹은 사고 체계 속에서 하나님이란 변수를 두지 않으려는 것이기 때문이다(롬 1:28). 이런 면에서 자기 삶의 모든 것을 하나님을 향해 맞추어야 하는 신자의 삶은 내면적 사고 체계를 바꾸는 것에서 시작한다고 말할 수 있다. 자신을 중심으로 살라고 하는 사탄과 세상의 소리를 따르지 않고 하나님을 중심으로 그분이 기대하는 삶을 향해 사는 것이다. 이것을 위해서는 하나님을 사고의 중심에 놓는 지속적 결정이 필요하고 세상의 소리와 하나님의 소리를 분별하는 것이 필요하다. 또 바른 분별을 위해 기준이 중요한데, 그 기준을 위해 하나님의 선한 뜻과 그분이 기뻐하시고 완전하신 뜻을 지식 체계 속에 담아놓는 것이 필요하다. 안에서부터 어둠의 영역에서의 삶의 모습을 완전히 뒤집어 밖으로 표현하며 사는 것이다. 이런 면에서 과거 어둠의 영역에서의 삶이 하나님 없는 사고 체계를 태도와 행위로 표현하는 것이었다면, 새 영역에서의 삶은 하나님을 사고 체계의 중심으로 삼아 그분의 뜻을 분별 원리로 삼고 세상의 소리를 분별하면서 하나님이 기뻐하시는 것을 표현하면서 살아가는 것이다.

2) 성령과 함께 하는 삶

새 영역 안에 거하는 삶의 중요한 특징은 성령과 함께 하는 것이다. 성령은 창조의 영(창 1:2)이자 역사의 마지막에 하나님의 언약 백성에게 임할 영(욜 2:28-29)이다. 말라기 선지자를 끝으로 성령의 역사가 중단된 듯했지만 세례/침례 요한에게 임함으로 역사의 마지막에 있을 하나님 구원의 문을 드러내는 역할을 했다. 본격적인 시작은 요단 강에서 예수가 세례/침례 받은 이후였다. 성령이 비둘기같이 임함으로 예수가 종말에 있을 하나님의 구원을 실행할 자임을 드러냈을 뿐 아니라 이후 실제 사역에서도 예수의 증거와 능력 사역의 원동력이 되었다. 성령은 예수의 십자가와 부활 이후 오순절을 기점으로 예수 믿는 신자들에게 강림하여 그들이 하나님의 언약 백성임을 증거하는 동시에 실제로 새 언약 안에서 살아갈 수 있는 동력을 제공하고 있다. 새 영역에 속한 신자의 삶과 관련해 성령의 일은 크게 두 가지로 구분해 설명할 수 있다. 하나는 구원 과정에서의 역할이고 다른 하나는 신자의 삶을 돕는 역할이다.

첫째, 구원 과정에서의 역할이다. 어둠의 영역에서 빛으로 이동하는 것은 예수의 십자가와 부활 사건을 중심으로 한 하나님의 일하심에 대해 사람이 회개와 믿음으로 반응했기 때문이다. 그런데 이 과정에서 성령도 중요한 역할을 한다. 먼저 성령은 예수의 십자가와 부활 사역과 연결되어 있다. 특별히 예수가 부활의 새 생명을 얻은 것은 성령의 일하심이다(롬 1:4; 8:11; 벧전 3:18). 마치 첫 아담의 코에 숨('루아흐'[חור]-영)을 불어 넣어 살아 있는 존재가 되게 한 것처럼, 둘째 아담에게도 하나님의 생명의 숨(성령)이 부활을 가능케 한 것이다. 예수의 부활은 사람들의 죄를 대신해서 심판 받은 십자가 사역이 완전히 성취되었다는 증거이며 하나님의 공의와 사랑의 연결을 완성한 것이다. 또한 사람들이 어둠의 영역에서 빛으로 이동할 수 있는 자격을 얻을 수 있는 기회의 문이 열렸음을 의미하기도 한다. 이런 면에서 부활 사역을 담당한 성령은 하나님의 구원 사역의 핵심 과정을 수행했다고 말할 수 있다.

이뿐 아니다. 성령은 열려진 구원의 문으로 사람들이 들어갈 수 있도록 돕기도 한다(요 3:3-5; 롬 8:1-2; 딛 3:5). 어둠의 영역에서 빛으로 이동하는 것은 회개와 믿음을 통해 하나님의 은혜와 능력으로 이루어진다. 이 과정에서 성령은 사람이 회개하고 예수 믿는 것을 돕는다. 고린도전서 12:3은 "하나님의 영으로 말하는 자는 누구든지 예수를 저주할 자라 하지 아니하고 또 성령으로 아니하고는 누구든지 예수를 주시라 할 수 없다"고 말한다. 회개와 믿음의 핵심은 창조주 하나님을 관계의 주인으로 인정하고 삶의 중심에 세우는 것이다. 예수를 믿는다는 것은 구원의 일을 행하신 하나님을 믿는 것이다. 그 과정을 성령이 돕는다는 것이다. 정확히 어떤 방식으로 돕는 지는 모른다. 하나님과 자신에 대한 지식을 깨닫게 해서 사고와 지식 체계 깊은 곳에서 각성과 인식의 전환을 돕는 것이 아닌가 생각된다. 그러나 분명한 점은 사람 스스로 돌이키는 것은 없다는 것이다. 그것이 가능하면 메시아 예수가 이 땅에 올 필요가 없고 십자가도 필요 없다. 스스로는 안 된다. 밖에서 도와주어야 가능한데, 그 역할을 성령이 한다는 것이다. 그렇기 때문에 회개와 믿음의 과정도 은혜이다.

성령은 또한 구원 과정과 관련해 보증 역할을 한다(고후 1:22; 엡 1:13-14). 신자는 성령의 도우심으로 새 영역으로 옮겨와 하나님/예수와 새로운 관계를 맺고 산다. 하지만 완전한 완성 속에 사는 것은 아니다. '이미'와 '아직'의 시간 속에 산다. 이 과정에서 성령은 오늘을 살고 있는 신자가 미래 하나님과의 완전한 관계를 소유할 자임을 보증하는 역할을 한다. 마치 집을 살 때 내는 보증금과 같다. 보증금을 낸다고 해서 새 집의 완전한 소유권을 얻는 것은 아니다. 하지만 새 집에 대한 소유권을 얻을 수 있는 자격을 부여 받을 수 있다. 적어도 지금 다른 사람이 그 집을 사거나 소유하는 것을 막을 수 있고 나중에 잔금을 치르면 온전한 소유권을 얻을 수 있다. 마찬가지이다. 성령은 비록 신자가 세상 속에 살고 있지만 하나님과 새로운 관계 안에 있는 자, 곧 그분의 자녀요 백성이자 하나님 나라의 시민임을 증거해 준다(롬 8:15; 갈 4:5). 또한 하나님께서 장차 역사를 완성하실 때 신자가 하나님과의 완전한 관계를 경험할 수 있는 자격에 대한 보증이다. 모세와 맺은 옛 언약에서는 율법과 할례로 언약 백성의 정체성과 신분을 표시해주었다면, 예수를 통한 새 언약에서는 성령이 그 역할을 하는 것이다. 그 성령을 통해 지금 하나님과의 관계를 경험하고 이후 그 관계가 더 깊어져 영원토록 누릴 수 있게 된다.

성령은 또한 구원의 마지막 과정에서도 중요한 역할을 할 것이다. 신자에게 부활의 새로운 생명을 허락하는 것이다. 성령이 십자가에서 죽은 예수에게 부활의 생명을 부은 것처럼, 역사의 마지막에 메시아 예수 안에 있는 자들은 성령으로 인해 부활의 완전한 생명을 경험하게 될 것이다(롬 8:11; 고후 3:18). 이처럼 성령은 구원의 전 과정에 걸쳐 신자가 구원의 실재를 경험할 수 있도록 돕는다.

둘째, 성령은 신자의 실제 삶을 돕는 역할을 한다. 구원의 전 과정에 걸쳐 신자를 돕는 성령은 특별히 새 영역에서 오늘이라는 시간을 살고 있는 신자들에게도 실제적 도우미이다. 신자가 세상에 맞서 새 영역에서 잘 버티며 살아갈 수 있도록 도울 뿐 아니라 '이미'와 '아직'의 긴장을 견디며 살아갈 수 있도록 돕는다. 기도로 돕는 것(롬 8:26-27) 외에 그 도움을 크게 세 가지로 구분해서 설명할 수 있다.

한 가지는 신자들에게 선물(은사)을 주는 것이다(롬 12:4-8; 고전 12-14장).[73] 성령이 새 영역에 살아가는 신자들의 유익을 위해 각 사람들에게 적절한 선물을 준다(고전 12:7). 하나님과의 개인적 관계가 더 풍성해지도록 도와주기도 하고(예, 혀가 말하게 하는 방언) 함께 사는 교회 공동체의 지체들에게 유익을 끼치게 하기 위해서이기도 하다(예, 섬기는 것이나 위로와 구제 등등). 더 나아가 대외적으로 어둠의 영역에 속한 사람들에게 빛의 영역이 있음을 드러내는 증거 역할을 하도록 돕는다(예, 예언의 은사[고전 14:24]). 이 모든 것은 신자가 하나님과의 관계 안에서 잘 살아갈 수 있도록 돕는 것이다. 하지만 교회 역사를 보면 성령의 이런 선물(은사)이 늘 긍정적 역할을 하는 것은 아니었다. 어떤 선물들은 상대적으로 인간 영역을 넘는 신기한 요소를 갖고 있는 것도 있는데(예, 방언, 병 고침, 영을 분별하는 것 등등) 종종 다른 사람들과 비교하는 도구로 오용되기도 했다. 또한 신기한 어떤 선물들을 얻는 것을 마치 신자가 구원의 새 영역에 속한 결정적 증거인양 착각하고 그것들에만 집중하는 경향도 있어왔다. 선물(은사) 자체의 문제가 아니라 그것을 얻고 사용하는 사람들의 문제였다. 그럼에도 불구하고 성령은 여전히 계속해서 새 영역에 속한 신자들에게 선물(은사)을 나누어 주고 있다. 새 영역에서 하나님과의 관계를 잘 유지하고 다른 사람들을 섬기며 사는 것이 중요하기에 선물(은사)을 통해 돕고 있는 것이다.

성령이 신자를 돕는 또 다른 방법은 새 영역에서 '열매' 맺고 살아가게 하는 것이다. 성령의 선물처럼 신자의 삶에 대한 것이지만, 차이가 있다. 선물은 밖에서 주는 것을 받는 것이고, 열매는 안에서 맺혀가는 것이다. 마찬가지로 성령의 선물(은사)은 성령이 사람들에게 나누어 주는 말 그대로 선물이다. 신자의 삶에서 필요하기는 하지만 반드시 필요한 것은 아니다. 하지만 성령의 열매는 다르다. 성령의 도우심을 통해 사람 내면에서 자라나는 것이기 때문이다. 갈라디아서 5:22-23은 그 항목을 사랑, 희락, 화평, 오래 참음, 자비, 양선, 충성, 온유, 절제라고 말한다. 모두 사람 내면에서 자라는 인격 요소에 해당하는 것으로 다른 사람과의 관계성을 중심으로 한 덕목들이다. 내면적 요소이기에 선물(은사)과 다르게 신자의 삶과 분리되지 않는다. 성령의 열매는 그 정도가 어떻든 새 영역에 속한 신자의 삶에 반드시 나타나는 것이다. 그렇기 때문에 신자의 삶이 어떤 지를 드러내주는 시금석 같을 역할을 하기도 한다(참고, 마 7:16-20).

성령의 열매와 관련해 오해하지 말 것은 이 아홉 가지 요소가 열매의 전부가 아니라는 것이다. 바울은 어둠의 영역에 속한 자의 모습과 대조되는 새 영역에 속한 사람의 모습을 예로 말한 것뿐이다. 그렇기 때문에 성령의 인격적 열매의 모습은 더 다양하고 풍성할 수 있다. 또한 이 모든 것은 개별적으로 독립된 것도 아니다. 갈라디아서 5:22는 이 아홉 가지 열매를 단수 동사로 표현하는데, 열매 전체를 하나처럼 생각할 수 있음을 말해준다. 바울은 또한 고린도전서 13:3-7에서 오래 참음과 온유, 시기하지 않는 것 등 사랑의 속성을 제시하는데,* 그 내용이 성령의 열매의 내용과 많이 겹친다. 따라서 갈라디아서 5:22-23에서 말한 성령의 열매는 한마디로 '사랑'이라고 말할 수 있다. 그런 까닭에 성령의 열매를 맺는다는 것은 새 영역 안에서 하나님께서 기대하시는 성도의 사랑, 더 넓혀 하나님이 귀하게 여기시는 사람들을 사랑하는 '이웃 사랑'의 모습으로 살아간다는 것을 의미한다. 성령은 신자가 이런 삶을 살아갈 수 있도록 돕는다.

성령이 신자의 삶을 실제적으로 돕는 세 번째 방법은 지식과 지혜를 통해 분별하며 살아갈 수 있도록 하는 것이다.[74] 앞서 로마서 12:1-2의 내용에 의하면 바울은 어둠에서 빛의 새 영역으로 이동해 온 신자들에게 옛 영역의 가치관을 따르지 말고 하나님의 뜻을 중심으로 한 새로운 가치관으로 분별하며 살라고 명령한다. 성령은 신자가 바로 이런 삶을 살아갈 수 있도록 돕는다. 성경 여러 곳에서 그 내용을 확인할 수 있다. 먼저 예수의 약속이다. 십자가 전날 예수는 자

---

* 오래 참음, 온유, 시기하지 않음, 자랑하지 않음, 교만하지 않음, 무례히 행하지 않음, 자기의 유익을 구하지 않음, 성내지 않음, 악한 것을 생각하지 않음, 불의를 기뻐하지 않음, 진리와 함께 기뻐함, 모든 것을 참고 믿고 바라고 견딤.

기가 장차 제자들에게 보낼 성령을 진리의 영으로 부르고(요 14:17; 15:26; 16:13) 그 성령이 제자들을 모든 진리 가운데로 인도할 것이라고 말한다(요 16:13). 진리란 일차적으로 예수와 관련된 지식을 의미하는데, 그 예수는 언약에 신실한 사랑의 하나님을 계시하는 존재이다. 그렇기 때문에 성령이 인도할 진리란 예수를 통해 계시된 하나님의 어떠하심을 포함해 구원을 향한 그분의 뜻과 일하심으로 이해할 수 있다. 성령이 제자들과 동행하여 하나님의 뜻에 대한 예수의 가르침을 기억나게 하고(요 14:26) 예수를 증거한다는 것이다(요 15:26). 이 진리는 사탄이 속한 세상의 소리와 하나님의 가르침 곧 참과 거짓을 분별할 기준이 된다.[75] 그런고로 성령의 역할은 새 영역에 속한 신자들에게 진리를 가르치고 깨닫게 함으로써 분별의 삶을 잘 살아갈 수 있도록 돕는 것이다.

성령의 이런 역할이 중요하다는 것은 서신서 내용에서도 확인된다. 로마서 8:1-4에서 어둠에서 빛으로 옮겨가게 하는 일을 성령과 연결지어 설명한 바울은 로마서 8:5에서 "육신을 따르는 자는 육신의 일을, 영을 따르는 자는 영의 일을 생각하나니"라고 말한다. 육신으로 대변되는 옛 영역과 성령으로 대변되는 새 영역의 상태 대조이다. 이전 상태와 반대되는 새로운 상태가 어떻게 다른가를 보여주기 위해서이다. 주목할 것은 '생각' 차원을 대조의 시작점으로 제시한다는 점이다. 이후 로마서 8:12-13에서 행함의 차원을 언급하지만 적어도 새 영역 안에서 이전과 다른 삶의 시작은 사고와 가치관의 요소에서 출발한다는 것을 말하고 싶은 것이다(롬 8:5-8).[76] 이해가 된다. 앞서 언급했던 것처럼 어둠의 영역과 관련된 인간의 근원적인 죄는 하나님을 배제한 사고와 가치 체계 문제이기 때문에, 회개와 믿음을 통해 성령이 지배하는 새 영역에 들어 온 사람은 근원적인 죄와 반대되는 것으로부터 삶을 시작하게 된다. 성령의 도움도 이 부분에서부터 시작하지 않을 수 없다(참고, 고전 12:3). 이런 면에서 신자의 구원과 삶에 대한 성령의 중요한 사역은 사람의 사고와 가치관을 전환하는 것에서 시작하여 계속해서 진리를 깨닫고 하나님을 더 알게 함으로써 내면 인지 영역을 지속적으로 바꾸는 것으로 이해할 수 있다. 이렇게 사고와 가치 체계를 하나님의 지식으로 채우면 세상 속에서 사탄이 말하는 거짓을 더 잘 분별할 수 있게 된다. 그러면 하나님과의 관계 속에서 상대적으로 덜 흔들리고 더 충실하게 살아갈 수 있는 가능성이 많아진다. 물론 이 과정에서 신자는 내적으로 분별한 진리에 따라 외적인 행함과 삶의 모습으로 표현해야 한다. 그래야 온전한 삶이 된다. 성령은 이런 삶의 표현 과정에도 힘을 주셔서 그렇게 살아갈 수 있도록 돕는다. 하지만 시작은 인지적 분별이며 그것이 삶으로 연결되는 소위 '안에서 밖으로'의 모습으로 나타나는 것으로 이해하는 것이 맞다.

이상의 내용을 정리하면 구원의 새 영역에 사는 신자는 성령과 함께하는 삶이다. 성령은 신자에게 선물(은사)을 주셔서 돕기도 하고 인격적 열매를 맺으며 잘 살아가도록 도와주신다. 또한 내적인 사고와 가치 체계를 바꾸어 가도록 도와 주셔서 진리로 세상의 소리를 잘 분별하며 살아갈 수 있도록 하신다. 이 세 가지는 다 필요하지만 중요도에 있어서 차이가 있다. 선물(은사)은 요긴하긴 하지만 꼭 필요한 것은 아니다. 상대적으로 다른 것에 비해 중요도가 떨어진다. 특정한 선물이 없다고 해서 성령이 함께 하지 않는 것은 아니며 새 영역에 속한 삶을 못 사는 것도 아니기 때문이다. 이에 반해 성령의 열매는 꼭 필요하다. 아니 하나님과 관계하고 있는 모든 신자에게는 반드시 열매가 있다. 하나님과의 수직적 사랑 관계를 통해 안에서부터 생겨나는 수평적인 사람 사랑의 모습이 열매이기 때문이다. 크기와 정도의 차이는 있을 수 있지만 어둠의 영역에서 해방된 진정한 그리스도인이라면 반드시 열매가 있다. 그렇기 때문에 성령의 선물(은사)보다 열매가 더 중요하다. 하지만 열매나 선물(은사)보다 더 중요한 것이 있다. 성령을 통한 분별이다. 진리를 통한 분별이 없으면 성령의 선물(은사)이나 인격적 열매로 보이는 것들이 의미가 없을 수 있기 때문이다. 많은 사람들이 생각하기에 기독교에서 가장 중요한 덕목은 성령의 열매인 사랑이라고 생각한다. 틀리지 않다. 하지만 사랑은 기본적으로 관계의 표현이다. 누구와 관계를 맺는가가 어떻게 관계를 표현하는가 보다 앞선다. 예를 들어 부부 사이를 누가 비집고 들어와 불륜 관계를 만든다고 가정하자. 불륜 관계를 맺는 당사자들은 서로 사랑하고 있다고 믿고 그렇게 말한다. 사랑이라는 감정은 분명히 있다. 하지만 그것이 하나님 앞에서 바른 것인지는 다른 문제이다. 그들 사랑이 부부라는 바른 관계 속에서 표현되는 것이 아니기에 하나님이 기대하는 사랑의 모습이 아니다. 당연히 성령의 열매가 아니다. 이렇듯 진리를 통한 분별이 없으면 사랑 그 자체는 자기를 위한 사랑 곧 자기애의 표현이 될 수 있다. 마찬가지이다. 성령의 열매로 표현되는 덕목 그 자체가 중요한 것이 아니라 분별을 통해 하나님이 기뻐하시는 바른 관계 속에 표현되는 것이 더 중요하다. 이런 면에서 성령의 선물(은사)이나 열매보다 더 중요한 것은 성령을 통한 분별의 삶이다. 이 셋의 경중은 분별 〉 열매 〉 선물로 말할 수 있다. 이런 면에서 새 영역에서 성령과 함께 살아간다는 것, 곧 성령의 사람이 되고 성숙한 삶을 산다는 것은 성령의 도우심으로 진리의 지식을 통해 분별을 잘 한다는 것이다. 그리고 그것을 근거로 세상 속에서 성령의 인격적 열매를 맺으며 살아간다는 것으로 이해할 수 있다. 이것을 바탕으로 성령의 선물을 잘 사용하여 그분과의 관계를 깊게 하고 다른 사람을 유익하게 하는 삶도 포함되어 있다.

3) 세상 속 그리스도인의 삶

지금까지 설명한 새 영역에 속한 신자의 삶은 주로 신자 개인 혹은 교회 공동체 모습에 집중한 것이었다. 그런데 신자의 또 다른 현실은 새 영역에 속해 있으면서도 여전히 세상에 발 붙이고 살아가는 이중 정체성을 갖고 산다는 점이다. 그래서 새 영역 안에 산다는 것은 어둠의 영역과 부딪히며 산다는 것을 의미한다. 이 과정에 있는 신자의 삶을 세 가지 모습으로 설명할 수 있다.

첫 번째는 두 영역에 끼여 어려움을 당하는 것이다. 앞서 하나님의 나라를 설명할 때 이미 언급했던 것이다. 비록 신자는 어둠의 옛 영역에서 해방되었지만 그 영역이 완전히 멸망한 것은 아니다. 또한 하늘의 시민권을 가지고 있지만 여전히 세상에 살고 있다. 이 과정에서 두 영역의 갈등은 자연스럽다. 개인적으로 예수를 믿어 회복된 차원이 있지만 여전히 세상에 물들어 있는 변하지 않은 요소들이 있다. 이것이 하나님을 향한 온전한 반응에 장애를 일으킨다. 또 있다. 개인은 회개와 믿음으로 삶의 주인을 바꾸었지만 신자가 살고 있는 세상은 여전히 자신을 주인으로 삼고 살고 있다. 개개의 죄가 연결되어 조직화된 사회에서 신자 홀로 다른 방식으로 산다는 것은 쉬운 일이 아니다. 어려움을 겪을 수밖에 없는 환경이다. 이뿐 아니다. 사탄이 예수의 십자가로 주도권을 잃었지만, 여전히 영향력을 미치고 있다. 마지막 최후 심판 때까지 그 영향은 없어지지 않을 것이다. 문제는 그 영향력이 신자 개개인의 능력보다 강하다는 것이다. 그렇기 때문에 신자는 늘 사탄의 영향력에 노출되어 살 수밖에 없고 그 안에서의 싸움이 있을 수밖에 없다. 이런 면에서 예수 믿으면 만사형통된다는 것은 바른 가르침이 아니다. 오히려 예수는 자신을 믿고 따르면 이 땅에서 어려움을 받을 수 있다고 가르쳤다(예, 마 5:10-12; 10:16-33; 요 15:18-20; 16:33). 사도행전을 시작으로 교회 역사는 예수의 가르침이 맞다는 것을 증명하고 있다. 오늘 새 영역에서 사는 신자들도 예외가 아니다. 그렇기 때문에 새 영역에 속한 신자는 이런 상황에 당황할 필요가 없다. 오히려 자연스런 신앙의 삶의 일부로 여겨야 한다. 더 나아가 이런 두 영역 사이에서 갈등을 겪는 것은 신자가 새 영역에 속해 있다는 '구원의 증거'임을 인식하고 참고 견디며 살아가야 한다(빌 1:28).

세상 속에 사는 신자의 삶의 두 번째 모습은 언약 백성으로서 충성스럽게 살아가는 것이다. 위의 첫 번째는 세상 속에 살면서 겪을 수밖에 없는 어려움에 대한 수동적인 대처였다면, 두 번째 모습은 보다 적극적 모습이다. 구약은 하나님이 왜 아브라함과 이스라엘 백성을 언약 관계 안으로 들어오게 했는지에 대한 이유를 설명한다. 죄악으로 망가진 세상에 창조주 하나님이 계신 것과 그분이 사람들을 구원하여 언약 관계 안으로 들이시려는 뜻을 계시하는 것이다. 예를 들어 창세기 12:1-3에서 하나님은 갈대아(메소포타미아) 지역에 있던 아브라함을 부르시는 내용이 담겨 있다. 부모와 친척을 떠나라는 명령과 아브라함 개인에게 은혜를 주겠다는 것이다. 그런데 더 중요한 것은 아브라함을 통해 땅의 많은 족속이 복을 얻게 될 약속이다. 아브라함을 통해 많은 족속이 하나님을 알게 되는 통로가 되게 하겠다는 것이다. 이 약속은 창세기 17:4-6에서 하나님과 언약을 맺는 과정에서 다시 확인되고, 모리아 산에서 이삭을 바치려는 사건 이후 아브라함의 후손 곧 메시아를 통해 천하 만민이 복을 받게 되는 것으로 확장된다(창 22:18).* 생명과 구원의 통로가 되게 하겠다는 것이다. 동일한 기대가 이집트에서 해방되어 하나님과 언약 관계를 맺는 이스라엘 백성들에게도 주어졌다. 하나님은 이스라엘 백성을 이집트에서 해방시켜 시내 광야로 인도하고 그곳에서 언약 관계를 맺으신다. 출애굽기 19:5-6은 왜 그들과 언약 관계를 맺으려 하는 지에 대한 이유가 언급된다. "세계가 다 내게 속하였나니 너희가 내 말을 잘 듣고 내 언약을 지키면 너희는 모든 민족 중에서 내 소유가 되겠고 너희가 내게 대하여 제사장 나라가 되며 거룩한 백성이 되리라…." 이스라엘 백성을 모든 민족 중에서 그분의 소유가 되게 하려는 것인데, 제사장의 나라가 되며 거룩한 백성이 되게 하려는 것이다. 주목하고 싶은 것은 '제사장의 나라'이다. 제사장은 기본적으로 자기를 위해 존재하지 않는다. 하나님의 뜻이 담긴 율법을 통해 하나님과 사람을 중재하고 연결하는 사람이다. 마찬가지로 이스라엘 백성을 언약 관계 안으로 불러 들인 것은 그들 혼자 번영하고 잘 살게 하기 위함이 아니다. 그들을 통해 주변 나라들에게 야웨 하나님이 창조주라는 것과 그 하나님이 사람을 사랑하고 구원하는 능력이 있음을 드러내기 위해서이다. 더 나아가 그 이스라엘 백성을 통해 다른 민족들도 창조주 하나님과 언약 관계 안으로 들어가도록 길을 보여주는 제사장 역할을 기대하는 것

---

* 창세기 22:18: "또 네 씨로 말미암아 천하 만민이 복을 받으리니…."

이다. 그 일을 위해 이스라엘 백성은 주변 나라들 가운데 하나님의 말씀을 순종하고 그분이 기대하시는 삶, 곧 하나님을 사랑하고 사람을 사랑하는 모습으로 구별되게 나타나야 한다.

　이런 모습은 메시아 예수를 통해 새 영역 안으로 들어온 신자에게도 동일하게 적용된다. 예수를 통한 새로운 관계를 '새 언약'이라고 말하기 때문이다. 언약 관계의 하나님은 예나 지금이나 그 속에 있는 백성들에게 제사장 역할을 기대하신다(예, 벧전 2:5, 9; 계 1:6; 5:10; 20:6). 이스라엘 백성이 당시 주변 민족들에게 제사장 나라가 된 것처럼, 새 언약 백성 역시 어둠의 옛 영역에 속한 사람들을 향해 사역하는 제사장이다. 과거 구약의 제사장이 율법을 통해 하나님과 사람을 연결했던 것처럼, 새 영역의 제사장은 예수로 인한 하나님의 진리를 통해 세상과 하나님을 연결하는 사람들이다. 또한 옛 언약 안에서 제사장의 역할은 하나님의 뜻을 잘 지키고 순종하는 것을 통해 이행되듯이, 새 언약 속에 있는 신자들 역시 하나님을 향한 바른 고백과 삶을 통해서만 온전한 제사장 역할 수행이 가능하다. 하나님 말씀의 진리와 그것을 따르는 사랑의 삶을 통해 하나님을 드러내고 세상과 구별된 하나님의 통치와 구원이 있음을 계시하는 것이다. 예수는 제사장으로서의 이런 모습을 세상의 빛과 땅의 소금으로 표현하고 제자들에게 그런 삶을 살라고 명한다(마 5:13-16). 베드로 사도 역시 신자가 구원 받은 목적을 "너희는 택하신 족속이요 왕 같은 제사장들이요 거룩한 나라요 그의 소유가 된 백성이니 이는 너희를 어두운 데서 불러 내어 그의 기이한 빛에 들어가게 하신 이의 아름다운 덕을 선포하게 하려 하심이라"고 선언한다(벧전 2:9). 이렇듯 새 영역 안에 있는 신자의 삶은 적극적 요소를 가지고 있다. 망가진 세상에 살면서 어려움을 당하기는 하지만 하나님의 구원과 사랑과 능력을 경험할 수 있는 존재이고 그분의 진리를 알고 있는 존재이다. 또한 창조주 하나님의 공의와 심판이 세상을 향해 있음을 선포할 수 있는 존재이고, 어둠의 영역에 있는 사람들에게 생명의 통로인 예수를 소개함으로써 하나님과의 관계가 회복되도록 중재하는 제사장이다. 주기도문의 내용처럼 하늘 하나님의 뜻을 이 땅에 연결하는 것이다(마 6:10). 그 일은 하나님을 향한 바른 관계 안에서 성령으로 인한 진리 분별을 통해 삶의 인격적 열매와 성령의 선물(은사)을 바르게 활용하는 것을 통해 드러나야 한다.

세상 속에 사는 신자의 삶의 세 번째 모습은 진리와 사랑으로 조심하며 사는 삶이다. 이 요소는 어둠의 영역과 새 영역과의 관계성을 기반으로 한 어려운 질문과 연결되어 있다. 새 영역에 속한 신자가 어둠의 영역으로 다시 돌아갈 수 있는가 하는 것이다. 즉 구원을 잃을 수 있는가의 질문이다. 기독교 역사 내내 논쟁해왔던 오래된 질문이며 여전히 논란이 되는 주제이다. 필자는 성경 내용에 근거해 조심스럽게 부정과 긍정이 함께 있을 가능성을 제시하고 싶다. 이유가 있다.

먼저 새 영역에서 옛 영역으로 돌아갈 수 없는 가능성부터 보자. 이 주제를 잘 보여주는 본문은 로마서 6:1-14이다. 로마서 5:12-21에서 아담으로 시작된 옛 영역과 메시아 예수를 통해 시작된 새 영역의 대조를 설명한 바울은 로마서 5:20의 "율법이 들어온 것은 범죄를 더하게 하려 함이라 그러나 죄가 더한 곳에 은혜가 더욱 넘쳤나니"라는 내용을 가지고 어리석은 질문을 만들어 로마서 6:1-14의 내용을 시작한다. "그런즉 우리가 무슨 말을 하리요 은혜를 더하게 하려고 죄에 거하겠느냐"(롬 6:1). 죄를 행하느냐 마느냐가 초점이 아니다. 새 영역에서 죄를 행하는 것에 대해서는 로마서 6:15에서* 다룬다. 로마서 6:1의 질문은 은혜를 더 많이 받기 위해 죄가 지배하는 영역, 곧 어둠의 옛 영역으로 다시 돌아갈 수 있는가이다. 바울의 대답은 "그럴 수 없다"이다(롬 6:2). 죽은 자는 다시 살아나지 못한다. 마찬가지로 죄에 대해 죽은 자는 다시 그 영역으로 돌아갈 수 없다는 것이다. 바울은 이 과정을 침례와 연결시켜 부연 설명한다. 예수의 십자가를 믿고 침례 의식을 따라 물 속에 들어갔다는 것은 예수와 함께 십자가에서 하나님의 심판을 받아 죽었음을 의미하는 것이다. 그리고 물에서 나왔다는 것은 예수와 함께 한 그 심판이 끝나고 죄에서 해방되어 부활의 새 생명을 받을 수 있다는 의미이다. 그렇기 때문에 죽은 사람이 다시 살아나는 것이 불가능하듯, 예수를 믿고 새 영역으로 옮긴 자는 다시 옛 영역으로 돌아갈 수 없다. 비록 옛 영역의 영향력은 받을 수 있지만, 하나님과의 관계 속으로 들어간 사람은 정상적인 상태라면 존재론적으로 다시 옛 영역으로 돌아갈 수 없다. '이미'와 '아직'의 갈등을 겪고 어려워하는 것은 있지만 성령(롬 8:26-27)과 하나님(롬 8:27-20)의 보호하심과 예수의 중보(롬 8:34)를 경험하기 때문이다. 그래서 새 영역 속에 있는 신자는 로마서 8:31-39에서처럼 "누가 하나님의 그 사랑에서 신자를 떼어 놓을 수 있겠느냐?", "누가 하나님이 의롭다고 하신 사람을 죄 있다고 정죄할 수 있겠느냐?"라는 질문에 "아무도 없다"라고 자신 있게 선포할 수 있다.

하지만 이것은 정상적인 상태일 때 이야기이다. 신자가 하나님과의 관계를 소중히 여기고 그 안에 있고자 할 때이다. 그렇지 않은 상황도

---

* 로마서 6:15: "그런즉 어찌하리요 우리가 법 아래에 있지 아니하고 은혜 아래에 있으니 죄를 지으리요…."

있다. 신약의 많은 서신들이 존재하는 것이 그 증거이다. 바울의 몇몇 서신들은 교회가 처한 심각한 상황들을 다루고 있다. 그 중에는 교회의 존폐 여부와 관련된 심각한 것들도 있다. 갈라디아서는 대표적 예이다. 바울이 세운 비유대인 중심의 교회에 유대인 기독교인들이 들어와 교회를 흔들어 놓은 상태이다. 바울이 갈라디아서 3:3에서 "여러분은 그렇게도 어리석습니까? 성령으로 시작하였다가, 이제 와서는 육체로 끝마치려고 합니까?"(새번역)라고 항의할 정도로 심각하다. 주목할 것은 이 표현이 단순히 행위 문제를 말하는 것이 아니라는 점이다. 성령과 육체는 구원의 새 영역과 어둠의 옛 영역을 대표하는 것이다. 그런 까닭에 이 표현은 갈라디아 교회 사람들이 바울의 복음으로 구원의 새 영역으로 옮겨졌지만, 지금은 다시 옛 영역으로 돌아가려는 기로에 있음을 경고하는 것이다. 가능성이 있다는 것이다. 만일 바울이 편지로 간섭하여 막지 않는다면, 그들은 어둠의 영역으로 돌아가 구원을 잃을 수도 있다. 이뿐 아니다. 고린도전서 10:1-12에서는 과거 이스라엘 백성이 언약 관계를 맺었음에도 불구하고 광야에서 우상을 섬겨 멸망한 것을 예를 들어 고린도 교회에게 조심하라고 경고한다. 비록 그들이 새 언약을 맺고 있지만 하나님 대신 우상을 섬기면 이스라엘 백성의 운명을 동일하게 경험할 수 있는 가능성이 있다는 것이다. 이런 경고의 목소리는 히브리서에서도 들을 수 있고(히 3:12; 4:1-13; 6:4-6)* 요한일서(요일 5:16, 21)와 요한계시록(계 2:14-16; 3:14-19)에

---

* 히브리서 3:12: "형제들아 너희는 삼가 혹 너희 중에 누가 믿지 아니하는 악한 마음을 품고 살아계신 하나님에게서 떨어질까 조심할 것이요."; 히브리서 6:4-6: "한 번 빛을 받고 하늘의 은사를 맛보고 성령에 참여한 바 되고 하나님의 선한 말씀과 내세의 능력을 맛보고도 타락한 자들은 다시 새롭게 하여 회개하게 할 수 없나니 이는 그들이 하나님의 아들을 다시 십자가에 못 박아 드러내 놓고 욕되게 함이라."

서도 나타난다.

그런데 이런 상황에는 두 가지 공통점이 있다. 하나는 그들의 상황이 단순히 윤리적 차원의 문제가 아니라는 점이다. 모두 예수를 중심으로 한 복음의 진리와 연결되어 있다. 한마디로 진리와 관련한 배교 상황에 해당하는 문제들이다. 실제로 행위의 문제는 회복이 가능하다. 예수의 십자가의 피를 의지해 죄를 고백하면 회복의 은혜를 주시기 때문에 계속해서 하나님과의 관계에 붙어 있을 수 있다. 요한일서 1:9는 "만일 우리가 우리 죄를 자백하면 그는 미쁘시고 의로우사 우리 죄를 사하시며 우리를 모든 불의에서 깨끗하게 하실 것이요"라고 말하고 요한복음 13:10에서는 "예수께서 이르시되 이미 목욕한 자는 발밖에 씻을 필요가 없느니라 온 몸이 깨끗하니라…"라고 말함으로 회복의 가능성을 말한다. 하지만 진리 문제는 다르다. 그 예수 자체를 거절해 버리면 회복의 통로가 없어지는 것이다. 여기서 말한 배교란 단순히 종교를 바꾸는 것이 아니다. 어둠의 영역에서 빛으로 이동하는 모든 과정 곧 구원의 모든 과정을 완전히 뒤집는 것을 의미한다. 하나님이 아닌 자신을 세상의 중심으로 다시 두는 근원적인 죄를 옹호하는 것이고, 예수가 메시아임을 부인하는 것이며 그를 통한 하나님의 모든 구원 과정을 쓸데 없다고 여기는 것이다. 완전한 뒤집음이다. 이런 뒤집음이 가능한가? 가능하다. 진리 문제를 틀어 거짓을 복음에 섞으면 가능해진다. 하나님이나 예수에 대한 바른 진리에 무엇을 더하거나 빼면 가능하다. 사람의 죄에 대한 인식에 무엇을 더하거나 빼면 하나님의 구원이 필요 없게 되기 때문에 가능하다. 모든 이단적 가르침이 무서운 것은 바로 이렇게 진리를 왜곡해서 사람들을 현혹시키기 때문이다. 거짓으로 진리를 틀면 구원의 문제가 흔들린다.

상당히 위험한 상황이 가능해진다.

   성경에서 말하는 문제 상황의 또 다른 공통점은 교회 안에 진리를 잘 모르는 사람들이 있을 수 있다는 점이다. 교회 자체가 생긴지 얼마 안돼서 진리의 지식이 많지 않거나 혹은 하나님의 말씀의 진리를 잘 모르는 기존 신자들이나 초신자들이 있을 수 있는 상황이다. 그런 사람들은 설사 예수를 믿어 새 영역으로 옮겨 왔다고 해도 거짓 가르침으로 진리 문제를 흔들면 배교나 그에 준하는 것이 생겨날 수 있는 가능성이 많다. 진리에 대한 지식이 없거나 적기 때문에 분별을 통해 하나님과의 관계에 온전하게 서 있을 수 없을 가능성이 있다는 것이다. 이런 면에서 빛의 새 영역에서 어둠의 옛 영역으로 이동하는 것은 전혀 불가능한 것이 아니다. 하나님이 능력이 없어 보호하지 못하는 것이 아니라 사람 스스로 잘못된 가르침으로 진리 문제를 틀어버리기 때문이다. 또한 아직 어둠의 영역이 완전히 멸망하지 않았기에 신자가 세상에서 죄의 소리와 사탄의 거짓말을 듣고 살 수 있는 가능성은 여전히 있다. 진리를 명확하게 알고 거짓을 분별하지 못하면 흔들릴 가능성은 더 많아 질 수 있다.

   그렇기 때문에 신자는 이 땅에 사는 동안 진리와 사랑으로 조심하며 하나님과의 관계 안에서 살아야 한다. '이미 구원을 받았으니까 괜찮아!'라는 거짓 확신은 안 된다. 하나님이 누구신지 무엇을 원하시는지 늘 알아가고 예수를 통한 복음의 진리를 단순한 지식이 아닌 깊은 경험의 실제로 만들어 가는 지속적 과정이 필요하다. 이 진리를 믿는 것은 사람을 어둠의 영역에서 빛으로 이동하게 해 줄뿐더러 새 영역에서 어둠의 영역이 쏘아대는 거짓의 화살들을 막고 하나님과의 관계를 유지할 수 있도록 지탱해 준다(참고, 엡 6:14-17). 그리고 이런 진리를 믿는 방패 뒤에서 신자는 하나님이 기뻐하시는 뜻, 그분을 사랑하고 사람들을 사랑하는 삶을 정성스럽게 살아가야 한다. 마치 결혼식을 올린 부부가 세상의 다른 남자나 여자에게 눈 돌리지 않고 서로를 배려하며 존중하는 사랑의 삶을 정성스럽게 조심해서 살 듯 말이다.

4. 새 영역과 미래

두 영역 틀로 구원의 상태에 대해 설명할 마지막 항목은 새 영역의 미래이다. '이미'와 '아직' 이후의 모습이며 역사의 마지막과 그 이후의 상황을 담고 있다. 기본 요소는 이전 역사에서 반복해서 나타났던 심판과 구원이 함께 있는 형태이다. 하지만 역사의 마지막답게 최종 완성의 모습을 갖고 있다. 구원이란 창조 전에 계획한 모든 것을 완성하는 것을 의미하며, 심판이란 하나님을 거역한 모든 세력에 대한 최종적 심판이다. 이런 심판과 구원의 모습은 어둠의 옛 영역과 구원의 새 영역을 배경으로 그 속에 개인적 차원과 공동체/우주적 차원이 있다. 이제 이런 요소들을 아우르며 두 영역의 미래 모습에 대해 하나씩 살펴보자.

첫째, 개인적 차원의 심판과 구원이다. 흔히 심판은 어둠의 옛 영역에 속한 자들에 대한 것이고 구원은 빛의 새 영역에 속한 자들에게 해당하는 것으로 생각한다. 맞다. 하지만 새 영역에 속한 자들 역시 심판을 안 거치는 것은 아니다. 모든 사람을 행위대로 판단하시는 하나님의 마지막 심판은 사람을 가리지 않는다(참고, 롬 2:6-11). 요한계시록 20:11-15는 역사의 마지막에 있을 하나님의 최종적 심판을 묘사한다. 이전에 죽은 모든 사람들이 부활해서 크고 흰 보좌 위에 앉으신 하나님 앞에서 자기 행위를 따라 생명책에 기록된 대로 심판을 받을 것이다. 누구도 예외 없이 그 심판을 당할 것이다. 새 영역에 속한 신자 역시 행위대로 평가하시는 하나님의 심판대 앞에 서게 될 것이다(참고, 히 4:13).* 하지만 어둠의 옛 영역에 속한 사람과 다른 판결을 받게 될 것이다. 어둠의 영역에 속한 사람들은 창조주를 거절한 근원적인 죄와 그로 인해 행하는 모든 죄악들로 영원한 창조주의 진노를 경험하며 살게 될 것이다. 하나님이 예수를 통해 그 문제를 해결할 수 있는 길을 열어주었지만 한사코 거절한 사람들이기에 그들이 진노에서 벗어날 길은 없다. 하지만 새 영역에서 하나님과의 관계 안에 있는 자에게는 그 심판이 지나가게 될 것이다. 이미 예수의 십자가를 통해 모든 사람의 죄를 해결한 그 길을 회개와 믿음으로 걸어 구원의 문으로 들어왔기 때문이다. 앞서 설명했듯이, 예수는 2천 년 전에 십자가에서 죽으셨지만, 요한계시록 20:11-15의 상황에서 받을 모든 사람들의 심판을 대신 받은 것이다. 그렇기 때문에 그 예수를 통해 죄를 용서해주시는 하나님을 믿으면 심판이 면해지는 것이다. 칭의의 온전한 미래의 모습, 곧 하나님의 진노에서 완전히 해방되는 것이다(롬 5:9).

개인적 차원의 완전한 구원의 모습은 부활로 설명된다. 예수의 십자가와 부활로 신자는 하나님이 통치하는 새 영역으로 이동해 새로운 관계를 맺고 산다. 성령이 신자 안에 거하심을 경험하며 살지만, 아직 성령이 예수를 부활시킨 것 같은 완전한 생명의 부활을 누리고 사는 것은 아니다. 그러나 하나님의 심판이 완성되고 온전한 구원의 때

---

* 히브리서 4:13: "지으신 것이 하나도 그 앞에 나타나지 않음이 없고 우리의 결산을 받으실 이의 눈 앞에 만물이 벌거벗은 것 같이 드러나느니라."

가 되면 신자의 몸이 완전한 생명의 몸으로 부활할 것이다. 하지만 다시 사는 것 자체가 중요한 것이 아니다. 죽은 자들 모두가 심판의 부활을 경험하기 때문이다(예, 단 12:2; 요 5:29; 계 20:13). 신자가 기대하는 부활은 생명의 부활이다. 바울이 설명한 것처럼 만물을 자기에게 복종하게 하실 수 있는 하나님의 일하심으로 신자들의 몸이 예수의 영광의 몸의 형체처럼 변화를 받는 것이며(빌 3:21; 참고, 고후 3:18; 요일 3:2) 하나님의 아들의 형상을 본받는 것이다(롬 8:29). 더 이상 하나님을 거절하는 죄가 없는 상태이고 하나님의 사랑을 완전히 이해하고 그분께 완전하게 반응할 수 있는 몸이다. 신자가 부활을 기대하는 것은 그것으로 영원하신 하나님과 영원한 교제를 누리를 수 있기 때문이다. 하나님과의 언약 관계의 완성을 경험하고 누릴 수 있는 몸이다. 지금은 피와 살로 이루어진 육체를 소유하고 있지만 새 영역에 속한 신자의 미래는 다르다.

둘째, 공동체/우주적 차원의 미래이다. 이것은 주로 어둠의 세력에 대한 심판과 관련이 있다. 앞서 설명한 대로 어둠의 영역은 아담의 불순종으로 인해 죄가 들어오고 죄로 인해 죽음이 들어와 사람들을 지배하는 통치 영역을 말한다. 이 배후에는 거짓말을 통해 아담과 하와에게 하나님 대신 자신을 섬기도록 부추긴 사탄과 그를 추종하는 타락한 천사들이 있다. 이 모든 세력들은 창조주에게 반역한 것들이고, 창조 질서를 유지하고 심판하실 창조주의 혹독한 평가를 받게 될 것이다. 예수의 십자가와 부활은 이런 세력들의 멸망이 시작되었음을 알리는 신호탄이다. 죄와 죽음의 문제가 해결되는 길이 열렸으며 거짓말로 사람들을 사로잡고 있던 사탄의 통치에서 벗어나 하나님/예수와의 관계 안으로 들어가는 문이 열렸기 때문이다. 역사의 마지막 심판은 예수의 십자가와 부활로 인한 결과를 완성하는 것이다. 사탄의 추종 세력들이 먼저 심판을 받아 불과 유황 못에 던져지고(계 18-19장) 사탄 역시 심판을 받고 불과 유황 못에 던져져서 영원토록 밤낮 괴로움을 당하게 될 것이다(계 20:10). 이후 하나님을 거절하는 모든 사람들 역시 행위대로 평가하는 그분의 심판으로 불못에 던져지고 맨 나중에 죽음과 음부 역시 그렇게 될 것이다(계 20:14). 창조주를 반역하고 창조 질서를 어지럽힌 모든 세력들이 심판을 받고 반역의 통치 영역인 어둠의 영역은 없어지게 된다. 그때에는 현재 하늘과 땅도 없어지게 될 것이다(계 21:1). 하나님과 그분의 자녀들이 함께 살 새로운 신혼 집, 새 예루살렘에서 영원토록 사랑의 교제를 누리며 살게 될 것이고 새 하늘과 새 땅은 창조주 하나님의 사랑과 희락과 평화의 통치로 가득 차게 될 것이다. 바울은 이 상황을 하늘과 땅에 있는 모든 것이 메시아 예수 안에서 통일된 것으로 묘사한다(엡 1:10; 참고, 골 1:20). 하늘에 있는 것이나 땅에 있는 것이나 보이는 것이나 보이지 않는 것 모두가 예수를 통한 하나님의 통치에 완전히 순응하게 되며 하나님의 우주적 통치, 그분의 나라가 완전히 회복된 모습이다. 이 나라에서는 사람을 비롯한 모든 피조물이 진정한 왕이신 하나님의 은혜와 사랑에 영원토록 감사하게 될 것이다. 그분의 은혜의 영광을 영원 영원히 찬송할 것이다(엡 1:6).

제5장

결론:
다시 에베소서 1장으로

지금까지 우리는 하나님의 나라라는 큰 개념을 중심으로 그 안에 있는 창조주의 창조와 그분이 사람들과 맺을 언약을 상호 작용과 두 영역 설명 틀을 통해 살펴보았다. 모두 에베소서 1:3-14에서 개략적으로 설명한 내용을 보다 자세히 풀어서 제시한 것이다. 이제 하나님의 구원과 관련해 다시 에베소서 본문으로 가서 우리의 여정을 마무리하자.

에베소서 1:3-14는 구원의 큰 그림이다. 그 안에는 삼위 하나님의 구원 계획과 이행하심이 창조 전부터 역사의 마지막에 걸쳐 보여진다. 사람을 만들어 하나님과 '아버지-자녀'의 관계로 만들려는 창조 이전 계획의 완성이 담겨 있고, 그런 하나님의 구원 활동에 은혜로 참여하게 된 사람들의 상태가 들어 있다. 그런데 주목해서 보고 싶은 것이 있다. 이런 구원의 큰 그림을 묘사한 바로 다음에 보여준 바울의 행동이다. 그는 곧바로 성도들을 향한 기도, 구원을 계획하시고 이루시고 완성하실 그 하나님께 기도한다(엡 1:15-23). 그 내용은 한마디로 하나님을 알게 해달라는 것이다. 지혜와 계시의 성령을 주셔서 주 예수 그리스도의 아버지이자 영광의 하나님을 더 알게 해달라고 한다. 그 하나님을 안다는 것은 그분이 성도를 부르신 그 소망이 무엇이며, 그 성도 안에서 장차 허락하실 하나님 나라의 영광스러운 기업이 무엇인지를 알게 하는 것이며, 성도들을 돕는 그분의 능력을 경험하여 아는 것이다. 그 능력은 예수에게 부활의 생명을 허락한 것이고, 더 나아가 예수를 모든 것 위에 뛰어나게 하셔서 원래의 권위와 지위를 선포하고 만물을 그 아래 복종케 하는 능력이다. 바울이 이런 기도를 드리는 것은 에베소서 1:3-14에서 말한 구원의 큰 그림이 성도의 삶에서 실재가 되기를 기대하기 때문이다. 또한 그 기도를 소개한 것은 서신을 읽는 독자들 역시 바울의 그런 마음에 함께 하라는 의도이다. 하나님의 구원의 그 놀라움과 비밀이 성도와 교회 안에 실제로 더 깊이 경험되고 그것에 의지해 삶을 살기를 기대했기 때문이다. 지식 차원을 넘어 경험되는 실재이기를, 말의 가르침을 넘어 삶이기를 기대한 것이다.

마찬가지이다. 지금까지 우리는 구원이라는 커다란 산의 안내도를 비교적 상세하게 보았다. 그렇다면 우리에게도 필요한 것은 그 구원의 산에 실제로 들어가 경험하는 것이다. 무엇보다 우리를 창조 전부터 사랑하신 그 하나님을 더 깊이 알아가고 그분을 귀하게 여기고 그분과 함께 살아가는 그 놀라움을 계속 경험하는 것이다. 또한 아버지 하나님의 구원을 온전하게 이루신 우리의 주님, 메시아 예수와의 사랑의 관계를 더 깊게 경험하는 것이고, 우리로 하여금 그 모든 것을 경험케하실 성령님의 일하심을 더 생생하게 확인하는 것이다. 그리고 그런 생생한 경험들을 통해 하나님의 백성과 자녀로, 그리고 그런 사람들이 모인 교회가 하나님의 구원의 통로로 이 땅에서 허락된 사명을 성실하게 감당하는 것이다. 그분께서 과거에 하셨던 그 놀라운 일을 근거로 미래의 영광스러움을 기대하고, 과거와 미래를 붙잡고 오늘을 그분의 바른 그리스도인으로, 그분의 바른 교회로서의 삶을 잘 살아가는 것이다. 책을 마무리하면서 감히 바울처럼 우리의 하나님께 기도해 본다. 우리에게 허락된 구원의 지식이 더 깊어지기를, 그리고 그것으로 하나님을 더 사랑하고 그분이 사랑하는 사람들을 더 사랑하는 삶이 되기를….

이로 말미암아 주 예수 안에서 너희 믿음과 모든 성도를 향한 사랑을 나도 듣고 내가 기도할 때에 기억하며 너희로 말미암아 감사하기를 그치지 아니하고 우리 주 예수 그리스도의 하나님, 영광의 아버지께서 지혜와 계시의 영을 너희에게 주사 하나님을 알게 하시고 너희 마음의 눈을 밝히사 그의 부르심의 소망이 무엇이며 성도 안에서 그 기업의 영광의 풍성함이 무엇이며 그의 힘의 위력으로 역사하심을 따라 믿는 우리에게 베푸신 능력의 지극히 크심이 어떠한 것을 너희로 알게 하시기를 구하노라 그의 능력이 그리스도 안에서 역사하사 죽은 자들 가운데서 다시 살리시고 하늘에서 자기의 오른편에 앉히사 모든 통치와 권세와 능력과 주권과 이 세상 뿐 아니라 오는 세상에 일컫는 모든 이름 위에 뛰어나게 하시고 또 만물을 그의 발 아래에 복종하게 하시고 그를 만물 위에 교회의 머리로 삼으셨느니라 교회는 그의 몸이니 만물안에서 만물을 충만하게 하시는 이의 충만함이니라(엡 1:15-23)

참고 문헌

골즈워디, 그레엄. 『복음과 하나님의 나라』. 서울: 성서유니온선교회, 1988.

김세윤. 『칭의와 성화』. 서울: 두란노, 2013.

라이트, 톰. 『톰 라이트, 칭의를 말하다』. 평택: 에클레시아북스, 2011.

루이스, 스콧 M. 『최근 신약 묵시 사상 동향』. 서울: CLC, 2012.

리델보스, 헤르만. 『바울 신학』. 서울: 개혁주의신행협회, 1989.

본회퍼, 디트리히. 『나를 따르라』. 서울: 대한기독교서회, 2010.

이승현. 『성령』. 용인: 킹덤북스, 2012.

이재현. "로마서에 나오는 바울 복음의 중심을 향하여." 「캐논앤컬처」 8 (2010), 183-215.

이재현. "이원론적 종말론과 신자의 삶: 요한일서의 성화에 대한 연구." 399-427 in 『진리가 너희를 자유케 하리라: 김상복 목사 고희 기념 논문집』. Edited by 김상복 목사 기념 논문위원회. 서울: 기독교문서선교회, 2011.

이재현. "로마서에 나타난 반복과 지연을 통한 윤리적 권면." 「신약논단」 19 (2012), 203-40.

이재현. "바울 서신의 '마음' 번역에 대한 제안: 로마서를 중심으로 한 의미론과 신학적 고찰." 「성경원문연구」 40 (2017), 137-61.

파이퍼, 존. 『칭의 논쟁』. 서울: 부흥과 개혁사, 2009.

Achtemeier, P. J., J. B. Green, and M. M. B. Thompson. *Introduction to the New Testament*. Grand Rapids: Eerdmans, 2001.

Arnold, Clinton E. *Ephesians*. ZECNT, Grand Rapids: Zondervan, 2010.

Aune, D .E. *Revelation 6-16*. WBC, Nashville: Thomas Nelson, 1998.

Aune, D. E., T. J. Geddert, and C. A. Evans. "Apocalypticism," Pages 45-58 in *Dictionary of New Testament Background*. Edited by S. E. Porter and C. A. Evans. Downers Grove: InterVarsity Press, 2000.

Barclay, John M. G. *Paul and the Gift*. Grand Rapids: Eerdmans, 2015.

Barr, James. *The Concept of Biblical Theology*. Minneapolis: Fortress, 1999.

Bateman IV, H. W., D. L. Bock, and G. H. Johnston. *Jesus the Messiah*. Grand Rapids: Kregel, 2012.

Bauckham, R. J. *The Climax of the Prophecy: Studies on the Book of Revelation*. Edinburgh: T&T Clark, 1993.

Beale, G. K. *The Book of Revelation*. NIGTC, Grand Rapids: Eerdmans, 1999.

Bird, Michael F. *The Saving Righteousness of God: Studies on Paul, Justification and the New Perspective*. Colorado Spings: Paternoster, 2006.

_____. *Are You the One Who Is to Come?*, Grand Rapids: Baker Academic, 2009.

Bird, Michael F., C. A. Evans, S. J. Gathercole, Charles E. Hill, and Chris Tilling. *How God Became Jesus*. Grand Rapids: Zondervan, 2014.

Blackwell, Ben C., John K. Goodrich, and Jason Matson. *Paul and Apocalytic Imagination*. Minneapolis: Fortress, 2016.

Buchanan, G. W. "The Covenant in Legal Context," Pages 27-52 in *The Concept of the Covenant in the Second Temple Period*. Edited by S. E. Porter and J. C. R. de Roo. JSJSup 71, Leiden: Brill, 2003.

Burge, Gary M. *The Anointed Community: The Holy Spirit in the Johannine Tradition* Grand Rapids: Eerdmans, 1987.

Byrne, B. *Romans*. SP, Collegeville: Michael Glazier, 1996.

Campbell, D. A. *The Deliverance of God: An Apocalyptic Rereading of Justification in Paul*. Grand Rapids: Eerdmans, 2009.

Carson, D. A. *The Gospel according to John*. PNTC, Grand Rapids: Eerdmans, 1990.

Cook, Stephen L. *The Apocalyptic Literature*. IBT, Nashville: Abingdon, 2003.

Cranfield, C. E. B. *The Epistle to the Romans*. 2 vols., Edinburgh: T & T Clark, 1975.

Davies, D. J. "An Interpretation of Sacrifice in Leviticus," *ZAW* 89 (1977), 387-99.

Dumbrell, W. J. *Covenant and Creation*. Crownhill: Paternoster, 2013.

Dunn, J. D. G. *Romans*. 2 vols. WBC, Waco: Word, 1988.

Ehrman, Bart D. *How Jesus Became God*. New York: HarperOne, 2014.

Eichrodt, Walther. *The Old Testament Theology. Vol. 1*. OTL, Philadelphia:

Westminster, 1967.

Elliot, Neil. *The Rhetoric of Romans: Argumentative Constraint and Strategy and Paul's Dialogue with Judaism*. JSNTSup 45, Sheffield: Sheffield Academic, 1990.

Evans, C. A. "Getting the Burial Tranditions and Evidences Right," in *How God Became Jesus*. Edited by Michael F. Bird, C. A. Evans, S. J. Gathercole, Charles E. Hill, and Chris Tilling. Grand Rapids: Zondervan, 2014.

Fee, Gordon D. *God's Empowering Presence: The Holy Spirit in the Letters of Paul*. Peabody: Hendrickson, 1994.

Firth, David G. and Paul D. Wegner. *Presence, Power and Promise: The Role of the Spirit of God in the Old Testament*. Downers Grove: InterVarsity Academic, 2011.

Fitzmyer, J. A. *Romans*. AB, New York: Doubleday, 1993.

_____. *The One Who Is to Come*. Grand Rapids: Eerdmans, 2007.

France, R. T. *The Gospel of Mark*. NIGTC, Grand Rapids: Eerdmans, 2002.

Goldingay, J. *Old Testament Theology. Vol. 1: Isarael's Gospel*. Downers Grove: InterVaristy Academic, 2003.

Green, J. B. "Kingdom of God/Heaven," Pages 468-81 in *Dictionary of Jesus and the Gospels*. Edited by J. B. Green, J. K. Brown, and Nicholas Perrin. Downers Grove: InterVarsity Press, 2013.

Gundry, R. H. *Mark: A Commentary on His Apology for the Cross*. Grand Rapids: Eerdmans, 1993.

Hamilton, V. P. *Exodus*. Grand Rapids: Baker Academic, 2011.

Hildebrant, W. *An Old Testament Theology of the Spirit of God*. Peabody: Hendrickson, 1995.

Hoehner, H. W. *Ephesians*. Grand Rapids: Eerdmans, 2002.

Horton, Michael S., Michael F. Bird, J. D. G Dunn, Veli-Matti Kärkkäien, and G. & Rafferty O'Collins, Oliver. *Justification: Five Views*. Downers Grove: InterVarsity Academic, 2011.

Hultgren, Arland J. *Paul's Letter to the Romans*. Grand Rapids: Eerdmans, 2011.

Husbands, Mark and Daniel J. Treier eds. *Justification: Whats at Stake in the Current Debates*. Downers Grove: InterVarsity, 2004.

Jewett, R. *Romans*. Hermeneia; Minneapolis: Fortress, 2007.

Käsemann, E. *Commentary on Romans*. Grand Rapids: Eerdmans, 1980.

Köstenberger, A. J. "John," Pages 415-512 in *Commentary on the New Testament Use of the Old Testament* Edited by G. K. Beale and D. A. Carson. Grand Rapids: Baker Academic, 2007.

_____. *A Theology of John's Gospel and Letters*. BTNT, Grand Rapids: Zondervan, 2009.

Keck, L. E. *Romans*. ANTC, Nashville: Abingdon, 2005.

Keener, C. S. *The Spirit in the Gopels and Acts*. Peabody: Hendrickson, 1997.

_____. *The Gospel of John*. 2 vols., Peabody: Hendrickson, 2003.

_____. *The Mind of the Spirit: Paul's Approach to Transformed Thinking*. Grand Rapids: Baker Academic, 2016.

Kim, Seyoon. "Kingdom of God," Pages 626-38 in *Dictionary of Later New Testament & Its Developments*. Edited by R. P. Martin and P. H. Davids. Downers Grove: InterVarsity Press, 1997.

Koester, C. R. *Revelation*. AB, New Haven: Yale University Press, 2014.

Kreitzer, L. J. "Kingdom of God/Christ," Pages 524-26 in *Dictionary of Paul and His Letters*. Edited by G. F. Hawthorne, R. P. Martin, and D. G. Reid. Downers Grove: InterVarsity Press, 1993.

Kysar, R. *John, The Maverick Gospel*. Rev. ed., Lousville: Westminster John Knox, 1993.

Lee, Jae Hyun. *Paul's Gospel in Romans: A Discourse Analysis of Rom 1:16-8:39*. LBS 3, Leiden: Brill Academic, 2010.

Lee, Jae Hyun. "'Think' and 'Do' Like the Role Models: Paul's Teaching on the Christian Life in Philippians," Pages 625-43 in *The Language and Literature of the New Testament: Essays in Honor of Stanley E. Porter's 60's Birthday*. Edited by L. K. Fuller Dow, C. A. Evans, and Andrew W. Pitts. BIS, Leiden: Brill Academic, 2016.

_____. "We Need the Gospel: A Response to D. A. Campbell with Regard to Paul's Diagnosis of the Human Predicament." in *Is the Gospel Good News?*. Edited by Stanley E. Porter and Hughson Ong. MNTS, Eugene: Wipf and Stock, forthcoming.

McConville, G. J. "ברית," Pages 1:747-55 in *NIDOTTE*. Edited by Willem A. VanGemeren. Grand Rapids: Zondervan, 1997.

Milgrom, Jacob. *Leviticus*. CC, Minneapolis: Fortress, 2004.

Moo, D. J. *The Epistle to the Romans*. NICNT, Grand Rapids: Eerdmans,

1996.

Nwachukwu, Mary, S. *Creation-Covenant Scheme and Justification by Faith.* TGST 89, Rome: Gregorian University Press, 2002.

Osborne, G. R. *Revelation.* BECNT, Grand Rapids: Baker, 2002.

Patterson, Paige. *Revelation.* NAC, Nashville: B&H Publishing, 2012.

Porter, S. E. *The Letter to the Romans: A Linguistic and Literary Commentary.* NTM 37, Sheffield: Sheffield Phoenix Press, 2015.

_____. *Verbal Aspect in the Greek of the New Testament.* SBG, New York: Peter Lang, 1989.

_____. *καταλλάσσω in Ancient Greek Literature, with Reference to the Pauline Writings.* EFN 5, Cordoba: Ediciones El Almendro, 1994.

_____. "ΚΑΤΑΛΑΣΣΩ in Ancient Greek Literature and Romans 5: A Study of Pauline Usage." Pages 195-212 in *Studies in the Greek New Testament.* New York: Peter Lang, 1996.

_____. "Paul of Tarsus and His Letters." Pages 533-85 in *Handbook of Classical Rhetoric in Hellenistic Period (330 B.C-A.D. 400).* Edited by Stanley E. Porter. Leiden: Brill Academic, 2001.

Porter, Stanley E. and Jacqueline C. R. de Roo. *The Concept of the Covenant in the Second Temple Period.* JSJSup 71, Leiden: Brill, 2003.

Reed, Jeffrey T. "Epistle." Pages 171-94 in *A Handbook on Classical Rhetoric in the Hellenistic Period (330 BC- AD 400).* Edited by Stanley E. Porter. Leiden: Brill, 1997.

Schnabel, E. J. *Early Christian Mission.* 2 vols., Downers Grove:

InterVarsity Press, 2004.

Schreiner, T. R. *Romans*. BECNT, Grand Rapids: Baker, 1998.

Scott, J. M. "Covenant," Pages 491-94 in *The Eerdmans Dictionary of Early Judaism*. Edited by J. J. Collins and D. C. Harlow. Grand Rapids: Eerdmans, 2010.

Seifrid, M. A. "Righteousness Language in the Hebrew Scriptures and Early Judaism," Pages 415-42 in *The Complexities of Second Temple Judaism. Vol.v 1 of Justification and Variegated Nomism: A Fresh Appraisal of Paul and Second Temple Judaism*. Edited by D. A. Carson, P. T. O'Brien, and M. A. Seifrid. Grand Rapids: Baker Academic, 2001.

Smalley, S. S. *The Revelation to John: A Commentary on the Greek Text of the Apocalypse*. Downers Grove: InterVarsity Press, 2005.

Stowers, S. K.. *Letter Writing in Greco-Roman Antiquity*. LEC, Philadelphia: Westminster, 1986.

Thielman, F. *Ephesians*. BECNT, Grand Rapids: Baker Academic, 2010.

Thomas, R. L. *Revelation 8-22: An Exegetical Commentary*. Chicago: Moody, 1995.

Tobin, Thomas H. *Paul's Rhetoric in Its Contexts: The Argument of Romans*. Peabody: Hendrickson 2004.

Turner, Max. *The Holy Spirit and Spiritual Gifts: In the New Testament Church and Today*. Rev. ed., Peabody: Hendrickson, 1998.

Vanderkam, James C. *An Introduction to Early Judaism*. Grand Rapids: Eerdmans, 2001.

VanLandingham, Chris. *Judgment & Justification In Early Judaism and the Apostle Paul*. Peabody: Hendrickson 2006.

Vos, G. *The Pauline Eschatology* Grand Rapids: Eerdmans, 1989.

Wall, R. W. "Introduction to Epistolary Literature," Pages 369-91 in *The New Interpreter's Bible. Vol. X*. NIB 10, Nashville: Abingdon, 2002.

Wallace, Daniel B. *Greek Grammar beyond the Basics*. Grand Rapids: Zondervan, 1996.

Wenham, G. J. *The Book of Leviticus*. NICOT, Grand Rapids: Eerdmans, 1985.

_____. *Genesis 1-15*. WBC, Waco: Word, 1987.

White, J. L. *Light from Ancient Letters*. Philadelphia: Fortress, 1986.

_____. "Ancient Greek Letters," Pages 85-106 in *Greco-Roman Literature and the New Testament*. Edited by D. E. Aune. Atlanta: Scholars Press, 1988.

Williamson. R. P. "Covenant," Pages 139-55 in *Dictionary of the Old Testament: Pentateuch*. Edited by T. D. Alexander and D. W. Baker. Downer Grove: InterVarsity Press, 2003.

Wilkin, Robert N., Thomas R. Schreiner, James D. G Dunn, and Michael P. Barber. *Four Views on the Role of Works at the Final Judgment*. Grand Rapids: Zondervan, 2013.

Winger, Michael. *By What Law? The Meaning of Νόμος in the Letter of Paul*. SBLDS 128, Atlanta: Scholars Press, 1992.

Witherington, Ben. *Paul's Letter to the Romans*. Grand Rapids: Eerdmans, 2004.

Wright, Christopher J. H. *Knowing the Holy Spirit through the Old Testament*. Downers Grove: InterVarsity Press, 2006.

Wright, N .T. *Paul and His Recent Interpreters*. London: SPCK, 2015.

_____. *The Climax of the Covenant*. Minneapolis: Fortress, 1993.

_____. *Paul in Fresh Perspective*. Minneapolis: Fortress, 2005.

Yarbrough, R. W. *1-3 John*. BECNT, Grand Rapids: Baker, 2008.

미주

[1] 바울 당시 서신의 특징에 대해서는 S. K.. Stowers, *Letter Writing in Greco-Roman Antiquity* (LEC; Philadelphia: Westminster, 1986); J. L. White, *Light from Ancient Letters* (Philadelphia: Fortress, 1986), 188-220; J. L. White, "Ancient Greek Letters," in *Greco-Roman Literature and the New Testament* (ed. D. E. Aune; Atlanta: Scholars Press, 1988), 85-106; Jeffrey T. Reed, "Epistle," in *A Handbook on Classical Rhetoric in the Hellenistic Period (330 BC- AD 400)* (ed. Stanley E. Porter; Leiden: Brill, 1997), 171-94를 보고, 바울 서신을 포함한 신약 서신에 대해서는 Stanley E. Porter, "Paul of Tarsus and His Letters," in *Handbook of Classical Rhetoric in Hellenistic Period (330 B.C-A.D. 400)* (ed. Stanley E. Porter; Leiden: Brill Academic, 2001), 533-85; P. J. Achtemeier, et al., *Introduction to the New Testament* (Grand Rapids: Eerdmans, 2001), 271-82; R. W. Wall, "Introduction to Epistolary Literature," in *The New Interpreter's Bible. Vol. X* (NIB 10; Nashville: Abingdon, 2002)를 보라.

[2] 이 부분의 특징과 구조에 대한 논의에 대해서는 H. W. Hoehner, *Ephesians* (Grand Rapids: Eerdmans, 2002), 153-61; F. Thielman, *Ephesians* (BECNT; Grand Rapids: Baker Academic, 2010), 37-44를 참고하라.

[3] Clinton E. Arnold, *Ephesians* (ZECNT; Grand Rapids: Zondervan, 2010), 89.

[4] Arnold, *Ephesians*, 87.

[5] Arnold, *Ephesians*, 83.

[6] 하나님의 나라에 대한 참고 문헌은 방대하다. 복음서와 관련해 간단하게 잘 요약된 내용과 참고 문헌을 위해서는 J. B. Green, "Kingdom of God/Heaven," in *Dictionary of Jesus and the Gospels* (eds. J. B. Green, et al.; Downers Grove:

InterVarsity Press, 2013), 468-81을 보고, 바울 서신에 대해서는 L. J. Kreitzer, "Kingdom of God/Christ," in *Dictionary of Paul and His Letters* (eds. G. F. Hawthorne, et al.; Downers Grove: InterVarsity Press, 1993), 524-26를 보라. 이후 일반서신과 요한계시록에 대해서는 Seyoon Kim, "Kingdom of God," in *Dictionary of Later New Testament & Its Developments* (eds. R. P. Martin and P. H. Davids; Downers Grove: InterVarsity Press, 1997), 626-38을 참고하라.

7 그레엄 골즈워디, 『복음과 하나님의 나라』 (서울: 성서유니온선교회, 1988), 63-64.

8 이에 해당하는 그리스어(ἤγγικεν, "엥기켄")는 '가까이 오다'라는 ἐγγίζω "엥기조"의 완료형태이다. 동사의 상(verbal aspect)에 의하면 완료형태는 시간적으로 과거 과정의 결과가 현재 상태에 영향 미치는 것을 묘사하기 위해 사용되는 것이 아니라 동사를 통한 과정을 초점 맞추어 설명하려는 것이다(Stanley E. Porter, *Verbal Aspect in the Greek of the New Testament* [SBG; New York: Peter Lang, 1989], 255-57). 따라서 예수의 표현은 하나님 나라가 가까이 온 것 혹은 임한 상태를 부각시킨 것으로 이해할 수 있다.

9 요한계시록 12:7-9는 사탄이 하늘에서의 전쟁으로 인해 땅으로 내쫓기는 것을 말한다. 이것이 언제 사건을 의미하는 가에 대해서는 논란이 있다. 크게 세 가지이다. 먼저는 예수의 십자가와 부활을 통한 승리와 연결시킨다(R. J. Bauckham, *The Climax of the Prophecy: Studies on the Book of Revelation* [Edinburgh: T&T Clark, 1993], 186; G. K. Beale, *The Book of Revelation* [NIGTC; Grand Rapids: Eerdmans, 1999], 636-37; S. S. Smalley, *The Revelation to John: A Commentary on the Greek Text of the Apocalypse* [Downers Grove: InterVarsity Press, 2005], 323; C. R. Koester, *Revelation* [AB; New Haven: Yale University Press, 2014], 550-51). 둘째는 역사의 마지막 사건과 연결시킨다(R. L. Thomas, *Revelation 8-22: An Exegetical Commentary* [Chicago: Moody, 1995], 128-29). 셋째는 창조나 홍수 심판 등 아주 오래된 과거 사건을 배경으로 한다는 견해이다(D .E. Aune, *Revelation 6-16* [WBC; Nashville: Thomas Nelson, 1998], 695; G. R. Osborne, *Revelation* [BECNT; Grand Rapids: Baker, 2002], 467-73; Paige Patterson, *Revelation* [NAC; Nashville: B&H Publishing, 2012], 267). 비록 제2성전기 문헌들의 이해에 의하면 이 사건은 창조(2 에녹 29.4-5; 아담과 이브의 삶 12-16) 또는 홍수 심판(1 에녹 6-10)과 연결되는 듯하지만 요한계시록 본문의 내용에 의하면 그리스도의 승리와 관련 있는 듯하다(참고, 계 12:10: "내가 또 들으니 하늘에 큰 음성이 있어 이르되 이제 우리 하나님의 구원과 능력과 나라와 또 그의 그리스도의 권세가 나타났으니 우리 형제들을 참소하던 자 곧 우리 하나님 앞에서 밤낮 참소하던 자가 쫓겨났고").

10 구약의 성령 이해를 위해서는 W. Hildebrant, *An Old Testament Theology of*

the Spirit of God (Peabody: Hendrickson, 1995); Christopher J. H. Wright, *Knowing the Holy Spirit through the Old Testament* (Downers Grove: InterVarsity Press, 2006); David G. Firth and Paul D. Wegner, *Presence, Power and Promise: The Role of the Spirit of God in the Old Testament* (Downers Grove: InterVarsity Academic, 2011)을 참고하라. 신약의 성령 이해를 위해서는 Gordon D. Fee, *God's Empowering Presence: The Holy Spirit in the Letters of Paul* (Peabody: Hendrickson, 1994); C. S. Keener, *The Spirit in the Gopels and Acts* (Peabody: Hendrickson, 1997); 이승현, 『성령』 (용인: 킹덤북스, 2012)를 참고하라.

11 James C. Vanderkam, *An Introduction to Early Judaism* (Grand Rapids: Eerdmans, 2001), 1.

12 Keener, *The Spirit in the Gopels and Acts*, 13-16; 이승현, 『성령』, 56-57.

13 언약에 대한 참고 문헌 역시 방대하다. 개론적 이해를 위해서는 Walther Eichrodt, *The Old Testament Theology. Vol. 1* (OTL; Philadelphia: Westminster, 1967); W. J. Dumbrell, *Covenant and Creation* (Crownhill: Paternoster, 2013); R. P. Williamson, "Covenant," in *Dictionary of the Old Testament: Pentateuch* (eds. T. D. Alexander and D. W. Baker; Downer Grove: InterVarsity Press, 2003), 139-55를 보고, 제2성전기 유대교의 언약 개념을 위해서는 Stanley E. Porter and Jacqueline C. R. de Roo, *The Concept of the Covenant in the Second Temple Period* (JSJSup 71; Leiden: Brill, 2003)를 보라.

14 G. J. Wenham, *The Book of Leviticus* (NICOT; Grand Rapids: Eerdmans, 1985), 26-27.

15 아담과 관련해서는 언약이라는 단어가 없다. 하지만 아담은 창조주 하나님과 독특한 관계를 맺고 있었다. 그 관계는 창조 이전의 계획의 실행이라는 측면에서 창조 전에 의도했던 '아버지-자녀'라는 언약 관계 형태의 한 모델로 볼 수 있다.

16 일례로 D. A. Campbell은 1,200쪽이 넘는 *The Deliverance of God: An Apocalyptic Rereading of Justification in Paul*이라는 책에서 언약의 일방적 성격을 지나치게 강조한 나머지 로마서 내용을 기이하게 해석한다(D. A. Campbell, *The Deliverance of God: An Apocalyptic Rereading of Justification in Paul* [Grand Rapids: Eerdmans, 2009]). 이에 대한 자세한 비평은 Jae Hyun Lee, "We Need the Gospel: A Response to D. A. Campbell with Regard to Paul's Diagnosis of the Human Predicament," in *Is the Gospel Good News?* (eds. Stanley E. Porter and Hughson Ong; MNTS; Eugene: Wipf and Stock,

forthcoming)을 참고하라.

17 J. M. Scott, "Covenant," in *The Eerdmans Dictionary of Early Judaism* (eds. J. J. Collins and D. C. Harlow; Grand Rapids: Eerdmans, 2010), 491; G. J. McConville, "ברית," in *NIDOTTE* (ed. Willem A. VanGemeren; Grand Rapids: Zondervan, 1997), 1:752.

18 G. W. Buchanan, "The Covenant in Legal Context," in *The Concept of the Covenant in the Second Temple Period* (eds. S. E. Porter and J. C. R. de Roo; JSJSup 71; Leiden: Brill, 2003), 26-52.

19 Chris VanLandingham, *Judgment & Justification In Early Judaism and the Apostle Paul* (Peabody: Hendrickson 2006), 55-56.

20 M. A. Seifrid는 언약과 창조를 분리시켜 "쩨다카"라는 단어가 언약과 연결되지 않았다고 주장한다(M. A. Seifrid, "Righteousness Language in the Hebrew Scriptures and Early Judaism," in *The Complexities of Second Temple Judaism. Vol.v 1 of Justification and Variegated Nomism: A Fresh Appraisal of Paul and Second Temple Judaism* [eds. D. A. Carson, et al.; Grand Rapids: Baker Academic, 2001], 423-25. 하지만 신명기 6:25("우리가 그 명령하신 대로 이 모든 명령을 우리 하나님 여호와 앞에서 삼가 지키면 그것이 곧 우리의 의로움이니라 할지니라")는 이 단어가 정확하게 언약 관계와도 연결되어 있음을 보여준다.

21 Michael F. Bird, *The Saving Righteousness of God: Studies on Paul, Justification and the New Perspective* (Colorado Spings: Paternoster, 2006), 36-39.

22 V. P. Hamilton, *Exodus* (Grand Rapids: Baker Academic, 2011), 341-42.

23 구약과 신약과의 연결성에 대한 개략적 설명에 대해서는 James Barr, *The Concept of Biblical Theology* (Minneapolis: Fortress, 1999), 172-88을 보라.

24 이 설명은 구약과 신약을 서사(narrative) 형식으로 정리한 것이다. 서사를 통해 구약과 신약을 연결한 좋은 예는 J. Goldingay, *Old Testament Theology. Vol. 1: Isarael's Gospel* (Downers Grove: InterVarsty Academic, 2003)이다. 그는 구약을 첫 번째 언약(the First Testament)라고 부르고 신약을 두 번째 언약이라 부른다. 하나님을 중심으로 하여 커다란 구원의 서사로 정리했다. 이전 대부분의 설명들과 필자와의 차이는 출발점이다. 이전 설명들은 구약에 나오는 창조에서 시작하지만 필자는 에베소서 1:5에 있는 창조 전 하나님의 계획에서 시작한다.

25 아래에서 설명할 상호 작용과 두 영역 틀은 Jae Hyun Lee, *Paul's Gospel*

in Romans: A Discourse Analysis of Rom 1:16-8:39 [LBS 3; Leiden: Brill Academic, 2010], 431-39; 이재현, "로마서에 나오는 바울 복음의 중심을 향하여," 「캐논앤컬쳐」 8 (2010), 183-215를 요약 정리한 것이다.

[26] 많은 주석가들은 로마서 1:18-32의 내용을 이방인의 죄를 묘사하는 것으로, 그리고 로마서 2:1-5는 유대인에 대한 것으로 이해한다. 예를 들어 C. E. B. Cranfield, *The Epistle to the Romans* (2 vols.; Edinburgh: T & T Clark, 1975), 1:136-40; J. D. G. Dunn, *Romans* (WBC; 2 vols.; Waco: Word, 1988), 78; D. J. Moo, *The Epistle to the Romans* (NICNT; Grand Rapids: Eerdmans, 1996), 125-27. 하지만 로마서 1:18-2:5의 대상은 유대인과 이방인을 포함한 모든 인간으로 볼 여러 근거들이 있다. 먼저, 바울이 인간의 근본적인 문제를 처음 언급한 로마서 1:18에 나오는 불의로 진리를 막는 사람("안뜨로폰"[ἀνθρώπων])이 이방인에게만 해당한다고 볼 증거는 없다. 오히려 이것을 모든 인류로 보는 것이 더 타당하다. 그리고 계속되는 바울의 논지는 하나님의 진노의 대상이 모든 인류에서 이방인으로 변화되었음을 보여주는 단서(예를 들어 인칭 대명사를 통한 변화 등등)는 없다. 또한 로마서 2:1-5의 내용이 솔로몬의 지혜서의 내용과 유사하기에 유대인을 지칭한다고 하는 주장도 설득력이 없다. 결정적으로 인과 관계를 보여주는 로마서 2:1의 접속사 "디오"(διό)는 이방인을 다루는 로마서 1:18-32와 유대인을 다루는 로마서 2:1-5사이의 논리적 연결이 매우 부적절함을 보여준다. 오히려 로마서 1:18-2:5는 모든 이방인과 유대인을 대상으로 하는 것으로서, 로마서 1:18-32는 보다 일반적인 상황을 말하는 것이고, 로마서 2:1-5는 바울의 독자를 겨냥한 도덕주의자(유대인과 이방인을 포함)를 향해 이야기하는 것으로 이해해야 할 것이다. 보다 자세한 설명에 대해서는 Lee, *Paul's Gospel in Romans*, 130-33을 보라.

[27] 디트리히 본회퍼, 『나를 따르라』 (서울: 대한기독교서회, 2010), 33-35.

[28] 톰 라이트, 『톰 라이트, 칭의를 말하다』 (평택: 에클레시아북스, 2011), 49-60, 특별히 54-58; N. T. Wright, *Paul in Fresh Perspective* (Minneapolis: Fortress, 2005), 260. 그의 주장의 핵심은 롬 2:13의 율법을 지키는 자가 의롭게 된다는 내용과 롬 8:5-8의 성령에 대한 내용을 연결해서 신자가 성령을 통해 인도된 삶의 모습에 따라 미래적 칭의를 받게 된다는 것이다. 이에 대한 반박은 존 파이퍼, 『칭의 논쟁』 (서울: 부흥과 개혁사, 2009)를 보고 특별히 롬 2:13에 이해에 대한 7장을 주목하라.

[29] 헤르만 리델보스, 『바울 신학』 (서울: 개혁주의신행협회, 1989), 14-15.

[30] 이에 대한 설명은 리델보스, 『바울 신학』, 18-24를 보라.

[31] 신구약 묵시 문학에 대한 개론적 이해에 대해서는 Stephen L. Cook, *The*

Apocalyptic Literature (IBT; Nashville: Abingdon, 2003); 스콧트 M. 루이스, 『최근 신약 묵시 사상 동향』 (서울: CLC, 2012)를 참고하라.

32 D. E. Aune, et al., "Apocalypticism," in *Dictionary of New Testament Background* (eds. S. E. Porter and C. A. Evans; Downers Grove: InterVarsity Press, 2000), 45-58.

33 최근 바울 신학에 대한 묵시적 관점이 많이 대두되었다. 이에 대한 연구사 개요는 N. T. Wright, *Paul and His Recent Interpreters* (London: SPCK, 2015), 135-220을 보고, 최근 연구는 Ben C. Blackwell, et al., *Paul and Apocalytic Imagination* (Minneapolis: Fortress, 2016)을 참고하라.

34 G. Vos, *The Pauline Eschatology* (Grand Rapids: Eerdmans, 1989), 65.

35 두 영역 틀을 통한 요한일서의 구원과 성화에 대해서는 이재현, "이원론적 종말론과 신자의 삶: 요한일서의 성화에 대한 연구," in 『진리가 너희를 자유케 하리라: 김상복 목사 고희 기념 논문집』 (ed. 김상복 목사 기념 논문위원회; 서울: 기독교문서선교회, 2011), 339-427을 보라.

36 이 단어를 죄 사함의 속죄(expiation)로 번역해야 하는가 아니면 하나님의 진노를 누그러뜨리는 화목(propitiation)으로 보아야 할 것인가에 대한 해묵은 논쟁이 있다. 필자는 두 개념이 서로 배타적이기보다는 서로 내용적 연결이 있는 상보적 의미를 담고 있다고 본다. 그리고 실제로 요한일서는 이 두 개념이 강조하는 요소들을 다 보여주고 있다(R. W. Yarbrough, *1-3 John* [BECNT; Grand Rapids: Baker, 2008], 78).

37 사도행전에 나오는 바울의 접근법은 크게 두 가지이다. 하나는 회당에서 있는 자들에게 성경으로 예수를 메시아로 소개하는 것이고, 다른 하나는 성경을 모르는 비유대인들에게 신을 중심으로 창조주 하나님을 접촉점으로 메시아 예수로 연결하는 방법이다. 바울의 전도 방법에 대해서는 E. J. Schnabel, *Early Christian Mission* (2 vols.; Downers Grove: InterVarsity Press, 2004), 1541-61을 참고하라.

38 로마서 1:18-32의 구조 설명에 대해서는 Lee, *Paul's Gospel in Romans*, 101-102를 보라.

39 Lee, *Paul's Gospel in Romans*, 106.

40 이 부분에 대한 보다 자세한 설명은 이재현, "바울 서신의 '마음' 번역에 대한 제안: 로마서를 중심으로 한 의미론과 신학적 고찰," 『성경원문연구』 40 (2017), 150-56을 참고하라.

41 B. Byrne, *Romans* (SP; Collegeville: Michael Glazier, 1996), 75.

42 Lee, *Paul's Gospel in Romans*, 122.

43 이 주제에 대해서는 네 가지 다른 견해를 모아 정리한 Robert N. Wilkin, et al., *Four Views on the Role of Works at the Final Judgment* (Grand Rapids: Zondervan, 2013)을 참고하라.

44 이 부분에 대한 자세한 설명은 Lee, *Paul's Gospel in Romans*, 291-308을 참고하라.

45 G. J. Wenham, *Genesis 1-15* (WBC; Waco: Word, 1987), 33.

46 로마서 7:7-25의 '나'의 상태가 회심 이전인지 이후인지에 대해서는 논란이 있다. 필자는 로마서 7:7-25는 회심 이전의 상태를 반영하는 것으로 주장한다. 가장 중요한 이유는 바울이 사용하고 있는 논증 방식의 일관성 때문이다. 바울은 로마서 6:1-7:6까지 일관성 있는 문답식 대화법을 통해서 자신의 논지를 이끌어 가는데, 이 문답식 대화법의 시작은 바로 앞 문단의 마지막 내용을 토대로 시작한다. 마찬가지로 로마서 7:7은 바로 앞의 부분(롬 7:5-6)에 나오는 옛 영역과 새 영역의 대조와 연결되어 있는데, 특별히 단어의 연결점이 옛 영역을 말하는 로마서 7:5와 잇닿아 있다. 그러므로 로마서 7:7-25의 내용은 옛 영역에 있는 사람의 상태를 의미하는 것으로 이해하는 것이 타당하다. 그리고 로마서 8:1은 7:6의 내용과 연결되는 점에서 로마서 7:7-25의 반전으로, 새 영역의 상태를 말하는 것으로 보아야 한다. 자세한 논증은 Lee, *Paul's Gospel in Romans*, 363-67을 참고하라.

47 성경 원문에는 죄의 법이라고 표현했지만, 이 법("노모스"[νόμος])이 무엇을 의미하는가에 대해서는 논쟁이 있다. 어떤 학자들은 로마서 7:21-25의 모든 법이 모세 율법을 의미한다고 보고(N. T. Wright, *The Climax of the Covenant* [Minneapolis: Fortress, 1993], 199; T. R. Schreiner, *Romans* [BECNT; Grand Rapids: Baker, 1998], 377; R. Jewett, *Romans* [Hermeneia; Minneapolis: Fortress, 2007], 469 등등). 어떤 이들은 죄와 관련해서는 일반적 원리로 보는 사람들도 있다(E. Käsemann, *Commentary on Romans* [Grand Rapids: Eerdmans, 1980], 205; Michael Winger, *By What Law? The Meaning of Νόμος in the Letter of Paul* [SBLDS 128; Atlanta: Scholars Press, 1992], 197-98; J. A. Fitzmyer, *Romans* [AB; New York: Doubleday, 1993], 475-76; Ben Witherington, *Paul's Letter to the Romans* [Grand Rapids: Eerdmans, 2004], 201 등등). 필자는 후자의 견해가 더 타당하다고 본다. 자세한 논쟁과 근거는 Lee, *Paul's Gospel in Romans*, 369-70을 보라.

48 구약과 제2성전기를 거쳐 신약에 연결되는 메시아 이해에 대한 최근 동향에 대

해서는 J. A. Fitzmyer, *The One Who Is to Come* [Grand Rapids: Eerdmans, 2007]; Michael F. Bird, *Are You the One Who Is to Come?* [Grand Rapids: Baker Academic, 2009]; H. W. Bateman IV, et al., *Jesus the Messiah* (Grand Rapids: Kregel, 2012)를 보라. 특별히 앞의 두 책은 예수가 자신을 메시아로 인식했는가에 대한 상반된 입장을 보인다. 그러므로 비교해서 보면 유익하다.

[49] A. J. Köstenberger, *A Theology of John's Gospel and Letters* (BTNT; Grand Rapids: Zondervan, 2009), 294.

[50] R. Kysar, *John, The Maverick Gospel*, rev. ed. (Lousville: Westminster John Knox, 1993), 40-45.

[51] D. A. Carson, *The Gospel according to John* (PNTC; Grand Rapids: Eerdmans, 1990), 129.

[52] A. J. Köstenberger, "John," in *Commentary on the New Testament Use of the Old Testament* (eds. G. K. Beale and D. A. Carson; Grand Rapids: Baker Academic, 2007), 422.

[53] 요한복음에서 세상은 어둠의 영역 자체를 가리키기도 하고 그 안에 있는 사람들을 지칭하기도 한다. 여기서는 후자로 보는 것이 좋을 듯하다. C. S. Keener는 "세상은 빛의 구원이 어둠의 영역을 침범해가는 장(場)이요, 예수가 와서 구원할 잃어버린 자들"이라고 정의한다(C. S. Keener, *The Gospel of John* [2 vols.; Peabody: Hendrickson, 2003], 1:329).

[54] 이 부분에 나온 예수의 순종은 내면적 사고 과정을 외면적 행동으로 표현한 소위 안에서 밖으로의 모습을 갖고 있다. Jae Hyun Lee, "'Think' and 'Do' Like the Role Models: Paul's Teaching on the Christian Life in Philippians," in *The Language and Literature of the New Testament: Essays in Honor of Stanley E. Porter's 60's Birthday* (eds. L. K. Fuller Dow, et al.; BIS; Leiden: Brill Academic, 2016), 633-34.

[55] 제2성전기 때 팔레스틴 땅에 십자가 형이 전해진 이후 신명기 21:22-23의 나무에서의 죽음을 십자가와 연결시킨 이해가 생겨났다(예, 11 Q19 64:7-13). C. A. Evans, "Getting the Burial Tranditions and Evidences Right," in *How God Became Jesus* (eds. Michael F. Bird, et al.; Grand Rapids: Zondervan, 2014), 79-80.

[56] 예수가 공생애 기간에 메시아로서의 자기 정체성을 인식하고 있었는가에 대한 논쟁은 해묵은 것이다. 이에 대한 학자들의 견해에 대해서는 Bird, *Are You the One*

Who Is to Come? 26-30을 보라. 최근에 이 논쟁이 Bart D. Ehrman에 의해 다시 촉발되었다(Bart D. Ehrman, *How Jesus Became God* [New York: HarperOne, 2014]). 이에 대한 효과적인 반론은 Michael F. Bird, et al., *How God Became Jesus* (Grand Rapids: Zondervan, 2014)를 보라.

57 필자와 약간 다른 방식의 설명이지만, 부활을 예수 사역의 확증 혹은 인정으로 이해한 Michael Bird의 설명은 일리가 있다. Bird, *The Saving Righteousness of God*, 40-59.

58 이 단어를 순교자의 희생적 죽음과 연결시키는 견해도 있다. 하지만 자신의 죽음을 새 언약과 연결한 예수의 이해와 이사야 53과의 연결에 비추어 보면 언약과 율법과 관련한 레위기 16장을 배경으로 이해하는 것이 더 적절해 보인다. Lee, *Paul's Gospel in Romans*, 222.

59 D. J. Davies, "An Interpretation of Sacrifice in Leviticus," *ZAW* 89 (1977), 387-99. Wenham, *The Book of Leviticus*, 25-26에서 인용. 한편, Jacob Milgrom은 레위기의 규례들은 삶의 모든 영역에서 하나님을 밀어내고 산 것에 대해 다시금 하나님 중심으로 돌이키는 과정으로 이해하고 그 핵심을 정결함의 회복으로 설명한다. 특별히 이 과정을 사탄의 영향력과의 싸움으로 묘사한다. Jacob Milgrom, *Leviticus* (CC; Minneapolis: Fortress, 2004), 8-16.

60 Lee, *Paul's Gospel in Romans*, 222-23.

61 이 부분 설명은 Lee, *Paul's Gospel in Romans*, 240-72를 바탕으로 했다.

62 이 견해는 바울 신학의 새 관점(New Perspective)과 대척점에 있는 이해이다. 그들은 바울이 말하는 행위는 율법을 통한 사회적 구별의 표지, 곧 유대인과 비유대인을 구별하는 것을 의미한다고 이해한다. 하지만 로마서의 내용은 창조주의 뜻과 관련한 인간의 반응으로서의 행함으로 보는 것이 더 적절하다. 이에 대한 자료는 방대하다. 새 관점에 대한 논쟁 역사와 각각의 입장에 대한 최근 개요는 Wright, *Paul and His Recent Interpreters*, 64-134를 보라.

63 이 주제에 대해 최근 신학계에서는 열띤 논쟁이 벌어지고 있다. 서로 다른 신학적 이해에 따른 논쟁을 정리한 Mark Husbands and Daniel J. Treier eds, *Justification: Whats at Stake in the Current Debates* (Downers Grove: InterVarsity, 2004); Michael S. Horton, et al., *Justification: Five Views* (Downers Grove: InterVarsity Academic, 2011)는 논쟁의 흐름을 이해하는데 도움이 된다. 김세윤 교수가 쓴 김세윤, 『칭의와 성화』 (서울: 두란노, 2013)도 이 주제와 관련되어 있으며, Bird의 책 Bird, *The Saving Righteousness of God*은 새로운 각도에서 이 주제를 잘 다루었다.

⁶⁴ 이 단어 그룹에 대한 고찰에 대해서는 VanLandingham, *Judgment & Justification In Early Judaism and the Apostle Paul*, 242-332를 보라.

⁶⁵ 참고, Bird, *The Saving Righteousness of God*, 39. 칭의의 이런 두 차원에 대한 탁월한 설명은 Mary Nwachukwu, S., *Creation-Covenant Scheme and Justification by Faith* (TGST 89; Rome: Gregorian University Press, 2002)을 보라.

⁶⁶ 새 관점의 가장 심각한 약점은 언약을 이스라엘과만 연결시킨 것이다. 하지만 지금까지의 논의에 의하면 언약과 창조 이전의 계획과 관련 있기에 유대인/비유대인의 관계성을 중심으로 한 논의는 적절치 않다.

⁶⁷ 바울과 그레코-로만 환경의 화목 이해에 대해서는 Stanley E. Porter, *καταλλάσσω in Ancient Greek Literature, with Reference to the Pauline Writings* (EFN 5; Cordoba: Ediciones El Almendro, 1994); Stanley E. Porter, "ΚΑΤΑΛΑΣΣΩ in Ancient Greek Literature and Romans 5: A Study of Pauline Usage," in *Studies in the Greek New Testament* (New York: Peter Lang, 1996), 195-212를 보라.

⁶⁸ "누리자"에 해당되는 원래 그리스어 형태가 무엇인가에 대한 논쟁이 있다. 어떤 학자들은 직설법 형태의 "에코멘"(ἔχομεν)으로 보고 '신자가 평화를 가지고 있다'로 번역한다(Dunn, *Romans*, 245; Moo, *The Epistle to the Romans*, 295; Schreiner, *Romans*, 258; L. E. Keck, *Romans* [ANTC; Nashville: Abingdon, 2005], 135 등등). 또 다른 학자들은 가정법 형태의 "에코멘"(ἔχωμεν)으로 보고 "신자가 평화를 누려야 한다"로 번역한다(Neil Elliot, *The Rhetoric of Romans: Argumentative Constraint and Strategy and Paul's Dialogue with Judaism* [JSNTSup 45; Sheffield: Sheffield Academic, 1990], 227-28; Daniel B. Wallace, *Greek Grammar beyond the Basics* [Grand Rapids: Zondervan, 1996], 464; Thomas H. Tobin, *Paul's Rhetoric in Its Contexts: The Argument of Romans* [Peabody: Hendrickson 2004], 158-59; Jewett, *Romans*, 344; Arland J. Hultgren, *Paul's Letter to the Romans* [Grand Rapids: Eerdmans, 2011], 200; S. E. Porter, *The Letter to the Romans: A Linguistic and Literary Commentary* [NTM 37; Sheffield: Sheffield Phoenix Press, 2015], 114 등등). 필자는 후자가 더 적절한 이해라고 본다. 이에 대한 자세한 논의는 Lee, *Paul's Gospel in Romans*, 277-78을 보라.

⁶⁹ R. H. Gundry, *Mark: A Commentary on His Apology for the Cross* (Grand Rapids: Eerdmans, 1993), 58-59; R. T. France, *The Gospel of Mark* (NIGTC; Grand Rapids: Eerdmans, 2002), 83-84.

⁷⁰ 이 부분에 나온 전 남편이 누구냐에 대한 논의들이 있다. 어떤 이는 육체라고 하고,

어떤 이는 율법 혹은 옛 자아라고 하기도 한다. 필자는 죄를 전 남편이라고 본다. 로마서 6장에서 죄에 대해 죽음으로 해방되었다는 표현 때문이다. 자세한 논의는 Lee, *Paul's Gospel in Romans*, 338-39를 참고하라.

[71] Moo, *The Epistle to the Romans*, 750-51.

[72] Moo, *The Epistle to the Romans*, 754.

[73] 성령의 은사에 대한 포괄적 주제에 대해서는 Max Turner, *The Holy Spirit and Spiritual Gifts: In the New Testament Church and Today*, rev. ed. (Peabody: Hendrickson, 1998); John M. G. Barclay, *Paul and the Gift* (Grand Rapids: Eerdmans, 2015)를 참고하라

[74] 성령을 통한 생각 영역의 변화에 대해서는 C. S. Keener, *The Mind of the Spirit: Paul's Approach to Transformed Thinking* (Grand Rapids: Baker Academic, 2016)을 참고하라.

[75] 요한복음의 성령에 대해서는 Gary M. Burge, *The Anointed Community: The Holy Spirit in the Johannine Tradition* (Grand Rapids: Eerdmans, 1987); Köstenberger, *A Theology of John's Gospel and Letters*, 393-40을 보라.

[76] 이 부분에 대한 자세한 설명은 이재현, "로마서에 나타난 반복과 지연을 통한 윤리적 권면," 「신약논단」 19 (2012), 221-27을 참고하라.